中国共产党北京市大兴区委员会宣传部◎主编

新国门

文化大兴之创新文化

DAXING

中国纺织出版社有限公司

内 容 提 要

本书重在阐释创新及创新文化的理念内涵，梳理了大兴自新中国成立以来不同阶段的创新文化发展历程，记录大兴上地上涌现出来的创新人物，以及在科技、产业、管理、人才等各方面作出的创新探索或重大改革举措，展望大兴崛起腾飞的美好前景。同时，本书也对大兴创新文化的培育与形成，未来的发展升级进行了探讨，让大兴创新文化不仅能扎根生长，而且能最终长成枝繁叶茂的“大树”，成为大兴持续大步前行的重要支撑力量。

图书在版编目（CIP）数据

新国门：文化大兴之创新文化 / 中国共产党北京市大兴区委员会宣传部主编. --北京：中国纺织出版社有限公司，2021.11

ISBN 978-7-5180-9076-1

Ⅰ.①新… Ⅱ.①中… Ⅲ.①文化事业－研究–大兴区 Ⅳ.①G127.13

中国版本图书馆CIP数据核字（2021）第227752号

策划编辑：李满意　　责任编辑：胡　明
责任校对：王蕙莹　　责任印制：王艳丽

中国纺织出版社有限公司出版发行
地址：北京市朝阳区百子湾东里A407号楼　邮政编码：100124
销售电话：010－67004422　传真：010－87155801
http: //www.c–textilep.com
中国纺织出版社天猫旗舰店
官方微博 http: //weibo.com/2119887771
北京华联印刷有限公司印刷　各地新华书店经销
2021年11月第1版第1次印刷
开本：710 × 1000　1 / 16　印张：16.5
字数：209千字　定价：98.00元

本书编委会

主　　任：王翠华　苏　荣

副 主 任：董　旭　卫东海

委　　员：童庆安　焦　莹　于　彤　马　宁
　　　　　王　媛　孙竹青

主　　编：卫东海

副 主 编：童庆安　于　彤　马　宁

执行主编：罗中云　田　梅　刘　洋　刘永华
　　　　　田　焕　张　哲

文字编辑：李　鹏　赵天宇　王雪莹　赵　玲

校　　对：肖　园　李云凤

中国纺织出版社
有限公司官方微博

中国纺织出版社
有限公司官方微信

总序

党的十九大报告指出，文化兴国运兴，文化强民族强。文化是一个国家软实力的主要内容，也是一个城市、一个地方展示形象和影响力的重要标志。文化是血脉和遗传基因，是传承延绵的精神血脉和形成精神归宿感、认同感的纽带。

大兴区位于永定河东岸，北京的南部，是首都的南大门。大兴前身为古蓟县，自秦置县，金贞元二年（1153）定名大兴，史称“天下首邑”。大兴历史悠久，人文底蕴厚重：燕上都筑幽州台礼贤下士，秦汉隋唐扼守通衢要冲，“五朝”皇家猎场，明清皇家苑囿，上林苑聚合凤河明清移民，永定河水滋养农耕文明……沧桑岁月，时代变迁，如今的大兴更是“顺势而为、应势而动、乘势而上”，打造品牌，培育文明，勃发生机，成为首都古都、红色、京味、创新文化的重要组成部分。

大兴，以襟纳四海的气度，凭后发优势的潜力，紧紧围绕新国门建设，脚踏实地，真抓实干，跨上了高质量规划引领、高质量跨越发展的快车道。国家发展新动力源加速释放，经济发展速增质优，城乡发展迭代更新，环境质量显著改善，民生保障持续加强，改革创新破除壁垒。作为京津冀协同发展的中部核心区，坐拥新机场，毗邻副中心，辐射京津冀，联通“大雄安”。随着大兴国际机场的建成投运，实质性启动临空经济区、自由贸易试验区、综合保税区建设，一个全国唯一享受双自贸和服务业扩大开放的新大兴正在加速发展中。

文化是一个地区的发展之魂，经济社会发展的软实力之基。通过文化营造引领，形成大兴特色的理论氛围、舆论氛围、文化氛围和社会氛围。打造地域文化名片，塑造了大兴“永定河怀抱的骄子”的整体文化形象、主体文化形象、特色文化形象和标志文化形象。

“十四五”蓝图徐徐开启，大兴区牢记习近平总书记“要把大兴建设好”的嘱托，围绕优传统文化特色中心、中华民族优秀文化展示中心、国际文化交流交往中心和文化创意产业中心建设，通过文化资源、公共文化服务，不断丰富公共文化服务新模式，以人民美好生活为导向引领文化建设，推动优秀传统文化创新，增强和彰显中华文化自信，不断提高地区文化软实力和新国门文化影响力与传播力。不断提高“新国门·新大兴”文化的内聚力、吸附力和影响力。

源浚者流长，根深者叶茂。细致梳理大兴的文化资源，总结归纳大兴的文化特征，是摆在我们面前的一项重要任务。为此，大兴区委宣传部组织编写了《新国门·文化大兴》系列丛书。丛书旨在理清大兴文化发展脉络，挖掘深厚的文化底蕴，提升文化软实力，为大兴的发展凝聚强大的精神力量，丛书编委会组织了区文化和旅游局、区融媒体中心、区委党校、区科委、区文联的专家学者组成写作团队，历时三年，本着严谨客观的治学态度，做到客观求实，尊重历史、资料准确，多视角、全方位地展现了大兴区优秀传统文化、红色文化、生态文化、创新文化、馆藏文化，并以视觉表现方式，推出《新国门·文化大兴》画册，努力呈现新国门视域下的新大兴，使之形成一套综合性、历史性、权威性、时代性的文化读物。

大兴是一片美丽神奇的土地，拥有“林中有飞鸟、水中有游鱼、四季有美景”的独特生态景观和深厚的文化积淀。现在，乘着改革创新的强劲东风，大兴区越来越热情地展现出她那动人的形象和诱人的魅力。该书的出版是深入研究大兴文化资源的历史和现实价值的重要举措，对于推进大兴文化的大发展、大繁荣必将起到积极的推动作用。

紧抓“两区”建设重大机遇，聚焦现代化平原新城、首都发展新的增长极、繁荣开放美丽新国门建设，大兴区未来发展的宏伟蓝图正一步步变为现实，愿《新国门·文化大兴》丛书带您走进新大兴，愿新大兴进一步走向世界！

中共大兴区委宣传部

2021 年 8 月

前言

面对全球新一轮科技革命与产业变革的重大机遇和挑战，面对经济发展新常态下的趋势变化和特点，面对实现“两个一百年”奋斗目标的历史重任，我们迫切要做的，就是加快实施创新驱动战略，加快创新型国家建设，让创新真正成为引领社会发展的原动力和助推器。

历史的进程就是不断进行创新的过程，创新史上的每一次重大突破都会催生社会生产力的巨大变革，都会推动人类文明迈向新的更高台阶。党的十九大提出“创新是引领发展的第一动力，是建设现代化经济体系的战略支撑”，而且把“加快建设创新型国家”纳入建设现代化经济体系的组成部分。

2020年10月，中国共产党第十九届中央委员会第五次全体会议通过了《中共中央关于制定国民经济和社会发展第十四个五年规划和二〇三五年远景目标的建议》(以下简称《建议》)。“十四五”时期，我国要“坚持创新驱动发展，全面塑造发展新优势”，“坚持创新在我国现代化建设全局中的核心地位，把科技自立自强作为国家发展的战略支撑，面向世界科技前沿、面向经济主战场、面向国家重大需求、面向人民生命健康，深入实施科教兴国战略、人才强国战略、创新驱动发展战略，完善国家创新体系，加快建设科技强国”。《建议》再一次明确了创新在国家经济社会等发展中的核心地位。

这些要求也为北京市及大兴区在新时期的发展指明了方向。2014年

2月和2017年2月，习近平总书记两次视察北京并发表重要讲话，明确了北京“四个中心”（全国政治中心、文化中心、国际交往中心、科技创新中心）的定位。七年以来，加强“四个中心”功能建设，一直是北京市工作最重要的课题。2017年9月正式发布的《北京城市总体规划（2016年—2035年）》，就是围绕“建设一个什么样的首都，怎样建设首都”这一重大问题来编制的，进一步强化了“四个中心”的城市战略定位。

大兴是首都北京的重要组成部分，京南的重镇，京津冀协同发展高地，号称“天下首邑”。在过去，很多人提起大兴，往往首先想到的还是西瓜、充满历史感的南海子、皇家猎场等。现在，人们提起大兴，可能首先会想到新机场。其实大兴还有很多风物人情、新风新貌值得关注与期待。从古至今，勤奋而充满创新精神的大兴人创造了很多奇迹，与过往相比，当代的大兴日新月异，在新时代谱写着华美的乐章。

大兴以前是传统的农业种植区，20世纪40年代，这里风沙、盐碱、春旱、夏涝等灾害频发，种不保收，农业生产水平极低。1949年，全区农业总产值不足3亿元，粮食亩产只有32公斤。经过数十年的农业科技创新及生产方式改革探索，如今的大兴，尽管农业已非主导产业，但“中国瓜乡”“中国梨乡”“月季小镇”“绿海甜园”等美名却传扬四方，现代都市农业欣欣向荣。

相对农业，大兴工业则更让人有一飞冲天之感。新中国成立之初，大兴几乎没有什么像样的工业，织席编篓、榨油酿酒、家具农具的制作与修理等传统个体和私营手工业，构成了大兴起步阶段的工业雏形，全县33家手工业作坊固定资产还不足6万元。后来历经几十年的创新发展，特别是改革开放以来的大步迈进，如今的大兴已成为北京南部重要的科技创新高地、战略性新兴产业基地。2016年，仅科技型企业就已达26031家。2018年，规模以上工业总产值已达753亿元。到2019年，全区的国家高新技术企业达到了创纪录的830家，目前仍在保持强劲的增长势头。

现在的大兴，高精尖集聚效应持续增强，千亿级的中国药谷雏形初现，仅入驻企业就有3000余家，包括世界五百强费森尤斯卡比、中华老字号同仁堂、百年协和等一批国内外龙头医药企业，阿迈特、华脉泰科、热景生物等一批拥有全球领先技术的高科技企业都在这里落地生根。而国家级的新媒体基地，以数字创意、影视制作等为核心的产业体系逐步完善，汇聚了来自全国甚至全球的顶尖企业，正致力于成为北京建设全国文化中心的主阵地、全国知名的文化科技融合发展示范区、数字创意产业发展引领区和文化产业智库创新策源地。

现在的大兴，“1+N”产业政策体系不断完善，营商环境不断优化，创新动力源源不断；农村集体用地制度的改革，乡村振兴战略的推进实施，先进科技的应用，则让大兴的乡村旧貌换新颜，人们的致富道路愈加宽广；智慧城市的建设，以及全国文明城区的创建，让大兴的城市服务不断提升，基础建设快马加鞭，市民文明水平极大提升……

随着北京大兴国际机场的建设运营，临空经济区以及自由贸易区、综合保税区、数字贸易试验区等的规划建设，大兴区又迎来了新的发展机遇，大步迈入“新国门”时代。2019 年 12 月，《大兴分区规划（国土空间规划）（2017 年—2035 年）》发布，明确了大兴“三区一门户”新的功能定位，即：面向京津冀的协同发展示范区、具有全球影响力的科技创新引领区、城乡发展深化改革先行区以及首都南部国际交往新门户。在不久的将来，大兴城市功能将会不断完善，空间布局逐步优化，人居环境日益改善，全面建成高质量发展的示范引领区及首都国际交往的新门户。

当前，“十四五”的征程已经启动，在北京市“两区”［国家服务业扩大开放综合示范区和中国（北京）自由贸易试验区］建设全力推进之际，大兴区也充分结合“新国门”定位，发挥北京大兴国际机场所带来的机遇，成为全国唯一同时拥有国家服务业扩大开放综合示范区和两省市自贸试验区政策的优势区域。

从首都的远郊、传统农业大区，到北京市改革发展、京津冀协同发展的前沿、科技创新与产业发展的前沿，百折不挠的大兴人以无畏的创新精神，勇于探索，勇于攀登，收获了辉煌的成果，也在各类创新活动中，渐渐将创新内化为一种自觉，初步形成了具有大兴品质与特征的创新文化。

大兴创新文化是培育创新、鼓励创新、营造创新的重要文化，也是大兴文化品质的重要组成部分。如何彰显和继承、发展本区域的创新文化，将是大兴未来需要长期做好的课题。

《新国门·文化大兴之创新文化》重在阐释创新及创新文化的理念内涵，梳理大兴自新中国成立以来不同阶段的创新文化发展历程，记录大兴土地上涌现出来的创新人物，以及在科技、产业、管理、人才等各方面做出的创新探索或重大改革举措，并展望大兴崛起腾飞的美好前景。同时，本书也将对大兴创新文化的培育与形成，未来的发展升级进行探讨，让大兴创新文化不仅能扎根生长，而且能最终长成枝繁叶茂的“大树”，成为大兴持续大步前行的重要支撑力量。

创新不止，步履不停，大兴的未来一定会更好！

苏荣

2021 年 10 月

目录

第一章　创新文化的历程与时代演进

创新是社会的文明进步。创新文化不是简单的“科技+文化”，更不是以文化要素牵强添加为创新技术、手段的附庸，它是发展要素和政府主导所创造的多种文化集成，包括科技创新集群的成长环境，社会创新特色的价值观念、经验理念，创新愿景、创新精神、经济伦理、目标激励，科技领军人物，科技形态的梯度升级，政府营造利于创新发展的多重软环境等。

纵观社会发展进程，每次重大进步都是由创新驱动、创新引领拉动的。特别是近代以来的工业革命，动力工具时代更直接地把科学发现同产业发展联系在一起，科技创新成为经济社会发展的主要驱动力。

创新文化是人化和化人的文化交融，用人的尺度来衡量人、发展人、完善人是创新文化的追求。而创新活动也逐渐由科技创新向制度、管理等领域延伸，使创新实践活动的文化印迹、文化内涵更加深刻。创新俨然已经成为一种文化形态，而创新文化也成为新时代创新活动的灵魂。

新时代的大兴，站在了新的历史起点上，建设新国门、新大兴成为大兴区抓住历史机遇，乘风破浪跨越式发展的必然要求。“新国门·新大兴”需要站在全球前列，建设创新大兴、文化大兴、科技大兴、品质大兴，需要从创新事件中探寻创新文化脉络，塑造区域创新文化的内驱力、影响力，从而全面提升城市文化品质，在创新发展中不断释放创新的活力、文化的魅力，为“新国门·新大兴”注入创新文化的内涵。

第一节
创新文化及其时代特征

创新文化属于文化，是文化大系统中的子系统。

创新作为一种文化形态，不是单单停留在技术或理念的某一层面，它是在创新及创新管理活动中所创造的特色创新精神财富以及创新物质形态。创新文化由创新手段和文化底色两方面组成，在这个文化系统中，创新价值观、创新准则、创新制度和规范、创新物质文化环境等都是创新文化的范畴。创新文化是一种培育创新的文化，这种文化能量能够唤起个体和群体的一种不可估计的能量、热情、主动性和责任感，来帮助组织达到一种非常高的目标。

什么是创新文化？从构词结构上看，“创新文化”是由“创新”和“文化”两个词组成的。“创新”置于“文化”前面，是“文化”一词的限定语，表明“创新文化”只是文化总系统中与“创新”有关的那部分文化，创新文化是一种培育创新的文化。因此，创新文化是“以‘创新’为核心”的文化，是指与创新活动相关的文化形态，是社会共有的关于创新的价值观念和制度设计，包括创新价值观、创新准则、创新制度和规范、创新物质文化环境等。它反映了社会对创新的态度，这种态度体现为一种价值取向，映现了社会是否对新思想、新变革容许、欢迎乃至积极鼓励。

鼓励创新的价值观念是创新文化的核心，是创新的内在动力。人们对创新的态度，决定了人的活动是否能够创新。制度设计也是一种制度文化，是创新活动的社会环境，是创新活动的外在动力以及创新得以广泛开展和持续进行的制度保障。创新不仅仅是技术活动，更主要的表现为创新人群的社会活动。创新人群所处的社会环境，如政策、市场等因素的变化，可以直接影响是否能够形成创新的引力，产生创新活动，聚集人才，放大创新及其成果的影响和辐射力度。一个国家、一个社会的制度文化能否适应并促进创新，决定了该国家能否成为创新活动的温室；适宜创新的制度文化是一个有吸引力的，勇于接受新事物、新观念的制度文化。

激发创造力是创新文化建设的目的。就科技创新而言，创新文化是影响创造性科研活动最深刻的因素，是科学家创造力最持久的内在源泉。现代社会中，激发社会创造力、活力，培育创新文化，最核心的就是要培育创新的价值观念，要在整个社会范围内，形成尊重创新、鼓励创新的文化氛围和相应的制度安排。当前，中国特色社会主义进入新时代，迎来了新征程与新愿景，也直面新机遇与新挑战。新时代创新文化对创新体系构建具有凝聚创新资源要素和催化创新主体加速协同合作等功能，有利于增强包容、开放及勇于创造的观念，能够激发创新精气神。创新文化是新时代创新的灵魂，坚定地增强新时代创新文化自信，有利于推动创新主体发掘创新潜实力，提升创新软实力，提高创新频率，累积创新硬实力。

我国的创新文化是随着“科学技术是第一生产力”“科教兴国”战略的实施，以及在创新型国家建设中不断丰富和发展起来的。2001 年，中国科学院在《中共中国科学院党组关于全面推进创新文化建设的若干意见》中明确将创新文化定义为：“有利于开展创新活动的一种氛围，是科技活动中产生的与整体价值准则相关的群体创新精神及其表现形式的总和。”创新文化的内核由创新精神、科学思想、价值导向、伦理道德、爱国主义精神等部分构成，而其外在表现则是以区域环境、区域整体形象以及规章制度等为载体形式。

2015 年 3 月，习近平总书记做出论断：“创新是引领发展的第一动力。”同年 10 月，他提出新要求：“我们必须把创新作为引领发展的第一动力，把人才作为支撑发展的第一资源，把创新摆在国家发展全局的核心位置，不断推进理论创新、制度创新、科技创新、文化创新等各方面创新，让创新贯穿党和国家一切工作，让创新在全社会蔚然成风。”党的十九大提

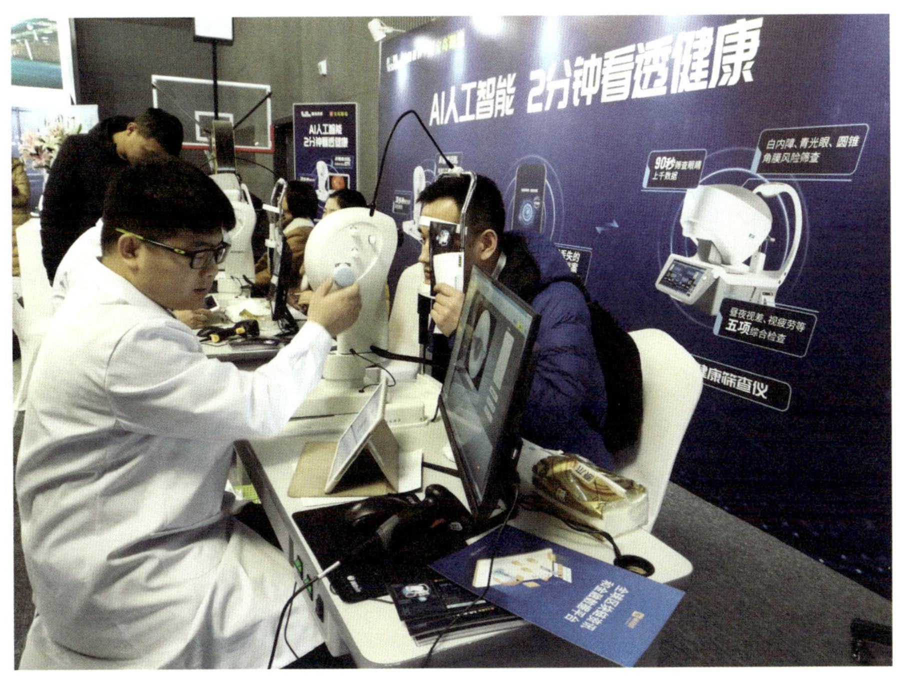

大兴区举办的 2018 年全球创新大会上，工作人员通过人工智能设备为参观者做视力测试

出，创新是引领发展的第一动力，是建设现代化经济体系的战略支撑，并强调加快建设创新型国家，再次明确了创新驱动发展的重要性，这意味着我国的创新也已进入了全新的时代。

随着国家创新体系建设的深入推进，科技创新与理念创新、制度创新、管理创新、业态创新、文化创新等不同程度的创新深度融合形成了新时期创新文化。而新时期的创新文化，是与新时代相适应、相匹配的知识、科技和思想理论、智慧等的结晶，引领着新时代创新实践的发展。因此，创新文化除了观念文化、制度文化外，还具有了新时代的特征。具体如下：

崇尚创新的求实文化。将崇尚创新落到实处，有利于出效率、出效益、出效果、出竞争力。新时代崇尚创新的理念文化，优化了社会氛围，为大众创业、万众创新提供了坚实的理念保障。

改革创新的精神文化。这是新时代创新文化的动力元素。正是在新时代改革创新精神的感召下，我们在开放的世界、开放的区域，最大限度地整合着创新资源。新时代创新灵光不断闪现，创新动力持续激发，创新主体和创新团队夺取了创新发展的一个又一个胜利。

守正出新的制度文化。这是新时代创新文化的内在元素。正是在守正出新的制度文化的凝聚下，我们形成了有序运行的创新共同体，国家创新系统、区域创新系统、产业创新系统、开放创新系统各得其所，形成了协同创新范式。

推陈出新的物质文化。这是新时代创新文化的基础元素。它要求不囿于固有经验和传统思维，不抱残守缺。要与时俱进地增强创新力，挖掘创新资源，形成丰富创意，刷新多样业态，推出创新产品。

敢为人先的科技文化。这是新时代创新文化的外显元素。自主创新文化是新时代科技文化的重要彰显，是科学态度、科技方法、技术能力的凝结体。它要求独立、独创、独到，发现未知，发明新物。这有利于激发创新主体敢为天下先的积极性、主动性和创造性，激发他们不断开拓进取、勇于追求真理。

创新文化已然成为当今发展的核心竞争力。知识经济时代，创新的作用得到空前强化，并升华成一种社会主题。创新变成了企业的生命源泉，在剧烈变动的时代，企业要敢于突破传统游戏规则，大胆创新，不畏风险，也就是在思维模式上能迅速更新。创新的重点在于“新”而非“创”，只有新的亮点才能吸引眼球，进而实现合作。创新文化已经成为关系企业生死存亡的核心竞争力之一。

创新对发展要素具有强大的吸附力。据抽样统计，如今每年有 12 万家企业注册成立，市场竞争可谓残酷非常。企业要想应付现实竞争，必须改变陈旧的管理模式、经营理念，必须树立创新观念，剥莠存良的同时发掘企业的优点、亮点，打破传统的禁锢，充分发挥文化力对企业的支撑作用，方能扭转不利局面。

创新文化能够激发发展的活力。创新的客观要求可以理解为“崇尚创新，宽容失败，支持冒险，鼓励冒尖”，创新文化建设的过程，实际上就是发展活力激活的过程。创新文化要求主体在工作中创新，同时要求组织管理层在管理中创新，并且以宽容、支持的态度去鼓励创新。创新使得组织的每一个构成元素都活跃起来，以新的构成形式重新组合，形成新的体制，使组织行为在这场没有硝烟的战斗中更为积极和主动。

创新作为一种文化，长期作用于社会组织。创新文化建设是营造一种有利于创新的文化氛围，鼓励创新，包括在创新领域上的创新。创新文化主要涉及两个方面：一是文化对创新的作用。二是如何营造一种有利于创新的文化氛围。组织和团队对创新文化的建设必然以提升其创新能力为目标，提升其创新能力要通过环境氛围的营造、创新激励机制的建立，实现从观念引导到行动实现的过程，这一过程就是创新文化建设和落地的过程。

第二节 科技创新的世纪之旅

近代以后，中国屡次与科技革命失之交臂。新中国的成立标志着中国科技事业进入一个新的历史时期。1978 年改革开放，中国迎来了“科学的春天”，形成全方位、系统化的科研布局。站在新的历史起点，中国科技创新走过的道路，为中国科技创新发展校准方位。、

一、战略规划引领

第一个阶段是 1949—1978 年，新中国诞生之初，科技基础极为薄弱，面临西方国家的全面封锁，中央发出“向科学进军”的号召，确立“重点发展、迎头赶上”的方针，打破封锁，建立体系。第二个阶段

是 1978—1998 年，和平与发展成为时代主题，中央做出“科学技术是第一生产力”的重要判断，确立“经济建设必须依靠科学技术、科学技术必须面向经济建设”的指导方针，奋起直追，全面提升。第三个阶段是 1998—2006 年，经济全球化不断加速，中央实施“科教兴国”战略，制定“创新、产业化”的指导方针。第四个阶段是 2006 年以来，面对全球创新要素加速流动和中国传统增长方式难以为继的局面，中央确立“自主创新、重点跨越、支撑发展、引领未来”的方针，自主创新、重点跨越、塑造引领。2016 年，中央确立到 2050 年建成世界科技创新强国的“三步走”战略目标，开启未来科技发展的新征程。

尊重科技创新发展规律，确立不同发展阶段的科技创新规划蓝图。《1986—2000 年全国科学技术发展规划纲要》，强调促进科技成果迅速广泛地应用于生产。《国家中长期科学和技术发展规划纲要（2006—2020 年）》，强调自主创新能力、科技促进经济社会发展和保障国家安全的能力显著增强，为全面建设小康社会提供强有力的支撑。为有效应对国际竞争的大势，跨越“中等收入陷阱”，2016 年《国家创新驱动发展战略纲要》颁布实施，强调科技创新和体制机制创新双轮驱动，明确重点领域发展方向。

二、打造创新体系

新中国成立时，仅有 30 多个专门的科学研究机构。经过 10 余年建设，初步形成了中科院、高校、产业科研院所、国防科研院所、地方科研院所五路科技大军。1998 年，中科院开始知识创新工程试点，带动中国进入建设国家创新体系的阶段，技术创新体系初步形成。知识创新体系以北京、上海的科技创新高地为代表，国家自主创新示范区、全面创新改革试验区、高新区成为区域创新发展的重要引擎；加强产学研用深度结合，提升科技创新产出质量和效率。近年来，中国主要创新指标进入世界前列，企业创新主体地位显著增强，科技创新效率大幅提升，智能终端、云计算、人工智能等领域出现一批具有全球影响的创新型企业；打造区域创新高地，引

大兴区电子企业生产的高清晰 LED 屏幕

领带动经济社会高质量发展。新中国成立后区域发展战略政策的实施，促使东北、华东重要工业基地，北京、上海、西安等科技中心的形成发展。改革开放以来，沿海地区借助政策和资源优势，形成珠三角、长三角和京津地区三大创新极。2015 年开始全面创新改革试验区建设，以推动科技创新为核心，开展系统性、整体性、协同性改革的先行先试，推进跨国科技创新平台建设，引领带动经济社会高质量发展；完善科技创新基础设施，构筑开放共享的科技创新平台。一批具有重大影响的大科学装置相继建成，总体水平基本进入国际先进行列。

三、建设人才队伍

新中国成立时，专门从事科学研究工作的人员不足 500 人。2017 年，中国已建立起世界上最大规模的教育体系。中国的快速发展为各类人才提供了广阔的创新创业舞台。改革开放 40 多年来，高层次人才的引进力度加大，集聚效应凸显，吸引到一批高技能国际人才。科技人才评价体系日益完善。从科研人员最为关切的经费使用、成果评价、薪酬激励、项目管理入手破除束缚，引导科研人员更加重视创新的质量、价值和实质贡献；破除束缚科技创新的障碍，建立创新创业生态系统并逐步完善；逐步形成具有中国特色完整系统的科技法律体系；加大引进来走出去力度，提高科技开放和国际合作水平。中国国际科技合作事业从封闭走向开放，从单向引进走向共同研发，从合作交流走向主动利用全球科技资源，科技开放和国际合作水平大幅提升，不断促进着科技创新活动的全球化和知识的传播。

第三节 科技创新中心的提振加速

把北京建设成为全国科技创新中心，是中央赋予北京新的责任定位。2014 年 2 月 26 日，习近平总书记在北京视察工作时，明确了北京“四个中心”的首都城市战略定位，提出了把北京建设成为国际一流的和谐宜居之都的目标。

2016 年 9 月，国务院常务会议部署建设北京全国科技创新中心，提出了聚焦突破重大前沿基础研究难题、加快突破一批关键共性技术、构建京津冀协同创新共同体、推广中关村国家自主创新示范区改革措施四项要求，为全国科技创新中心建设指明了方向。

在科技部、国家发改委等中央部委的指导下，北京市委、市政府围绕落实国家创新驱动发展战略、京津冀协同发展和首都城市战略定位，全力推进全国科技创新中心建设。北京加强全国科技创新中心建设不断取得重要进展，技术创新总部聚集地、科技成果交易核心区、全球高端创新中心和创新型人才聚集中心的特征进一步明显。累计获得国家科学技术奖项、每万人发明专利、研发经费投入居全国首位。全市拥有科技型企业、国家高新技术企业数量居全国首位。上市企业、“新三板”挂牌企业、科技研发人员、各类科技孵化机构比重逐年增长。

北京超前部署基础前沿研究，建设国际一流的研究型大学和科研院所，加强基础研究人才队伍建设，加快推进中关村科学城、怀柔科学城、未来科技城“三大科技城”建设，集中力量实施脑科学、量子计算与量子通信、生命与健康、战略性先导材料等大科学计划，培育一批新型研发机构，提高原始创新和技术服务能力，形成领跑世界的原始创新策源地，将北京打造成世界知名的科学中心。

北京市深入实施《北京技术创新行动计划（2014–2017 年）》《〈中国制造 2025〉北京行动纲要》《关于积极推进“互联网 +”行动的实施意见》等，以集成电路、新型显示、生物医药、移动互联、航空航天、绿色制造、智能制造等领域为重点，力促科技成果向现实生产力转化，加快构建“高精尖”经济结构。

北京市强化“四个能力”，强化北京作为全国科技创新中心的辐射带动能力，强化京津冀协同创新发展能力，强化资源要素自由流动能力，强化区域创新政策统筹协同能力，推进协同创新共同体建设。聚焦市场准入、成果转化、科技金融、人才发展、创新治理等重点领域和关键环节，加强体制机制创新和政策先行先试，着力突破制约创新发展的体制机制障碍，激发全社会创新创造活力。

北京加强全国科技创新中心建设，坚持创新、协调、绿色、开放、共享发展理念，以中关村国家自主创新示范区为主要载体，以构建科技创新为核心的全面创新体系为强大支撑，着力增强原始创新能力，打造全球原始创新策源地；着力推动科技和经济结合，建设创新驱动发展先行区；着力构建区域协同创新共同体，支撑引领京津冀协同发展等国家战略的实施；着力加强科技创新合作，形成全球开放创新核心区；着力深化体制机制改革，优化创新创业生态。塑造更多依靠创新驱动、更多发挥先发优势的引领

大兴区企业展出的智能机器人产品

型发展，持续创造新的经济增长点，为将我国建设成为世界科技强国，实现“两个一百年”奋斗目标提供强大动力。

按照“三步走”方针，加强全国科技创新中心建设，使北京成为全球科技创新引领者，高端经济增长极，创新创业首选地，文化创新先行区和生态建设示范城，具体如下。

第一步，到2017年，科技创新动力、活力和能力明显增强，科技创新质量实现新跨越，开放创新、创新创业生态引领全国，全国科技创新中心建设初具规模。第二步，到2020年，全国科技创新中心的核心功能进一步强化，科技创新体系更加完善，科技创新能力引领全国，形成全国“高精尖”产业孵化区、创新驱动发展示范区、京津冀协同创新共同体的核心支撑区，成为具有全球影响力的科技创新中心，支撑我国进入创新型国家行列。第三步，到2030年，全国科技创新中心的核心功能更加优化，成为全球创新网络的重要力量，成为引领世界创新的新引擎，为我国跻身创新型国家前列提供有力支撑。

围绕全国科技创新中心的核心功能，从五个方面推动全国科技创新中心建设。一是强化原始创新，打造世界知名科学中心；二是实施技术创新跨越工程，加快构建“高精尖”经济结构；三是推进京津冀协同创新，培育世界级创新型城市群；四是加强全球合作，构筑开放创新高地；五是推进全面创新改革，优化创新创业环境，破除制约创新的制度藩篱，以深化改革促进创新驱动发展。

第四节 “新国门”建设中的创新力

在“新国门·新大兴”建设征程中，创新已被内化为一种文化，发展为一种文化氛围、一种评价标准。创新文化的形成与发展，不仅仅体现了大兴的科技创新能力，更催发了经济社会新动能的转换，提升了大兴城市文化品质，展示了首都国际交往新门户的形象。

一、创新发展的新动能

当前，新一轮科技革命和产业变革加速演进，人工智能、量子通信、物联网、区块链、新材料等领域显现革命性突破的先兆。以科技创新催生新发展动能，就是要把新技术加快培育成新兴产业，特别是国际金融危机爆发以来，培育新兴产业、寻找新的经济发展动能成为世界各国竞争的焦点。

创新文化是一个区域科技创新能力提升的动力源泉。作为首都南大门的大兴，历来不乏创新之举，创新的基因一直推动着大兴日新月异，推动着新旧动能的迭代。党的十八大以来，在创新驱动战略驱使下，大兴区围绕建设现代化"高精尖"经济体系目标，以科技创新为核心动力，加快推进新旧动能转换。尤其是近几年，随着"三区一门户"建设的深入推进，大兴加快了"腾笼换鸟"的步伐。一方面，不断优化政策体系，逐步出台涵盖高精尖制造业、商务服务业、科技创新、金融发展、企业上市、电子商务等相关领域的产业发展专项政策，实现产业政策全覆盖，形成协调配套、共促发展的产业政策体系，全面助力区域企业快速成长、高速发展，也为发挥企业在技术创新中的主体作用，使企业成为创新要素集成、科技成果转化的生力军奠定了政策基础。当前，全区企业创新主体地位逐步确立，数万家科技型企业、数百家国家级高新技术企业、一批各行各业的创新型龙头企业，组合形成了一个庞大的创新"雁阵"，梯次创新链正在全力培育发展，给大兴发展新旧动能的迭代注入了新活力。

另一方面，大兴区围绕"一园一区四组团"的产业空间布局，聚焦科技创新，不断加强新动能引进和培育。通过"筑巢引凤"吸引大量高端科技人才、产业人才集聚，为发展人才驱动的创新引领产业和国际化产城配套服务，为建设创新城市奠定了人才基础。同时，立足北京大兴国际机场作为国家"新动力源"的核心优势，围绕生命健康、新技术等新兴产业，持续推进制度创新，通过建设高端智库等平台，推动企业科技成果和前沿科技创新成果的产业化转型，着力打通创新链和产业链，全力培育打造以生命健康为引领、枢纽高端服务与航空保障为基地、新一代信息技术和智能装备为储备的创新产业体系，促使区域产业发展动能加速提档，成为大兴经济发展的重要引擎。

二、城市文化的高品质

世界上的著名城市都是以独特的个性、品位和文化内涵体现其卓尔不群的风格与魅力。改革开放以来，大兴区实现了由农业大区到首都新兴产业区的转变，又逐步发展为科技创新引领区、京津冀协同发展示范区、城乡发展深化改革先行区、首都国际交往新门户四大功能区。而在城市建设以及城市功能不断实现优化升级提升的过程中，文化扮演着极其重要的角色，文化引领提升了大兴区整个城市的内涵，形成了独特的京南城市文化品质。

随着北京大兴国际机场的正式通航，大兴国际交往的功能日益凸显，对区域城市形象和城市文化品质提出了更高要求。创新文化是一个城市和地区所形成的关于创新的态度、意识、观念、制度、精神以及创新成果的综合，是一个地区城市文化品质的重要组成部分。培育和建设创新文化，就是要在全社会努力培育创新意识，倡导创新精神，增强创新自信，使创新成为全社会的一种价值导向、一种思维方式、一种生活习惯。而创新文化的培育与发展不仅关系到一个城市的形象，一个城市的活力，更体现了一个城市的文化品质和文化素养。着力塑造个性化的城市文化品牌，全力加强创新文化体系建设已经成为有效激发城市文化活力、提升城市文化品质的核心要素和重要动力。

当前，大兴区以首都公共文化服务示范区创建工作为基础，着力打造区域传统文化特色中心、中华优秀文化展示中心、国际文化交流交往中心、文化创意产业中心，塑造了城市书房、书香大兴等系列文化品牌，厚植了“新国门 · 新大兴”文化基因。近年来，大兴区通过制定《大兴区推进大众创业万众创新的实施办法》、设立专项基金等措施，围绕医药健康、新一代信息技术、人工智能、空港、文创等重点产业，鼓励发展了一批众创、众包、众扶、众筹空间等创新创业平台，支持开展了一系列创新创意大赛，最大限度释放全社会的创新潜力，全区上下创新精神正日益增强。

与此同时，通过大力发展文创产业，形成了以新媒体产业为核心，以影视制作产业、数字出版产业、设计创意产业、电子商务为重点发展领域的“一核四重”文化创意产业体系，大兴区的创新自信正在发挥出最大效能。中国设计节永久落户大兴，成为大兴展示创新设计成果、集聚国际创新设计人才、加强国际交流合作的重要平台，创新的国际影响力也在进一步提升，为首都“新国门”建设，打造临空创新城市奠定了创新国际化品牌基础。

值得一提的是，大兴区举全区之力，聚各方之智，全面启动了全国文明城区创建工作。通过实施涉及市民素质提升、城市综合治理、交通秩序优化等“十大工程”，志愿公益、公平正义、诚信守法、尊老爱幼等正能量成为社会的主流和全民践行的规范，有效激发了全区城市建设活力，志愿新城、文明新城已经成为现代化、国际化大兴的又一个新品牌、新形象。

三、国际舞台的新形象

作为首都“新国门”，大兴区有着得天独厚的优势。随着北京城市副中心和河北雄安新区两个新城的建设这一“千年大计”的实施，大兴的区位优势愈发凸显，“坐拥新机场，毗邻副中心，辐射京津冀，联通雄安新区”，空间广阔、资源丰富，区位优势进一步显现。同时，大兴机场高速、轨道交通大兴机场线、京雄城际铁路等骨干交通线路也已经投入使用，四通八达的交通网络为“新国门”建设提供了前提。随着北京大兴国际机场的建设与投运，大兴区正在成为首都国际交往的新

大兴区的国家新媒体产业基地目前聚集了大批文化创意企业及相关孵化机构

名片。

创新文化是大兴区“新国门”建设的重要抓手。当前以全球化、网络化为表征的知识经济来势凶猛，以知识创新为核心的国际竞争也日益激烈。世界经济呈现出来的全球化、数字化、网络化、智能化、集成化、个性化等诸多走向，实质上都是知识经济本质的外化。知识经济将使经济、社会各方面出现新的变革。如何迎接知识经济的挑战，已经越来越为举国上下所密切关注。大兴“新国门”代表中国国际交往形象，更具有创新文化孕育的内涵诉求。

新时代创新文化繁荣兴盛，有利于坚定创新信仰，增强创新理性；有利于开拓创新思维视界，创新胸怀气度；有利于推动一系列创新工程获得较快发展乃至走在世界前沿；有利于推动知识生产和知识创新；有利于推动大众创业和万众创新。

在当前，无论是北京大兴国际机场临空经济区、中国（河北）自由贸易试验区大兴机场片区等新兴建设区域，还是国家新媒体产业基地、大兴生物医药产业基地等传统创新要素聚居区建设，都需要文化来厚植创新实践；无论是创新企业的孵化培育、对创新高端人才的召唤和吸引，还是创新创业的过程，都需要与创新有关的人文内涵。

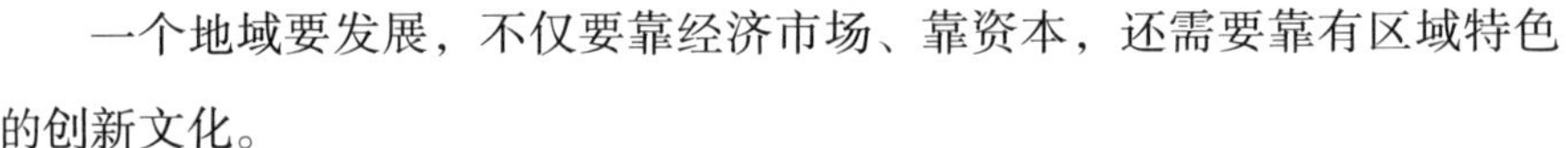

第五节 创新文化的时代命题

一个地域要发展，不仅要靠经济市场、靠资本，还需要靠有区域特色的创新文化。

21 世纪是创新的世纪，“创新”不仅是现代传统，而且已经上升为价值。随着创新价值的确立，创新也因此成为当今时代的主旋律、最强音。党的十九大报告再次吹响了创新的号角，报告中“创新”一词使用频率高达 59 次，涉及政治、经济、文化等方方面面，彰显了新时代的思想灵魂和精髓要义。

创新文化是一种与创新相关的文化形态，是一种有利于创造创新的文化。创新文化孕育创新事业，激励创新事业，创新文化是一个民族创造意识和创新精神的集中体现，可为建设创新型国家提供精神动力和智力支持。党的十九大报告提出“加快建设创新型国家”，明确“创新是引领发展的第一动力”。创新驱动的第一动力如何体现，这些需要做多方面的努力，其中重要而紧迫的工作就是要加强创新文化建设和发展。

中国在 20 世纪曾出现了两次“创新”热潮，分别是 20 世纪上半叶西学东进的大潮影响下出现的对“创造（创新）”的推崇和普遍赞赏，20 世纪下半叶在改革开放的大潮影响下出现的“创新”热潮。这两次“创新”热，相同点是都源自西学，不同点则是，前一次着眼于以人文为特色的传统文化创新，偏重“文化思想”；后一次是以科技为背景的创新文化、着眼于“经济实用”。两次“创新”热潮各有侧重、各有千秋，体现出的是一文一科、一中一西、一古一今两种不同的文化。

美中不足的是，两种文化动向分属科技文化和人文文化两个不同领域，两者平行发展，很少交会，一定程度上影响了各自的深化和中国文化的整体创新。当今，消除两种文化之间的鸿沟，实现“以科技为背景的创新文化”与“以人文为特色的传统文化创新”的会通，是中国新时代创新文化建设的关键。

事实上，创新文化不是一般意义上的经济范畴，若仅从经济范畴上去认识“创新”，而忽略其真正的文化范畴本质，无异于本末倒置。如果过度重视创造创新的“成物”方面，特别是经济效益，而忽视“成己（人）”方面，特别是人的创造自觉和境界提升，不仅不利于个人的成长和成才，也不利于经济社会的长远发展。创新文化的缺失也体现了某种社会价值体系的缺失，因此，我们迫切需要一种新的体系，需要形成一种文化，即创新文化。

党的十九大报告提出，“倡导创新文化，强化知识产权创造、保护、运用”，即对科技创新文化的倡导和强化。同时，党的十九大报告还提出“深入挖掘中华优秀传统文化蕴含的思想观念、人文精神、道德规范，结合时代要求继承创新，让中华文化展现出永久魅力和时代风采”，“坚持中华文化创造性转化、创新性发展，不断铸就中华文化新辉煌”，这也为中华文化前行指明了方向。

当前，创新文化正在“向深里去，往高里提”的方向发展，倡导科技创新文化，同时以“创新”促进传统文化转化，形成以“创新”为核心的价值观，有利于形成一种融会科技文化与人文文化的新文化——创新文化，其深层涉及中国文化和西方文化的互动，中国传统文化与当代创新文化的融会，这种互动和融会将带来创新文化发展的新面貌，这也应是中国创新文化的特色之所在。

创新文化体现了中国传统文化与现代科学文化会通的创新文化建设理念，体现出文化的价值性，提升着人的创新创造自觉。

第二章　京南门户的创新源流

大兴自先秦建县以来约有2400余年历史，自古便是人文厚重之地。自北京成为都城后，因辖域紧依京师，大兴的战略地位便更为重要，成为皇家猎场和皇家苑囿文化的重要发源地之一。

大兴是距离北京市区最近的远郊区，首都的南大门，素有“京南门户”之称，是北京兼具城郊、城市、卫星城特征的一个区。同时，大兴北靠京城，连通津冀，东向渤海，为外埠进京通衢，交通要冲，亦被称作“天下首邑”。时移世易，沧海桑田，大兴也在历史进程中，以创新的精神奋勇向前。从古时的皇家苑囿到新中国成立后的绿海甜园，从首都粮仓、“菜篮子”到工业重地，从传统的农业大县到科技强区、新兴产业高地，大兴的创新文化源远流长，厚积薄发，成为大兴崛起持久的动力支撑。

改革开放以来，大兴人敢闯敢干、不落人后，从家庭联产承包责任制创新，到农业科技的发展，再到工业体系的改革、乡镇企业的崛起、城镇化的快速推进与城市品质的提升，都使大兴的面貌日新月异。

特别是党的十八大以来，大兴区高位布局“高精尖”经济结构，经济发展有力支撑首都城市战略定位。围绕“三城一区”建设，坚持开发区龙头地位，带动传统产业转型升级，打造具有全球影响力的科技创新引领区。大兴因此成为首都南部一颗耀眼的明珠，不断地迎接着新的辉煌，创造着新的历史。

第一节 从“经验”走向“创造”

大兴区最早的前身为古蓟县，为春秋战国时期燕国所建，是中国最早的建制县之一，至今已有2400余年历史。直至清代，大兴仍为依郭京县（国都所辖之县），隶属顺天府。县城黄村，明清时期为古驿道上的驿站之一，后逐渐发展成为京南重镇。

1928年，大兴县划归河北省。黄村先后建有京兆甲种农业学校、京兆第一初级中学、河北省立黄村中学、河北省立黄村初级农业职业学校、河北省立实验乡村民众教育馆等，成为平南教育中心。1949年中华人民共和国成立后，大兴县仍隶属通县专区。1954年，县政府迁于黄村，黄村成为全县政治、经济、文化中心，亦是距北京城最近的县城。1958年，大兴县划归北京市，并将原属北京市南苑区的旧宫、亦庄、瀛海、西红门等地划归大兴改为区建制。1960年，大兴恢复县建制。2001年，北京市人民政府批复：经国务院批准，撤销大兴县，设立大兴区。此外，大兴还是1984年国务院批准建设的首都第一批重点发展的卫星城之一，2015年，大兴区被列为第二批国家新型城镇化综合试点地区。

一、工业路径的自主探寻

新中国成立之前，大兴没有现代意义的工业，只有少量手工业作坊，主要从事织席编篓、榨油酿酒和小家具的制作与修理等。1949年中华人民共和国成立初期，全国都处于百废待兴状态。这一时期为恢复经济，大兴县政府向广大手工业者宣传“公私兼顾、劳资两利、城乡互助、内外交流”的利好信息，鼓励手工业者恢复生产、革新技术，手工业迅速得到恢复和发展。大兴县志数据显示，1949 年，大兴县有手工业作坊 33 个，县办工业 1 个，工业总产值 84 万元，利润 17 万元。但在当时，大兴主要是以农业为主的地区，工业底子薄、起点低，手工业数量少，工业创新少、技术含量低、规模小，且大部分分散经营。在这一时期，大兴县政府在恢复发展经济的同时，也在推动建立新的工厂企业。1949 年建立大兴黄村酒厂，这是全县第一家国营工业企业。同年建成皮硝加工厂、糕点炉房和轧花厂 3 家集体所有制企业。1951 年，私营性质的联合印刷厂建立，这是大兴印刷厂的前身，后来成为大兴县第二家工业企业。至此，大兴的工业开始起步，国营、集体企业从无到有，从零星到集中，从手工到低级机械运用，踏上了初级科技创新推动工业发展之路。

1953 年，第一个五年计划实施，大兴县开始步入工业化初步发展阶段，但仍以手工业为主。1954 年，全县个体手工业者组织起来，成立缝纫、铁业、翻砂等手工业合作联社，这也是大兴县集体企业的前身。之后，经过社会主义改造，全县手工业合作社获得快速发展。1958 年，全县共有手工业合作联社 25 个，1959 年手工业合作联社和工厂共有 11 家。这一时期的手工业水平虽然相对较低，但整体上促进了经济的良性运行，尤其是经过对手工业的改造，奠定了大兴集体经济发展的基础。就国营工业发展来看，1958 年大兴掀起大办工业高潮，农机厂、电机厂等县办企业陆续兴建，一年间国营工业企业增建 8 家；同时，公私合营联合印刷厂、团河砖瓦厂亦改为国营企业，大兴工业开始初步发展，国营经济在国民经济中占据主导地位。至此，大兴的工业在三大改造运动影响下，快速发展起来。1958 年 9 月，大兴境内的南郊国营农场成立红星人民公社，场社合并，年底建成各种小型工厂 46 个。随后，全国进入了“大跃进”时期，大兴的工业发展也受到很大影响，“赶超”战略的推进，使得大兴工业绝对数量呈数十倍增长，但很多企业由于运营成本高、管理作坊化而偃旗息鼓。

“文化大革命”开始后，大兴的工业生产管理遭到很大破坏。1970 年，大兴工业局革命领导小组成立，工业生产指挥系统逐步得到恢复，工业生产在曲折中出现转机。1976年后，为迅速恢复和发展经济，国家提出实行“调整、改革、整顿、提高”八字方针。大兴县对县属企业进行关停并转，停撤一批原材料不足、产品质量差、成本高的厂家，如棉纱厂、石油厂、制毯厂等6家，原市内下放的企业归口交给北京市管理。同时，对部分企业通过改进管理、改善制备以及合并改产等方式，进行管理创新、技术创新及生产模式创新，促进了生产能力的提升。

这一时期，大兴工业技术在通过技术引进、学习之后，也模拟出自己的技术产品。20世纪60年代，仿制出电凿子、电刨子、电动饥、变压器等，研制出的“无塔压力罐式自来水系统”装置，在全县高氟地区实施防氟改水工程中发挥了重要作用。1976年，大兴酒厂试制出高档黄酒，定型投产后分别定名为“元红”“加饭”“香雪”“四酝春”4个品种。1977年，又试制出“醉流霞”白酒。在不断地改进管理和改并过程中，大兴的工业结构发生了质变，由直接农业服务转向机械、化工、塑料等轻工并重的格局，为后来的工业发展确立了框架。在这个过程中，科技及由此形成的创新文化，也通过企业管理创新、工业技术、生产模式创新等实践，得到了一定程度的升华，并为现代工业体系的发展奠定了基础。

二、传统农耕的创新精神

农耕是人类衣食之源，文明之根。改革开放前，农业一直是大兴的主要产业，1949年至1950年的土地改革解放了生产力，继之，互助合作运动兴起。至1956年，大兴高级农业生产合作社普遍建立。这一时期，大兴的农业科技创新成果丰硕，主要表现在引进推广农作物优良品种、改革农机具、改革耕作制度、治沙治碱改良土壤等方面。1949年前，大兴的玉米栽培耕作粗放，施肥少，密度稀；20世纪50年代，逐步推行合理密植、隔行去雄、人工授粉等新技术。1964年，大兴县在青云店设试验样板田，春玉米水浇获成功。翌年，此技术迅速在全县推广。小麦也是大兴县当时的主要农作物之一，1953 年，大兴县开始引进部分蚰子麦、七二麦，北部红星地区试种燕大 1885、1817 等育成品种；1956—1958 年又引进和推广了碧玛 1 号、4 号和农大 1 号（早洋麦）等品种；1960 年引进 183、华北 187、农大 90 等品种。1963 年，大兴县在青云店开始抓小麦样板田，由中国农业科学院小麦专家和县里的技术员驻点，以点带面，小麦栽培开始由旱作向水浇过渡，畜播向机播过渡，完全依靠农家肥料向农肥与化肥并施过渡，农业品种引进及栽培技术获得快速发展。到 1971 年，全县小麦和水稻两项主要粮食作物产量达到 1.24 亿公斤，占粮食总产量的 65%。

20 世纪 50 年代末 60 年代初，大兴县还相继研制、仿制出劲锤式饲料粉碎机、手动水稻插秧机、电动打稻机等。1961 年，县农机厂研制成铜铝合金轴瓦，红星公社农机修配厂试制出青贮切割机。1971 年 5 月，红星公社农机修配厂研制出东风 –25 型机动水稻插秧机。

大兴在盐碱地治理方面也极有成效：新中国成立初期，全县碱洼地共 30 万亩。1954 年，在前辛庄首先进行了治理碱洼地开发稻田的试点。1955 年，县人委正式组建洼改稻田委员会，在芦城、黄村等 4 乡 17 个村新开稻田 3500 亩。1955 年，红星集体农庄在青台子、西洼地首开稻田。1966 年始，在安定公社片区开展改造盐碱地的科学试验。之后，全县治碱种稻工作继续发展，水稻面积逐年扩大，形成了一个以稻治碱的高潮。

到 20 世纪 70 年代中期，大兴县的四级农科网基本形成，经过兴修农田水利、培育引进新品种、推广农业新技术、改进农机具，大兴农业生产力获得了快速提升。到改革开放前，大兴粮棉产量有较大幅度增长，全县已有了集体储备粮。

第二节
开启变革的创新模式

1978年，党的十一届三中全会明确提出，把全党的工作重点转移到社会主义现代化建设上来，我国由此开启了伟大的改革开放进程。其中，家庭联产承包责任制成为这次改革开放的导火线，也成为改革开放的历史起点。大兴区也在这样的大历史背景下，开启了自身改革创新的发展历程。

1978年，在农业长期徘徊不前的境地中，北京市委、市政府根据党的十一届三中全会精神要求，决定在大兴、昌平农村率先开始实行农业联产承包责任制。大体来看，大兴家庭联产承包责任制经历了三个阶段，实现了三方面的制度创新。

第一阶段联产计酬。1978年底，大兴县委推广东磁各庄、赵家场（北臧村乡）联产计酬试点。联产计酬有联产到组和联产到劳两种形式。据统计，到1981年底，在大兴种植业中，有97%的生产队建立了生产责任制，其中75%的生产队是包产到组，但依然是集体统一核算、统一分配。

第二阶段大包干。1982年，以“保证国家的，留足集体的，剩下都是自己的”为分配方式的大包干责任制早已在外省市大面积推开，但是当时在大兴还存在许多不同认识，有的村大队不支持包干到户。大兴县委针对这些认识，查找思想和工作差距，并根据大兴实际，加强和改进工作，积极推进大包干责任制。到1982年底，大兴县种植业实行大包干责任制的大队达到69%。大兴的家庭联产承包责任制改革后，农户获得了土地的使用权和剩余产品的所有权，成为农业生产和经营的基本单位，极大地提高了积极性，释放了被束缚多年的生产力，大兴经济因此获得了前所未有的快速发展。

第三阶段双层经营。大包干责任制最终发展到家庭经营时，由于基层都是“摸着石头过河”，没有经验可以借鉴，难免会出现一些问题。“大包干”使不少地方的生产队解体，原来许多统一服务的机制也解体了，特别是农机、水利等服务，给生产带来诸多不便。北京市委从 1983 年开始完善“统分结合、双层经营”体制：一是从统一服务问题上完善大包干责任制，在种植业开展种植区划、机械作业、良种、排灌和植保“五统一”；二是要求村合作经济组织在双层经营中发挥经营、管理、服务三位一体的作用；三是利用家庭经营后释放出来的剩余劳动力，集体兴办乡镇企业。

1983 年初，大兴县借鉴其他地区经验，按照市委提出的统一服务问题，以及在发挥农村合作经济组织作用基础上完善大包干责任制的要求，推行了土地集体所有家庭联产承包责任制。1984 年，按照县委“包要稳定、统要加强、专要发展”的原则，强调土地集体统筹，进一步健全和完善土地集体所有家庭联产承包责任制，逐步形成县、社、队三级社会服务体系，使包干到户的责任制进一步稳定下来。同时，中共大兴县委、县政府及时推出“绿甜战略”，粮、油、瓜、菜全面增产增收。至 1990 年，全县粮食总产量达到 3.47 亿公斤，为 1949 年的 11.7 倍；西瓜总产量 1.5 亿公斤，为 1949 年的 54.8 倍；蔬菜总产量 5.94 亿公斤，为 1949 年的 47.8 倍；花生种植面积有较大缩减，而单位面积产量则比 1949 年增长近 4 倍。

为了稳定农村土地承包关系，1997 年 8 月 27 日，中共中央办公厅、国务院办公厅发出《关于进一步稳定和完善农村土地承包关系的通知》（中办发〔1997〕16 号），中共北京市委、北京市人民政府于 1997 年 11 月 11 日发出《关于进一步深化农村经济体制改革　落实农村经济政策若干问题的意见》。为深入贯彻落实中央、北京市关于进一步稳定和完善农村土地承包关系通知精神，1998 年，大兴县在第二轮土地承包延期 30 年的基础上，进行了土地确权，大兴以家庭联产承包责任制改革为核心的农村土地改革进入了新的阶段。

第三节 绿海甜园的品牌构建

在相当长的历史时期内，农业都是大兴产业的主体。改革开放以来，大兴的农业发展又翻开了新的篇章。特别是在以家庭联产承包责任制为核心的土地改革深入落实，以及持续加大的农业科技创新，还有“绿甜战略”等的推动之下，大兴农业迎来了快速发展期，首都的南菜园、重要副食品生产基地、粮食主产区……这些都曾是大兴农业的标签。此外，还诞生了以大兴西瓜为代表的地理标志性产品，以月季等为特色的现代都市型农业也迅速崛起，打响了大兴绿海甜园的新品牌。

一、北京稻米的“口碑”

大兴曾是北京郊区水稻的主要产区，稻谷米质好，是首都人民优质大米的主要供应基地。但是由于北京市工农业生产和居民生活需水量的日益增多，水资源又有一定的限制，出现了水资源供需不平衡问题。针对水稻节水的实际需要，大兴县农科所于 1982 年推出水稻旱种亩产 400 公斤的高产综合栽培措施，后逐渐普及。1989 年，春稻在南部乡镇几乎全部改为旱种，红星地区由于水源条件较好，水插与旱种并存。水稻旱种、灌水定额的技术，极大地提高了粮食的供应，实现了经济效益的最大化，这一技术获全国科技大会二等奖。

二、大兴西瓜的农业金名片

大兴县的西瓜种植历史，据文献记载可远溯至元代。《析津志辑佚·物产》载，大兴、宛平地区“瓜进上者甚大，人止可负二枚”。《宛署杂记》载，明代“太庙每月荐新各品物，由宛平、大兴分办，六月份各西瓜十五个”。当时，庞各庄一带和礼贤、魏善庄地区多有种植西瓜。至民国期间，庞各庄周围各村所产西瓜仍长盛不衰，号称“南路西瓜”。新中国成立后，20 世纪 50—80 年代，西瓜年均总产量分别为 414.5 万公斤、1005 万公斤、1548 万公斤、11514.3 万公斤。60 年代，引进中国农业科学院培育的“旭东”品种（亦称“早花”）。80 年代初，一度着力于“早花”品种的提纯复壮。1986 年秋，大兴从市农科院购得京欣 1 号杂交优种西瓜制种权，经县良种场繁育推广，普及全县，形成以京欣 1 号杂交一代为主的早、中、晚熟配套体系。

1996 年，大兴县与中国航天总公司合作进行西甜瓜籽种卫星搭载试验，经过 10 年的育种试验，培育出拥有自主知识产权的航天系列西瓜品种。大兴农业技术推广站还专门成立了西甜瓜研究室，引进西瓜栽培新技术，同时研发出了西瓜蜜蜂授粉、西甜瓜天幕覆盖等 7 个西瓜集约化栽培技术，大幅提高了西瓜的产量和质量。西甜瓜研究室研发了一系列适合大兴区种植的小型西瓜品种、中果型西瓜品种、厚皮甜瓜品种、薄皮甜瓜品种，引进了几十个外来的西瓜品种进行试验筛选，推广适宜本地种植的优良品种。为了提升西瓜品质，西甜瓜研究室也与中国农业科学院等科研院校合作，选育富含瓜氨酸和番茄红素的功能性西瓜新品种。

大兴的西瓜以庞各庄出产的最为著名，产区同时辐射到周边 6 个镇所辖的 200 多个村庄，因此也被称为“中国西瓜之乡”。1988 年，由大兴区委、区政府主要领导提议，区人民代表大会形成决议，将每年 6 月 28 日定为西瓜节（2001 年后改为 5 月 28 日）。在西瓜节的带动下，大兴西瓜越发声名鹊起，享誉海内外。现在，大兴每年的西瓜种植面积大约 8 万亩，西瓜总产量为 2.6 亿公斤，面积、产量均居京郊各区之首。

三、现代都市的休闲观光

20 世纪 90 年代后，随着产业结构的调整，观光、休闲农业的兴起，小麦、玉米种植面积呈逐年递减趋势，但其品种、耕种技术则在不断更新，日新月异。1991—2000 年，大兴县进行第六次小麦品种更新换代，并推广了冬小麦半精量播种新技术，同等条件下有效提高了小麦产量。1991—1994 年，进行第五次玉米品种更新换代，夏玉米免耕覆盖播种技术在全县推广，大幅节省了播种程序和时间。

进入 21 世纪，大兴的产业结构调整进一步深入，农业摒弃了大而全的发展模式，而是强调以特色促升级，重点瞄准蔬菜、西甜瓜、果品、花卉等几大种植主导产业，积极发展现代都市农业，走出了一条十分具有地域特色的现代都市农业之路。“中国瓜乡”“中国梨乡”“月季小镇”“绿海甜园”等大兴标志性品牌的影响力不断扩大。

在出产西瓜的庞各庄镇，2015 年底创建的庞各庄宏福现代农业产业园，从荷兰引进设备和技术，大力发展温室农业，现在 5 万平方米的温室年总产量为 2700 多吨，是传统栽培单产的近 10 倍。温室内没有一粒土，没有一滴农药，全靠营养液精准灌溉，节能 30%，节水 50%，纯绿色的生产过程产出纯绿色番茄。

位于长子营镇的现代农业智慧温室产业园，引进了世界最先进的荷兰智慧温室建造技术和种植技术，通过自动控制系统让农业生产工厂化。这个智慧温室产业园已经完全脱离了传统农业的范畴，将其称为现代农业工厂也许更为合适。这里的玻璃温室种植区面积达 5.1 万平方米，全部采用无土栽培的方式，用椰糠作为栽培基质，通过自动化滴灌设施，为植物在苗期、花期、果实膨胀期，配制不同的营养液，如此就可以实现番茄的正常生长。工厂化的生产模式也彻底改变了番茄的生产周期。一般传统方式种植的番茄每年采摘期也就三四个月，但玻璃温室的番茄每年采摘期可长达七八个月。据测算，这里每平方米小个头儿番茄的年产量可达 30 公斤左

科技人员给农民作技术指导

右，中个头儿番茄可达 50 公斤左右。下一步，园区将建成集示范、科教、观光、农业体验中心于一体的智慧农业产业园区，提供全程可追溯的安全、高效、绿色的果蔬产品，同时通过消化吸收将智慧农业本土化，并向其他地方复制推广。

到现在，大兴区已有农业设施大棚近 6 万个、8.3 万亩，设施占地面积为全市的 37.9%，国家级农业龙头企业 3 家（榆垡镇秋实农业、黄村镇资源亚太饲料、旧宫镇金星鸭业），市级农业龙头企业 8 家。同时，大兴区还新建了"一会一社一中心"（农产品产销联合会、农产品专业联合社、农产品营销中心），统筹区域农业产销资源，农超、农社、农宅等对接流通模式日臻成熟，农业农村电商发展势头良好，京东商城大兴馆、"农邮通"服务站均已投入运行，第一产业与二、三产业联动发展的新型产业体系正在加快形成。

大兴区的农业产业转型升级十分注重服务首都功能，以减量促升级。

大兴区快速崛起的现代休闲农业

近年来，通过补贴政策调整，高耗水粮田种植面积调减到 3.5 万亩。通过支持外埠基地建设、划定禁养区等措施缩小养殖体量，清退禁养区养殖企业 333 家，经营性养殖散户 1243 户。对农业领域的空间重组置换出的部分，则用于生态造林、景观农业及特色产业。现在，庞安路、刘礼路等农业产业集群带发展态势良好，成功申报了国家级农业绿色发展先行区。

大兴区的农业产业升级，在农产品的质量安全方面也进行了一系列的探索创新，并成功创建了国家农产品质量安全区，累计建设农业标准化基地 99 家，取得“三品”认证基地 156 家。现在，大兴区每年都制定农产品质量安全监测计划，仅在 2019 年，区级定量检测就达 2500 个、定性检测 4.5 万个。在农产品质量安全源头管控方面，大兴区还积极探索了农资连锁经营模式，清退了一批无证无照、小散乱农资门店。另外，大兴区也开展了农产品质量安全征信系统应用及农产品产地合格证等相关工作，进一步提高了全区农产品质量安全水平。

第四节 创新聚合的乡镇企业

我国乡镇企业的前身是农村手工业和社队企业，其发展经历了一个艰难而漫长的过程。1978 年党的十一届三中全会之后，我国乡镇企业异军突起，迅猛发展，取得了举世瞩目的伟大成就，成为我国国民经济的重要组成部分。

而在大兴，乡镇企业也迎来了自己的黄金时期。在党的十一届三中全会以前，大兴县的乡镇企业是农村集体经济的重要组成部分，产权形式几乎都是人民公社和大队集体所有。集体对企业的人、财、物、酬实行统一管理，一定程度上限制了经营者和生产者的积极性。党的十一届三中全会以后，农业生产经营实行了多种形式的联产计酬和经营承包责任制，打破了分配“大锅饭”，极大调动了广大农民的生产积极性。1981 年，农牧渔业部在北京召开全国乡镇企业经营管理工作会议，提出乡镇企业要借鉴农业联产承包责任制的经验，实行经营承包责任制。此前，国务院还发布了《关于发展社队企业若干问题的规定》。这些政策意见的推出，有力地促进了大兴县社队企业步入较快发展的轨道。到 1984 年，大兴社队集体企业达到了 800 多家。

同年，中共中央、国务院转发农牧渔业部《关于开创社队企业新局面的报告》，提出乡办、村办、联户办、个体办“四轮”驱动，一起发展。大兴县政府也制定了《大兴县工业产业、产品结构改善及区划布局纲要》，明确了积极发展联营企业、鼓励发展个体经济，促进乡镇企业发展的指导方针。

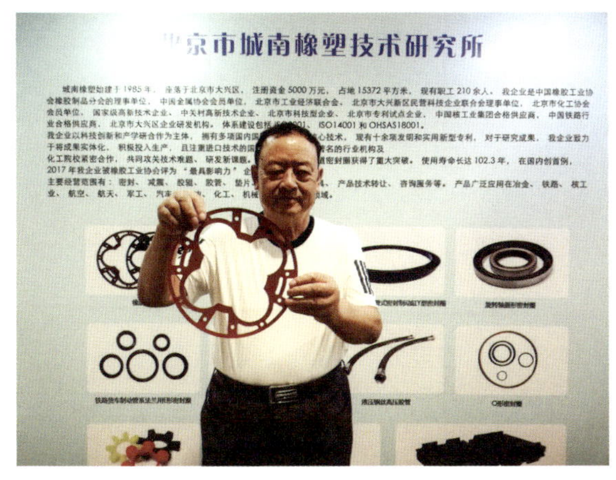

北京市城南橡塑技术研究所负责人在展会上展示企业研发的新产品

1992 年，邓小平同志“南方谈话”进一步解放了思想。根据讲话精神，大兴县先后出台《关于进一步促进经济发展和扶植工业支柱行业暂行规定》《大兴县拳头产品的审定奖励办法》《大兴县科学技术进步奖励办法》等政策文件，对乡镇企业及其他各类工业企业的发展，以及科技创新等进行鼓励和支持。同时，大兴也积极拓展中外合资，加快发展股份合作制，大力发展联户、个体和民营企业，提升企业管理水平，推进科技进步，促进了乡镇企业的持续、稳定、健康发展。

大兴乡镇企业的快速崛起也催生了一批拳头产品、名牌产品，其中“星牌”台球桌、“赞星牌”影视灯具、“丰收牌”桂花陈酒、“盾牌”安全带安全网、“科宝牌”柜式油烟机、“统一牌”润滑油、“金陶牌”洁身器等 10 余种产品先后获“市优”和“部优”称号，“丰收牌”桂花陈酒连续几年居全国同行业之首，“丰收牌”葡萄酒被评为“北京市十佳产品”。

特别是在 1995—2002 年的 7 年间，大兴乡镇企业突飞猛进，迎来了一段“黄金岁月”。在政策的有力扶持下，大兴乡镇企业聚合要素，释放合力，抓住发展机遇，快速占领市场，成为当时大兴经济发展的主导力量之一。在这期间，奥宇模板、天普太阳能、星光影视设备、星伟台球等 9 家企业产品被评为“北京名牌产品”；“丰收牌”葡萄酒被评为“中国名牌产品”，获得“免检”资格；恒福利家具公司、大兴金属工业公司获 2002 年“北京乡镇企业创新名牌重点企业”称号；统一石化公司的“统一”商标被评为“全国驰名商标”。

在大兴乡镇企业快速发展的过程中，企业内部的改革也一直伴随左右。1988年，大兴开始在乡镇企业实施为期三年的承包责任制改革，到1991年，全县1368家工业企业中有1293家签订二轮承包合同；企业升级完成66家，其中市局级先进企业8个，县一、二级企业58个；37个企业通过计量定级验收，48个企业关停并转。1994年，第三轮承包经营责任制全面铺开，全县有1315家企业签订承包合同，批准股份合作制企业156家。1995年，推进工业经济结构调整，优化资源配置，围绕龙头产业和骨干拳头产品开展企业优化组合，组建集团和集团公司16家，总计达到27家；全年审批股份合作制企业142家，股本总额7424万元。1996年，全县超过666家工业企业签订以资产滚动增值为内容的第四轮承包合同，在转换经营机制上逐步探索投资主体多元化、经营主体社会化、产权主体多样化的发展模式。1999年，大兴开展以县办村办企业为重点的重组转制工作。2000年，全县374家企业实现重组转制，其中县办企业8家、乡镇企业165家、村办企业201家。2001年，镇村办企业已有1280家进行产权制度改革，内燃机厂、汽车制动器厂等5家企业实施破产，同时实施大范围动态资产重组。

与此同时，在经历了20多年的快速以及系列改革后，乡镇企业遍地开花、村村冒烟办厂的粗放式发展模式，受到了环保、技术创新、人才引进等各方面的约束，乡镇工业企业面临着发展模式的转型。为加快乡镇工业企业转型升级，1992年，大兴县成立了大兴工业开发区。通过开发区的发展模式，加快促进企业、人才、技术、资金等要素的集聚，以促进工业的规模化发展，通过产业聚集效应提升整体的影响力和辐射带动作用。之后，大兴区的工业化走向了集中式开发区管理发展道路，工业发展由乡镇企业分散式发展向集聚性发展转型。在集聚性发展模式中，工业技术创新政策、资金、人才等资源更加集中，更有利于工业企业的技术和制度创新，这也进一步催生了创新文化的培育发展。而创新观念、创新氛围的进一步培育营造，也在很大程度上加快了工业企业的技术创新、管理创新、制度创新，形成了开发区的一系列创新文化体系。创新文化的培育与形成，也给开发区的发展带来了质的改变，吸引了更多新型产业集聚发展，加快了工业开发区向新型产业基地、新型产业园区的转型发展。

第三章　跨越发展中的创新『新算法』

进入21世纪，我国改革开放事业迈入新的阶段，经济社会发展大幅提升。大兴顺应国家及北京市新的发展需要，紧跟时代发展步伐，不断调整自身定位，整合创新资源，聚集创新要素，逐步由首都传统农业大县向经济、科技、产业强区转型。

特别是2001年，大兴撤县设区。这是国务院和北京市委、市政府根据首都城市发展规划做出的一项重要决策，掀开了大兴人民在既往基础上，加快发展、再创辉煌的一个新的历史篇章。大兴区的设立，有利于更充分地发挥首都城市功能，改善城乡发展布局，推动全市经济持续快速健康发展和社会全面进步，也有利于大兴区在新的条件下，更好地发挥自身优势，挖掘发展潜力，开创改革、发展、稳定的新局面。

在这个时期，大兴区城市化水平迅速提升，以生物医药、文化创意等为代表的新兴产业崛起，国家新媒体产业基地、大兴生物医药产业基地等高端产业园涌现并快速发展，首都南部高技术制造业与战略性新兴产业聚集区基本成形。

第一节 发展高地的时代性创新

城市化过程是一个人口和产业等要素集聚和扩散的过程。在我国，早期的城市化主要特点就是卫星城的建设，而大兴的城市化也是以卫星城建设为突破口进行全面布局的。1983年7月，中共中央、国务院在对《北京城市建设总体方案》批复中指出：近期要重点抓好黄村、昌平、通县和燕山四个卫星城镇的建设。1984年，北京市人民政府正式批准《黄村卫星城总体规划方案》，规划面积22平方公里，人口15万人。从此，大兴的建设发展掀开了崭新的一页。1992 年，大兴结合黄村卫星城现状及县域规划编修工作，重新确定黄村卫星城区域功能：以高新技术产业和商贸为主，担负接纳市区疏散人口、服务中心城区功能的综合型城市区域，规划面积调整达到 5400 公顷。

对于北京市来说，加快京郊卫星城建设，促进城乡一体化，是缩小城乡差距，缓解城市中心区人口压力，实现产业链深度整合，提高城市竞争力的一个非常重要的战略。因此，北京市总体规划确立的城镇体系布局，是建立市区、卫星城、中心镇和建制镇的四级城镇体系。对于大兴区来说，就是要通过大兴老城区、新城区等卫星小城镇建设，建立卫星城中心城区、中心城镇、建制镇三级城镇体系，加快大兴区产业、人口、资产等要素快速向城区聚集，通过城市规模的提升，带动大兴全区的城市化发展。

2001 年，顺应北京市以及大兴未来的发展需要，大兴正式撤县设区，城市化战略布局迈出了关键一步。2001 年，大兴的总体规划提出建设“北城、南园、东区、西带”四大功能分区。北城即以黄村卫星城为中心的北部建成现代化城市新区；南园即公路二环以南的广大中南部地区建成以高科技农业和一般加工业为特色的综合产业区；东区即京津塘高速路、104 国道沿线以东地区建成工业化新区；西带即南六环以南、京九铁路以西若干小城镇和开发区，综合发展绿色生态观光、休闲娱乐等现代服务业、高新技术产业。同时，大兴卫星城总体规划中进一步明确和划定了黄村卫星城基本功能、城市规模和城市总体布局。卫星城将建成高新技术成果产业化基地和信贷工业聚集区、绿色安全食品生产基地、现代设施农业观光采摘旅游休闲度假区和综合物流仓储基地。

2002 年 1 月，《北京市人民政府关于大兴区区域规划和黄村卫星城总体规划的批复》中明确，黄村卫星城城市规划面积 94.6 平方公里。城市建设规模的扩大，强化了卫星城的中心功能并增强了其辐射力。大兴区政府按照规划把卫星城建设作为实施“城镇带动”战略的重要措施，把卫星城北区 5.37 平方公里城市副中心高档居住区的开发建设、大兴工业区 5 平方公里的继续建设及城镇基础设施建设列为卫星城建设之首。同时，以进一

快速发展的大兴区城市建设

步完善城市功能，提升城市整体水平为目标，坚持每年实施一批与现代城市相适应的道路交通、能源供应、信息网络、公共配套设施建设等60项重点工程。2002年，大兴区贯彻北京市城市管理工作会议精神，确定建立城市社区管理体制，这为新型城镇化道路奠定了基础。

2006年，大兴区编制完成大兴新城规划与各镇域总体规划，完善城镇空间布局，按照“城镇组团”发展思路，加快推进城镇现代化进程，构建以大兴新城和亦庄新城为核心、以重点镇为节点、6个城镇组团发展的格局。2007年，大兴区从加快新城建设全局出发，坚持以人为本的原则，征地拆迁补偿、失地农民生活就业、社会保障和集体资产收益实行“三加一”补偿模式，建立农民长期收益机制。这种以人为本的政策探索正是新型城镇化发展的本质要求，围绕“人的城镇化”这一核心要素，努力实现产业结构、就业方式、社会保障等一系列由“乡”到“城”的转变。

在推进城市化进程中，为了实现城乡统筹一体发展，需要对社会事业发展、基础设施建设及城乡产业扩张进行统筹规划，集中全部公共资源进行科学合理再分配。2007 年，大兴区制定促进就业政策，出台《关于进一步做好就业与再就业工作的意见》《关于加快农民向二三产业转移促进农民增收致富的意见》，标志着统筹城乡就业政策体系形成。2008 年，按照统筹城乡、教育均衡发展原则，大兴区又建立了政策资金向农村教育和义务教育倾斜机制，统筹发展教育、医疗等民生公共体系。

城市化也对生态文明提出了新的要求。大兴区推进城市化的过程中，就围绕大气污染综合治理、环境保护、绿色经济发展等采取一系列措施，推进节能减排，使城市成为天蓝、地绿、水净的美好家园。

第二节 三个产业的梯度转身

进入 21 世纪后，随着乡镇企业及其他各类型经济体的发展，以及城市化的持续推进，大兴产业结构调整的步伐明显加速，原来占据主导产业的传统农业所占比重逐步减少，由第一产业到二、三产业转型的趋势日趋明显。

以大兴区魏善庄镇为例，在过去，魏善庄镇的产业主要是传统的种植业，后来开始种植以月季为代表的花卉，然后逐步转型为如今拥有 5000 余亩月季产业园区、2300 个月季品种的特色月季小镇，并举办了 2016 世界月季洲际大会。在这里，腾退低端，饰以美花，发展高端，串起产业，魏善庄不仅拥有月季主题公园、多家文化公司、特色现代农业企业，还有北京最美

利亚德电视技术有限公司自行研发的自动化生产线

的乡村改造项目半壁店村和“2017年中国美丽休闲乡村”魏庄村等。

在大兴由第一产业向二、三产业转型的过程中，从全国各地前来落户的民营科技企业发挥了重要作用。早在20世纪80年代，大兴县就推出了“科技兴县”战略，高度重视民营科技企业的发展和科技成果转化工作，积极采取各种有效措施保障成果转化的顺利进行，培育京郊民营科技企业发展和成果转化的一方沃土。从1987年开始，大兴出现了有别于国营或集体性质的民营科技型企业，但在当时，这些企业规模小、范围窄、技术档次较低。为了改变这种局面，1991年，大兴县正式成立了科技企业办公室，县委、县政府也十分重视，在多方面给予大力支持。这一时期，大兴凭借交通便利、软硬环境优良等多种优势，积极广泛地向外界宣传大兴，吸引大批市内外科技人员来大兴兴办民营科技企业。经过数年的发展，到1998年3月底，大兴已有民营科技企业440家，涉及电子信息、机电一体化、医药、精细化工、新能源、新材料、通信、环保等十多个行业，为大兴工业化转型奠定了良好的基础。

大兴撤县设区后，工业化的进程不断加速。同时，与早期技术含量与附加值低、污染严重、资源消耗高的工业化不同，大兴在进入 21 世纪后大力推进新型工业化的布局。新型工业化道路不是只讲工业增加值，而是要做到“科技含量高、经济效益好、资源消耗低、环境污染少、人力资源优势得到充分发挥”。2001 年以来，大兴区研究制定了《大兴区关于进一步加快工业经济发展的意见》和《大兴区关于促进工业经济发展若干奖励办法》等相关政策，为工业经济持续快速健康发展创造了良好的环境。至 2010 年，大兴区高技术制造业和战略性新兴产业发展势头良好，国家新媒体产业基地、大兴生物医药产业基地等重点园区规模效应初显，粗放型发展方式逐渐向现代化集约型转变。

在工业快速发展的同时，大兴区的第三产业也获得了较多的发展空间，且形式愈加多样，高端服务业崛起。2005 年大兴区成立的国家新媒体产业基地，聚集了大批文化创意类企业，催生了大兴文化创意产业的发展。此外，随着大批高新技术企业的出现，与之配套的生产性服务业、科技服务业也得以兴起。以科技服务业为例，进入 21 世纪后，大兴区科技创新服务业产业规模快速增长，服务业态加快完善，在科技扶持政策的引导和龙头企业研发中心落地的示范效应下，众多科技服务的细分产业和相关机构在大兴集聚。科技创新服务业总产值从 2004 年的 10.79 亿元增长到 2009 年的 38.2 亿元。2010 年，大兴区还被列为北京市服务业综合配套改革试验区。

在这一时期，大兴的生产性服务业更是得到了快速增长。2008 年，北京地铁大兴线（大兴段）开工建设，并与地铁 4 号线实现贯通运营。此条地铁线路的建设运营，对于大兴区来说，其意义并不仅限于交通及居住环境的改善，更为重要的意义在于对大兴生产性服务业的促进作用。地铁 4 号线及大兴线沿线聚集了大量与生产性服务业发展相关的优势资源，从设计研发高端产业聚集的中关村，到汇集北大、清华、人大等高等学府的学院路高教区；从金融、保险业发达的西单商务区，到北京南站交通枢纽，地铁4号线及大兴线成为纵贯北京南北的一条“黄金线”。随着市区发展空间的缩减，在市区生活与创业所需的成本逐步升高，使生产性服务业由中心城区向郊区转移的趋势越发明显，地铁大兴线的建设就为大兴发展生产性服务业带来了难得的契机。地铁大兴线建成后，在大兴创业的人们不仅能和中关村一样享受中心城区优势资源的辐射，而且这里具有更广阔的发展空间和更低廉的创业、生活成本。

根据《北京城市总体规划（2004年—2020年）》的定位，大兴区围绕地铁沿线，高标准规划和发展生产性服务业。为此，大兴区专门出台了《大兴区地铁沿线生产性服务业发展规划》，结合生产性服务业发展的集聚特性，依托地铁及区内各产业基地，打造“一带”“五区”“多板块”的产业格局，重点发展仓储物流、技术服务、金融服务、商务服务、信息服务等生产性服务业。“一带”指依托地铁大兴线，以地铁站点为基本节点，打造地铁经济带生产性服务业集聚区。“五区”包括：西红门组团商贸服务区、金星创意服务区、核心区综合服务区、生物医药基地研发服务区和物流服务区。“多板块”则包括构筑商务服务、物流仓储、科技服务、批发等生产性服务业产业板块。在各种利好因素的推动下，一批新兴产业园选择了在地铁大兴线周边落户，其中就包括药谷一号、金日科技园、仙岛科技园等一批独具慧眼的新兴产业园区。

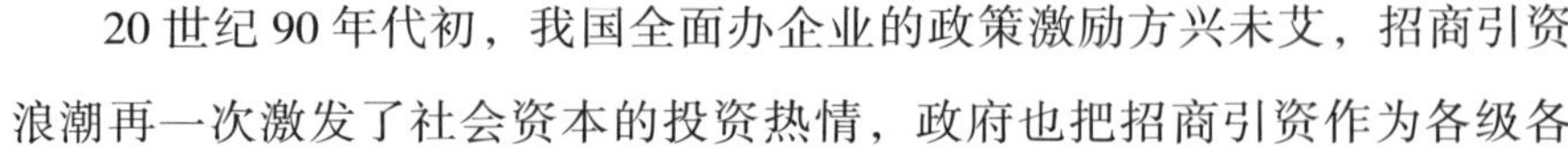

第三节 工业大院到产业园区的蜕变

20世纪90年代初，我国全面办企业的政策激励方兴未艾，招商引资浪潮再一次激发了社会资本的投资热情，政府也把招商引资作为各级各部门的政绩，提上议事日程。大兴在这种形势下，顺应时代，县乡村三级全方位启动，工业大院、农民就业基地、产业基地形成遍地开花之势。1992年，大兴已建设县级工业开发区2个，乡（镇）工业小区12个。到1996年，大兴的乡（镇）工业小区已有28个，累计入区项目达197个。至2000年，大兴镇村工业二次创业全面启动，个体、私营企业突破万户。工业区、工业小区、工业大院三级园区建设步伐加快，县工业区内的软件园、留学人员创业园相继启动。

到2001年，大兴县、镇两级工业区入区企业439家，投资总额突破26亿元；村级工业大院发展到64个，入院企业1260家；民营科技企业达498家。之后，入园企业、产值、利税、总收入指标一路飙升，反映出大兴工业要素加速聚集的态势，为后来全区产业的集群式发展打下了坚实的根基。而在大兴各类产业园区中，国家新媒体产业基地和大兴生物医药产业基地最具有代表性。

一、国家新媒体产业基地

国家新媒体产业基地的前身为1992年成立的大兴工业开发区。2005年12月31日，国家科技部正式批复成立国家新媒体产业基地。2009年，为进一步整合产业资源，加快大兴区文化创意产业发展，推动产业结构优化升级，大兴区决定对国家新媒体产业基地和大兴经济开发区的管理体制进行调整，将大兴经济开发区划归国家新媒体产业基地管理委员会管理。调整后的国家新媒体产业基地管理委员会加挂大兴经济开发区管理委员会牌子。

基地以前是老工业园区，历史上主导产业以低端制造业为主。按照北京市及大兴区委、区政府的决策部署，以疏解整治促提升为抓手，大力实施“关、停、转、迁”，推动了整体的转型升级。基地是国家火炬计划批复的全国唯一以新媒体产业为主的专业集聚区，2012年10月被纳入中关村国家自主创新示范区。入驻企业除了享受中关村和北京经济技术开发区的双重政策外，还可同时享受大兴区“1+N”产业政策给予的支持。除此

位于大兴区的国家新媒体产业基地

之外，国家新媒体产业基地还拥有对外服务业扩大开放试点园区政策，可以更便捷地为外资企业的注册提供服务。

2014 年，基地被北京市经信委授予“北京市新型工业化产业示范基地”称号，2016 年，被北京市科委认定为“北京市战略性新兴产业科技成果转化基地”，2017 年 9 月，被北京市深化服务业扩大开放综合试点工作领导小组认定为“北京市服务业扩大开放综合试点示范园区”，2018 年，获批为首批“北京市文化创意产业园区”。

在各种有利条件的推动下，近年来基地发展迅速，吸引集聚企业数千家，文创类企业占比达 80%。现已形成以新媒体产业为核心，以影视制作、数字出版、设计创意、电子商务为重点发展领域的“一核四重”产业发展体系。为顺应产业发展趋势，探索新兴产业业态，构建“高尖精”文化产业发展体系，基地核心区逐渐向“一二五”产业定位转型，即以数字创意为主攻方向，聚焦数字技术装备和数字创意软件两个关键环节，做大数字内容、媒体融合、智能硬件、创意设计、数据应用五大核心产业，形成“一核引领、多点联动”的产业空间格局，力争将基地打造成为北京建设全国文化中心的主阵地、全国知名的文化科技融合发展示范区、数字创意产业发展引领区和文化产业智库创新策源地。

二、大兴生物医药产业基地

2002 年初，北京市政府印发《北京生物工程与医药产业发展振兴纲要》。为落实纲要精神，发展首都知识经济，调整北京产业结构，提升自主创新能力，当年 10 月，北京市政府市长办公会议决定：建设北京生物工程与医药产业基地，基地选址在北京大兴工业开发区。2006 年，基地发展取得重大突破，1 月 17 日经国务院批准，基地正式纳入中关村科技园区，并更名为“中关村科技园区大兴生物医药产业基地”，同年被国家发改委认定为“北京国家生物产业基地”，这标志着产业基地由地区级开发区晋升为国家级专业园区，由工业园区转变为高新技术园区。

2007 年，基地各项经济指标都有较大幅度增长，经济效益明显提升，被市工业促进局确定为“北京市首批循环经济试点园区”。此后几年，基地一直致力于“高精尖”的产业布局和发展，在“十二五”时期，基地加快了医药产业升级的脚步，品牌效应也开始不断凸显。2012 年，基地被市经济和信息化委员会认定为第一批“北京市新型工业产业示范基地”。此后又被国家工业和信息化部评定为“国家新型工业化产业示范基地”，同时它也是国家发改委“首批战略性新兴产业集群”，在中国生物医药园区评选中位列十强。

大兴生物医药产业基地是北京市政府为振兴现代制造业而建设的生物技术产业化基地，承担着北京市生物技术自主创新、产品研究开发、项目孵化、技术成果产业化、研发与生产性服务等产业发展职能，也是辐射环渤海经济区乃至整个北方地区的生物产业标志性聚集区。基地毗邻北京大兴国际机场，地铁 4 号线贯穿其中，京广高速公路与南六环路在园区西南侧交会。

目前，基地集聚了中国食品药品检定研究院、中国医学科学院（药物所、动物所、病原所、生技所）、中国中医科学院（青蒿素研究中心）、中国兽医药品监察所、中国动物疫病预防控制中心为代表的国家级药政检测与药物研发机构，吸引了世界五百强费森尤斯卡比、中华老字号同仁堂、百年协和、中关村医疗器械园等一批国内外龙头医药企业及重大医药项目

位于中关村医疗器械园内的迪安诊断北京分公司内景

落地，科兴中维、阿迈特、华脉泰科、热景生物等一批拥有全球领先技术的高科技企业入驻园区，入园企业已达4000余家，形成了以研发检验为主导板块，生物制药、现代中药、创新化药、医疗器械为主体板块，大健康、动物药为拓展板块的“1+4+2”产业格局，成为国家发展高端医药健康产业、科技创新的重要承载区。

第四节 融合发展的创新逻辑

“两区融合发展”是北京市打造南部高技术制造业的创新表现方式，主要是以经济技术开发区“一区”为核心，形成“一区六园”特色，形成大

兴区行政区与亦庄开发区功能区融合发展的现代创新体系，转型与跨越体现在聚合效应、技术创新、优质环境、服务水平、精神境界等多个方面。按照“机制新、活力大、效率高”和“超常规、高水平、跨越式”发展要求，优势互补、融合发展。着力创新工作机制，构建统一高效、运转协调的工作格局，促进思想融合、感情融合、发展融合，努力实现“1+1 > 2”跨越发展的目标。

扩区机制创新。大兴区与开发区迅速打破原有的利益格局，采取了多项措施。就“共同推动开发区 12 平方公里扩区”而言，成立了扩区领导小组，充分发挥开发区的资金优势和大兴区的组织优势，开发区总公司、相关镇和职能部门合力攻坚，仅用 50 天就完成了扩区范围内 18 个村住宅的拆迁任务，为开发区新增产业用地 5.4 平方公里；就“推动开发区政策向全区 6 个重点产业园区覆盖”而言，把大兴生物医药产业基地、国家新媒体产业基地、采育新能源汽车科技产业园、军民结合产业基地、生产性服务业产业园、新空港产业园列为开发区的专业园区，并探索在开发区注册而在专业园区落地的企业入区新机制；就“规划建设开发区综合服务配套区”而言，将亦庄镇、瀛海镇、旧宫镇和南海子地区约 57 平方公里土地纳入了开发区综合服务配套区，并加快功能配套建设，更好地服务开发区和亦庄新城的发展；就“大力推动‘腾笼换鸟’”而言，重点支持企业腾退工作。

项目推进机制创新。集中力量，协同作战，加快进度，一批带动作用大、影响力强的项目相继完工。其中，轨道交通大兴线、亦庄线提前实现通车运营；8 个月建成景观面积达 247 公顷的南海子公园一期，蒲黄榆快速路、兴亦路等一批道路建成通车；围绕“促开工、促投产”要求，由产促部门牵头，发改、建设、规划、国土等部门参加，优化办事流程，完善一站式服务，实行并联审批，加快了项目落地建设进度；同时，建立产业项目跟踪储备一批、签约在谈一批、开工建设一批、投产见效一批“四个一批”管理机制，以此促进项目早落地、早开工、早投产。

招商机制创新。为扩大“北京 · 亦庄”品牌效应，联合开展招商工作，做到品牌、力量、布局、基础设施建设“四个统一”。在统一品牌上，共用“北京 · 亦庄”品牌，联合组织先后参加了上海世博会“北京周”、第十三届北京科博会、第十四届京港洽谈会等多项重大活动，扩大了品牌的国际影响力，吸引了一批高端项目入区。在统一力量上，选调优秀干部，成立汽车产业部、新能源与新材料产业部、新媒体产业部等专业招商部门和服务保障部门，打造专业化招商队伍，建立专业化招商机制。在统一布局方面上，按照产业规划、定位以及资源状况，对入区项目在新区范围内实行统筹协调、合理布局。在统一园区基础设施建设方面上，开发区总公司通过直接开发、融资担保、垫资等方式，全面参与生物医药产业基地等专业园区的土地一级开发以及道路、热力等基础设施的建设。

就业机制创新。为扩大就业，加快农村劳动力向二、三产业转移，提高农民工资性收入水平，两区建立了就业协调联动机制，坚持培训、岗位、管理、政策等资源的共享，依托开发区丰富的岗位资源，加大了大兴区劳动力到开发区就业的力度。在加强政策扶持方面，实施了“占补平衡”政策，其核心就是鼓励开发区企业在引进人才的同时，按照不低于 1 ∶ 1 的比例吸纳大兴区劳动力就业；实施了“派遣补贴”政策，就是对派遣大兴区劳动力的企业按照一定的标准提供专项补贴。在建立就业托底机制方面，加大公益性岗位和服务类岗位开发力度，重点解决困难群体的就业安置问题。在建立就业“岗位专员”负责制方面，对开发区用工需求较大的大中型企业、新入区企业、增资扩产企业进行重点跟踪和岗位搜寻，实现了满足开发区企业用工需求与促进农村劳动力转移就业的“双赢”。

科技人才工作机制创新。在加强知识产权保护和创新方面，组建了云计算、生物医药、高技术服务业知识产权创新联盟，主导或参与制定多项国际、国家和行业标准；还建立起科技企业孵化平台，该平台已成为全国产学研合作示范基地和国家新药孵化基地。在着力打造人才高地方面，统筹谋划两区人才发展，制定中长期人才发展规划，建立人才工作协调机制，实施人才强区十大工程。完善人才政策，出台鼓励高层次人才创新创业10 条政策措施；加快北京市海外学人中心分中心建设，做好海外高层次人才及海外高层次人才创办企业认定工作；抓好一线创新人才培养，覆盖一线员工数万人；选派上百名新区优秀中青年干部出国参加中长期培训。

创新解放和发展了生产力，极大地激发了发展活力和动力，两区呈现出速度更快、质量更高、活力更大、后劲更足等一系列新特征，具体如下。

——速度上，表现在整合使新区形成了一股强大的合力，以此来共同攻坚克难，加速推进了征地拆迁、招商引资、重点工程和重大项目建设等工作，经济总量首次突破千亿元大关，多项工作取得了历史最好成绩。

——质量上，表现在高技术制造业和战略性新兴产业得以加快发展，以中芯国际二期、京芯半导体、中电华通、云计算基地为代表的电子信息产业，以北京奔驰、新能源汽车为代表的汽车产业，以民海生物、华润医药为代表的生物医药产业，均呈现出发展态势良好、产业链不断完善、产业集群效应日益凸显等特点。

——活力上，表现在整合使做大做强开发区和加快城乡一体化“两个轮子”一起转，互相促进，更加均衡。两区互相借鉴，取长补短，干部交流使用，思维方式、工作方式互相影响、彼此促进。一方面，开发区在带来高端产业的同时也带来了现代理念、市场意识、开放精神；另一方面，大兴区在提供发展空间的同时也展示了干部群众的奋勇争先、踏实肯干、甘于奉献精神。通过以上两方面作用的叠加，新区上下的思想更加解放，思维更加活跃，视野更加开阔。

——后劲上，表现在全区基础设施及公共服务设施得以明显改善，生态建设力度更是历史空前，包括科技创新环境、人才发展环境、政务商务环境在内的综合发展环境得以显著优化，综合承载力得以大幅提升。

通过深度融合，围绕“战略产业新区”这一重要功能定位，全区统筹配置新区产业发展资源，加快发展高技术制造业和战略性新兴产业，推动产业集群、集约和高端、高效发展，加快经济结构战略性调整和产业结构优化升级，进一步增强首都经济的竞争力；通过深度融合，实现城乡一体建设。在两区范围内整合资源和动员力量，特别是借助北京新机场建设的重大历史机遇，以新航城为重要纽带，强化三座新城的空间联系和功能互补，整体提升整个区域的城市化水平，更好地承担首都赋予新区的任务；通过深度融合，合力推进“北京创造”品牌建设，与中关村国家自主创新示范区政策对接，加速科技成果产业化。

首都城市战略定位，使得大兴区加快转型升级，实现“二次腾飞”，表现如下：

强在高端集聚。重点发展电子信息、生物医药、装备制造、汽车制造四大主导产业的总部经济、总装集成、系统集成等高端环节，着力培育生产性服务业、文化创意产业、临空服务业、节能环保四大高端服务业。

强在创新创造。就是强化创新驱动，打造“北京创造”领头羊。孵化器提升工程，引导现有工业园区向孵化器转型；研究制定北京国家生物医药国际创新园实施方案；研究建立知识产权海外工作站；设立创新创业扶持专项资金，加快领军人才发展示范区建设；对接一批中关村科技成果转化项目，重点培育“小巨人”企业。

强在品牌影响。继续扩大国际影响力，更好地招大引强，同时成为首都国际交往的重要窗口。创新招商手段，拓宽招商渠道，借鉴中关村发展经验，建立产业联盟，依托产业联盟共同制定新形势下的产业规划，引进一批行业领军人物、领头企业，不断扩大影响力、吸引力。

强在服务配套。就是不断完善教育、医疗、文化、商业、生活、休闲等服务功能，逐步将开发区打造成职住平衡、城业互促的典范。在打造最优政务、法治、人文、生态、服务等环境的同时，打造最优的生活环境。改变开发区生活单调、缺乏活力的印象。

强在带动辐射。发挥开发区在区域发展和京津冀协同发展中的龙头作用，带动大兴生物医药产业基地、新能源汽车科技产业园、军民结合产业基地等 6 个专业园区加快转型升级，带动周边镇的一体化建设，促进整个大兴区的科技创新潜力。

第四章　突破城乡接合部『壁垒』

城乡接合部是发展空间上城乡之间的过渡地带，分布于城市外围，处于城镇与农村间的低密度蔓延区域，具有空间动态性、不稳定性和不清晰性。区域内城市与乡村要素共同作用，形成兼具城市和农村土地使用性质的杂多要素，并且与城市和农村特征各不相同。

大兴区作为首都南部远郊区，存在大量城乡接合部区域。这些区域相对主城区来说，生活成本更为低廉，吸引了大量外来人口，甚至与本地人口形成了“人口倒挂”的现象。外来人口的大量涌入带来了环境、治安、卫生等诸多问题，“脏乱差”几乎成为普遍的标签。而且由于受诸多因素制约，这些区域生活居住环境差，发展空间狭小，产业低端，社会问题成堆，经济发展停滞不前。

如何打破这一壁垒，走出城乡接合的发展困局？大兴区结合北京市及大兴区功能定位的变化，积极推动城乡接合部改造。2015 年起，作为农村土地制度改革 33 个试点地区之一的大兴区，稳步积极推进农村土地征收、集体经营性建设用地入市、宅基地制度改革试点工作。大兴区也是首都北京唯一的试点区域。

通过大胆推进农村土地改革，并结合大规模的“疏解整治促提升”行动，以及村庄的社区化管理探索，大兴区不仅为新兴产业的创新发展创造了空间，推动了区域产业的转型升级，而且从根本上改变了生态和居住环境，促进了区域经济社会的高质量发展。

第一节
顽疾的“困局”——倒逼创新

城乡接合部是快速、粗放式城镇化背景下的历史现象，随着北京的环路建设不断向外蔓延，再加上其在发展初期并没有进行严格的城市规划，在发展中出现了许多问题，制约了经济的进一步发展。

大兴是北京城乡接合部的典型地域，其形成的历史也见证了北京的环路发展周期，记录了北京城市化进程的快慢程度，同时也反映了城乡接合部形成的客观原因。1992 年前，北京城乡接合部主要分布在二环以外的区域，主城区主要是东城区和西城区；1996 年，城乡接合部开始从二环路附近逐渐转移到三环路附近；1996—2001 年，北京城乡接合部逐渐从三环路向四环路过渡，即又添加了宣武区、崇文区附近区域；从 2001 年以后，又从三环路、四环路逐渐扩展到目前的五环路、六环路附近，大兴就是在这个阶段形成的城乡接合部地区。

城乡接合部是大兴城市环境最为脏乱、社会治安最为严峻、城乡管理体制直接冲突、城乡差距最为明显、产业发展最为缓慢、公共设施严重缺失的矛盾聚焦地带。

一、“城市烂边”

第一，环卫设施严重不足，垃圾堆积无人处置，多旱厕且无人清扫，环境卫生脏乱现象严重影响了大兴的整体形象和城市发展的全局。

第二，私搭乱建现象十分严重，尤其是纳入待征地范围的村镇违法建设急剧增多。部分地段的违法建设甚至占到了全部出租房屋的 70% 以上。

第三，违法建设屡禁不止，在环境整治上形成一轮又一轮的城市清理整顿周期，陷入恶性循环怪圈。

第四，社会治安状况普遍较差，无照摊贩、“黑车”等社会问题较多，使得该区成为无固定职业的外来人口造假、贩假、偷盗、抢劫、卖淫等案件多发地，案件曾占到全区发案总数的 70%以上。

二、公共产品

第一，城乡接合部大多是由农村演变而来的，其道路狭窄、常年失修，公共交通短缺，居民生活很不便利。大量外来人口涌入，脆弱的基础设施将更加无法承载。

第二，市政设施承载力严重不足，大部分上下水、排污管线还是 20 世纪七八十年代按当年人口基数建设的简易设施，上下水管道老化，雨季排水困难；水、气、热管线等未能延伸到村内，且大多数没有纳入市政管网，电力负超载，停水、停电等事故经常发生。

第三，教育、医疗、文化等资源配置严重不足，尤其是城乡接合部流动人口多，服务于流动人口的生活公共服务缺乏，当地读书难、看病难问题突出。

三、产业发展缓慢

第一，城乡接合部原有集体经济组织改革滞后于户籍和土地改革，财产关系模糊，集体资产处置政策滞后，制约城乡接合部的经济发展。

第二，大部分城乡接合部集体经济不发达，农民收入缺乏可靠来源，大多借助空余房屋对外出租作为家庭收入的主要来源，瓦片经济成为许多城乡接合部居民的依托。

第三，大量传统低端服务业，多属违法违章生产经营。流动人口租用各种房屋进行的经营活动大多是无照经营或游商，经营场地甚至成为不法分子藏污纳垢的场所和非法食品生产、加工、制假行为的产生地，形成了次生产业圈，影响了产业发展环境，严重制约了产业的优化升级。

四、城市管理严重缺位

第一，因房租便宜、生活成本相对较低，城乡接合部成为大量来京务工人员的聚居地，且当地户籍人口与流动人口数量出现严重倒挂现象。

第二，城乡接合部辖区乡镇与邻近街道办事处多存在行政区划上重叠、交叉问题。由于存在“一地两府”和“一地多主”问题，不同管理体制很容易产生都管但都不全管、责任不落实现象，造成城乡接合部地区管理缺位。

城乡接合部为创新发展带来的潜在问题很多。

首先是土地问题。

土地公有制度决定了城市土地的国家属性，五环、六环大部分土地属于农村集体所有，农民享有土地承包权，而城乡接合部是城镇与农村之间的过渡地带，是兼具有城市和农村土地使用性质的区域，这样就使得城乡接合部地区的土地权属更加复杂，有的地段国有和集体土地各占一半。土地产权制度不清晰，使得城乡接合部在发展过程中因农村集体土地的征用、流转等问题而产生了许多矛盾与冲突，违章、违规建设现象普遍存在，呈现出重工业用地与轻工业用地并存、现代化建筑与农村住宅同在、交通道路错综复杂等土地利用乱象。并且城乡接合部地区的“失地农民”问题也存在，农民利益受损。

其次是流动人口问题。

市区人口增长迅速，导致大量的流动人口逐渐聚集在城乡接合部地区，给接合部地区带来更大的压力和挑战，再加上对流动人口的居住需求、服务保障难以重视等原因，大量的流动人口为了节约居住成本不得不搬入地下室，寻觅“群租房”，使得房屋租赁和安全管理基本处于“真空”状态，导致许多违章、违规现象的发生。此外，流动人口对住房、就业、服务、生活保障等的迫切需求，促使了许多像房屋租赁业这样的低端产业的产生，导致城乡接合部地区与城市中心区分裂开来，大兴“北五镇”形成了一个个相对独立、自给自足的小的聚集点，低端产业呈现“破碎化”，抑制经济发展。

再次是产业升级乏力。

城乡接合部缺乏产业结构升级的动力机制，流动人口增多，外来人口的低端消费使得低端产业盛行，再加上相对较低的土地价格，接合部聚集了许多小型企业，资本积累相对缓慢，抑制了产业结构的升级。同时，低端产业之间缺乏联系，这导致高端技术产业缺乏上下游产业支持，无法形成产业链，企业收益低下。第三产业和高技术产业不愿意进入该地区，比较利益的推动和技术创新机制的缺乏，使得产业升级乏力。

最后是生态环境问题。

城乡接合部由于土地价格相对较低，土地资源丰富等原因，聚集了许多社会性资本和低端产业，造成更多污染排放。由于缺乏严格的排污管制，加之受到流动人口压力，排污环境始终得不到改善，生态环境遭到破坏。大部分村庄排水沟、垃圾堆、厕所普遍存在脏乱差现象。2014 年北京耕地面积比 2009 年减少了 7221.67 公顷，而城镇建筑面积则增加了 18147.38 公顷。这种耕地减少、城镇建筑面积增加的现象主要出现在城乡接合部，“摊大饼式”的扩张以及耕地被大量蚕食的现象严重阻碍了经济、社会的发展。

产业升级主要受到消费结构、比较利益、科技创新、要素禀赋结构四大因素的影响。低端要素集聚以及“破碎化”现象，使得资本积累达不到产业升级所需要的条件，要素禀赋结构达不到科技创新所需标准，创新要素无法承载。

快速低密度蔓延，导致区域“瓦片化”，使得区域间缺乏物质信息交流，每个“瓦片”的中心点没有被连接起来，“点—线—面”的发展模式无法形成集群效应，整个城乡接合部地区无法紧密联系起来，创新要素难以聚集。

只有良好的生态环境才能够吸引更多的人才和高端产业聚集，随着城市中心区域的持续向外扩张，城乡接合部呈现出明显的环带状特征，一派“乱七八糟”的景象。随着城市规模的不断扩张，城乡接合部逐渐延伸到六环。很多投资者不愿聚集此地，环境问题影响生态建设重构。按照霍华德的“田园城市”理论，一个地域要想创造美好的、清新的、干净的大美景观，就应当建立强有力的制度和政策安排，避免城市用地扩张造成的绿色空间被破坏的现象。

北京市的发展目标之一是建设成为具有国际影响力的科技创新中心，科技创新中心建设需要借助“首都效应”和人才、服务优势，带动首都产业的优化升级，并促进城市发展的战略转型，建设“创新之都”。而这种发展趋势被城乡接合部制约，发展受阻，倒逼创新。

第二节 农村集体用地制度试点试验

从20世纪90年代至21世纪初，为了促进村级经济发展，几乎各个村都建立了工业大院。这些工业大院也为当时的经济发展打下了基础，“村村点火、户户冒烟”，按照当初的发展要求发展村外企业。

“工业大院”俨然成为城乡接合部镇村两级的重要经济发展形态，“瓦片经济”成为当地居民收益的宝贵来源。

随着城乡一体化进程速度的加快，大量流动人员涌入城乡接合部地区，形成流动人员的聚集地，村民在利益的驱使下开始了无序的私搭乱建。由此衍生出了厂改居、三合一场所、小物流，形成了一个“三多三差”的局面——流动人口非常多、低端产业非常多、安全隐患非常多和环境差、社会治安差、基础设施差。2011 年 4 月 25 日深夜，旧宫镇一座“二合一”住宅发生火灾，18 条生命被无情吞噬，付出了血的代价。这种“村村点火、户户冒烟”所集聚的旧日辉煌，却变成今日一条可持续性发展的枷锁，横亘在城与乡之间。

2015 年，大兴区被确定为全国 33 个农村集体经营性建设用地入市试点地区之一，2016 年接续承担农村土地征收改革试点任务，2017 年正式成为集体经营性建设用地入市、农村土地征收、宅基地制度改革三项试点地区。借助集体经营性建设用地入市试点机遇，大兴区在拆除工业大院的基础上，积极引入中科电商谷、鸿坤金融谷等一批高端项目，实现数百公顷地块上市，交易金额达数百亿元。同时，大兴区也积极推进农村土地征收制度改革，所有新增用地项目均按征地改革要求执行，完成基础设施、产业用地、一级开发等征地项目，为各类新规划产业的发展储备充足的土地空间。

大兴区集体经营性建设用地数量庞大，而且分布不均，碎片化严重。为了有效破解因集体经营性建设用地分布不均引发的“穷村越穷、富村越富”的问题，大兴区率先提出了集体经营性建设用地入市“镇级统筹”模式，以镇为基本实施单元，采取“以人入股、以地入股和人地混合入股”等模式，合理考虑各村集体土地面积、区位、规划用途以及人口等权重设计股权结构，打破农业产业发展过程中形成的“村自为战”“户自为战”的局面，有效解决了单个农户、单个村庄发展无法独自解决的城镇化与现代社区建设等问题，通过进行乡镇土地资源公平配置的统筹，确保了镇域内各村土地发展权共享和收益平衡。

对于集体土地入市后的运营，大兴区设立了“土地合作社”“集体联营公司”等，丰富了集体经营性建设用地的入市主体。在这种模式下，各村集体作为股东，把集体土地作价入股，组建集体联营公司，通过“一次授权、全权委托”，把土地使用权全权交给联营公司。其中，授权内容包括“用地报批、整治开发、拆除腾退、规划建设、入市交易、合同签订、运营管理、收益分配”等，满足公司作为入市主体的资格。

入市运作方面，则采取了企业管理的模式。与原有集体经济组织相比，联营公司是一个政企分开、政事分担、政社分离的集体企业组织，与镇政府没有隶属关系。联营公司自行负责“拆除腾退、土地开发、收益分配、经营管理和指导监督”，政府部门不干预企业自身经营行为，每村一名股东代表。公司对各村股东代表负责，财务情况对股东代表公开。各村股东代表再对本村集体经济组织成员公开本集体经济运行内容。在用途方面，入市土地主要用于引进高科技、“大众创业、万众创新”产业。

集体经营性建设用地入市收益能否合理分配，是衡量改革试点成败的关键。大兴区为此制定了增值收益调节金征收使用管理办法，调节比例范围为土地交易总额的8%~30%，统筹用于农村基础设施建设支出，周转垫付集体经营性建设用地土地开发、土地整理资金，以及农村经济困难群众的社保补贴和特困救助。比如2016年1月，北京赞比西房地产开发有限公司以8.05亿元竞得大兴区一块土地40年的使用权，这块土地由此成为北京第一宗通过招拍挂形式出让的集体经营性建设用地。这8亿多元的收入大体分配为“1133”，即1亿元为调节金，1亿元支出农民既得收入，3亿元偿还贷款，3亿元用于开发，联营公司的每户农民通过这一地块增收5000元以上。

为了让农民成为“带着资产进城”的新市民，大兴区通过入股村民地租保底，每5年增长5%，确保农民既得收益不因改革试点而减少。地块上市后，将会合理设计留地、留物业、留资产和入股经营等方式，确保农民每年都有稳定收入。

“集体经营性建设用地入市”增加了产业用地的供应渠道和供应量，缓解了供地紧张局面，有利于产业发展。对于产业地产商而言，集体经营性建设用地入市是个难得的发展机遇，他们比以往只能靠国有建设用地有了更多、更好的选择。目前，大兴区集体经营性建设用地已经初步形成了以镇级统筹、减量提质、产城共建为主要特色的入市制度，有力推动了农民自主城镇化、低成本城镇化、城乡互促城镇化、农村就地城镇化和金融参与城镇化。到2018年，大兴区已出台40多个政策文件，以“统筹、集约”

为特征的“大兴模式”，被自然资源部评为“特大城市和发达地区”的入市典范，实现了农村集体经营性建设用地出让、租赁、入股与国有地“同等入市、同权同价”。截至 2019 年底，大兴全区共有 12 个镇组建了 17 个镇级土地联营公司并完成了工商注册登记（礼贤、亦庄因特殊规划区域未成立），为土地的统筹经营奠定了组织基础；大兴区入市地块共计 17 宗，总面积达 145 公顷，成交地块共计 15 宗，总面积达 130 公顷，交易额达 210 亿元。

2019 年，大兴区还探索了农用地“村地区管”机制，总的思路是按照三权分置方向，在落实集体所有权、稳定农户承包权基础上，在不违背农民意愿的前提下，建立全区统一的规程机制，有序放活土地经营权，严控私自流转，对接转方及流转事项一律实行区级联席审议。宅基地方面，则主要是探索整合农民闲置农宅资源，发展乡村民宿、文化创意产业、城乡居民养老等符合首都功能定位要求的特色产业，以产生新的价值。如西红门镇大生庄村，共计盘活 84 个闲置农宅院落，每个院落每年租金 15 万元左右，主要发展文化创意产业和乡村旅游。自大棚房清理整治以来，大兴区一方面严控农地非农利用，另一方面又要支撑产业的升级发展，为摸索一条农业融合发展的新路径，通过实践逐步探索出了“村庄 + 田园”的综合体发展模式，在农地上不能配建的设施，比如餐饮、住宿，可以通过宅基地的盘活利用有序地在村庄中进行布局，逐步构建起“田园综合体”。

典型案例：西红门镇集体用地改革

西红门镇是大兴区集体用地改革具有代表意义的地区。该镇地处京南，属于典型的城乡接合部地区，曾经以“脏乱差”闻名，但因坐拥极好的地理位置，产业发展空间巨大。大兴区被列为全国 33 个农村集体经营性建设用地入市试点之一，西红门镇是个重要的诱因。20 世纪 80 年代的西红门镇，“村村点火、户户冒烟”的村级工业大院发展模式一度盛行，全镇 27 个村，每个村都建起了工业大院，主要为小服装、小加工、小物流和废品回收行业，绝大多数不符合首都功能定位。随着经济发展和城市化进程的快速推进，这种“遍地开花”的发展模式也带来了很多问题。

首先，农民收入很低，以土地出租为目标建起的10平方公里的工业大院，每亩地租金由几千元到一两万元不等，27个村集体总收入每年才1.6亿元，持续增收和集体经济发展后续乏力。其次，小化工、小加工、小餐饮、小市场等低端产业聚集，每年产生的生活垃圾多达20余万吨，地下水过度开采达到500万立方米，污水排放375万立方米，严重影响了村民的正常生活。有的村每年光垃圾清运费用就要支出上百万元，付出了沉重的资源和环境代价。村民强烈希望改变这种状况。

表面上是工业大院的乱象问题，实际上反映了农村集体经营性建设用地存在的普遍问题——分布不均、碎片化严重，各村只顾及自己的“一亩三分地”，村与村之间资源难以整合。为了破解西红门镇城乡接合部集体经济发展难题，缓解人口资源环境矛盾，镇党委、政府在市、区两级领导的支持下，不断加大镇域管理整治力度，采取了“拆违打非”、村庄社区化和网格化管理等多项举措。

2011年6月，西红门镇被市委、市政府确定为北京市城乡接合部整体改造试点。此后，西红门镇在30平方公里的镇域面积内，推动10平方公里工业大院的拆除，以产业疏解带动人口疏解。并且，率先选择了寿保庄进行工业大院的拆除腾退工作，盘活了土地资产，走出了一条集约利用农村集体建设用地的新路。不但解决了城乡接合部地区的“大城市病”难题，同时也有效解决了规划无序、利用低效、管理粗放等“农村病”问题。这次改革创新，盘活了土地资源，在确保农民长远收益的同时，真正实现了人口资源环境的和谐发展。

2015年，新的机会垂青于西红门镇。为了推动城乡统一的建设用地市场建设，提升农村土地利用效率，降低中央及地方政府对土地财政的依赖，中国的土地制度改革也在悄然之中拉开新的大幕。2015年3月起，原国土资源部在全国33个试点市区县开展“集体经营性建设用地入市”的试点工作，西红门镇成为中央土地改革试点，并成为大兴区的先行先试乡镇。

根据改革内容，在试点地区暂时调整实施土地管理法、城市房地产管理法关于农村土地征收、集体经营性建设用地入市、宅基地管理制度的有关规定，允许存量农村集体经营性建设用地使用权出让、租赁、入股，实行与国有建设用地使用权同等入市、同权同价。试点突破了诸多法律和制度的限制，与国有建设用地同权同价，意味着集体经营性建设用地将享受上市交易、融资抵押等相关权利。

成为中央试点后的西红门镇有两个重要任务：一是要将已在进行的“市级城乡接合部改造试点”与即将开展的“中央土地改革试点”有效衔接，加速推进西红门镇城市化进程；二是为全国土地改革探索出一条可复制、可推广的经验。

西红门镇“入市”试点的特色做法是打破“村自为战”局面，实施“镇级统筹”，推行“拆十建二绿八”，即 10 平方公里工业大院的 80% 腾退用于还原城市绿地，对另外 20% 土地进行集约利用，建设镇级统筹的产业园区。

之所以采取这一工作思路，是因为“村自为战、户自为战”的传统农业思维已经无法解决城镇化与社会转型问题。城镇规划的编制本就以“镇”为实施单元，全镇 27 个村贡献出了 10 平方公里的工业大院进行拆除，其中，留下 2 平方公里发展高端产业，作为未来村民的长期收益保证，剩下的 8 平方公里用于绿化，为非首都功能疏解和生态环境修复做准备。这个分配比例意味着有的村可以引进高新企业，而有的村只能绿化，如果不从“镇”的层面做统一协调，就会出现“穷村越穷、富村越富”的不平衡局面。

在“镇级统筹”的思想之下，西红门镇组建了集体联营公司——北京市盛世宏祥资产管理有限公司，统筹“拆十建二绿八”后两平方公里土地产生的收益分配。公司股东是西红门镇村集体经济组织成员，政府、其他任何公司和个人不得加入。这种制度设计的核心是保持土地所有权不变，充分尊重村民权益，让村集体成为改革试点的决策主体、经营主体和利益主体，发挥农民自主城镇化的主体作用，同时满足联营公司作为入市主体的资格。

与原有集体经济组织相比，联营公司是一个真正的市场化运作主体，负责拆除腾退、土地开发、收益分配等业务。村民则能够享受联营公司统筹分配的两平方公里土地收益。公司采取分步实施的方式，成熟一个村、纳入一个村，随着拆除腾退工作的持续推进，公司股东将逐步壮大，直至涵盖全镇27个村经济合作社。

集体联营公司成立后，如何持续地获得“钱”来推动改革是至关重要的。西红门镇大胆尝试，把集体经营性建设用地入市后的“未来收益”作为抵押，设立专项金融产品，让集体经营性建设用地的资产价值和市场属性得到充分体现。西红门镇推出的村镇（环境）整治建设贷款、小城镇建设基金等金融服务，为该城乡接合部改造一期二期等项目授信数十亿元，让土地改革获得“第一桶金”。

西红门镇趁热打铁，结合资源禀赋和区位优势，明确主导产业和特色产业，重点培育“文化创意、创新金融、电子商务、智能制造、互联网+”五大优势产业集群，着力打造西红门创业大街，加快推进“鸿坤金融谷”“星光影视园北区”“鲁能集体租赁住房”等项目建设，把土地供应与产业发展紧密结合，打造产城共建的特色“双创”小镇。其中，鸿坤金融谷项目是西红门镇“村民以集体土地入股、持续分红”模式的首个成功项目，其定位是以创新金融服务平台为特色的“总部聚集区”，园区内入驻的企业突出国际化、功能性、总部型特点，主要招商对象是互联网金融、电子商务企业，目前，鸿坤金融谷已经吸引了中乾集团、亿润金融等近百家企业入园。

配套支撑：“农村金融制度改革”试验

2011年底，大兴区被批准为第一批全国农村改革试验区，重点开展“农村金融制度改革”试验；2015年底，又被批准开展农村承包土地的经营权抵押贷款试点工作。

大兴区所进行的土地经营权改革也离不开金融方面的支持。为此，大兴区积极协调金融机构创新产品设计，推进农村金融改革的试点工作，一方面确定中国农业发展银行、中国农业银行、交通银行、中国邮政储蓄银行、北京银行、北京农商银行、华夏村镇银行和九银村镇银行8家“涉农行”参与试点，制定了相关贷款办法；另一方面，大力推动土地承包经营权抵押贷款落地，比如北京银行推出“农权贷”特色产品，采取了经营权抵押贷款模式给予企业资金支持，创新了涉农小微企业担保方式，缓解了融资难状况。同时，大兴华夏村镇银行等还创新推出了“流转贷”信贷产品，它以土地经营权流转合同质押作为担保方式，为土地承租人提供资金支持。该产品支持农村土地流转和现代农业园区发展，有效解决了经营主体在融资过程中由于缺乏担保而融资难的问题。

第三节 城南行动——大兴创新的契机

2009年11月，大兴迎来创新发展的机遇期——北京市出台了《促进城市南部地区加快发展行动计划》，这项计划标志着“城南行动”全面启动。从创新文化角度看，加快城市南部地区发展是一项实现京津冀协同发展的战略性、长期性、系统性战略。为了充分利用城南行动第一阶段计划实施以来所形成的良好发展态势，乘势而为，2013年3月，市发改委发布了《关于促进城市南部地区加快发展第二阶段行动计划（2013—2015年）》。2018年9月，北京市委正式对外发布。

大兴是“城南行动”的受益者和执行者，速度和态度当然也最坚定，全区喊出了“城南行动就是大兴行动”“大兴发展我行动”的口号，几年的实践证明，大兴区用“5+2”“白+黑”的“大兴精神”很好地诠释了这个问题。

《2010年推进城南行动计划工作安排意见》明确开工的重点项目占三

年项目总数的70%，大兴区第一年实现了良好开局，对确保城南行动计划的圆满完成具有重要意义。

以“快”迅速行动，贯彻落实。大兴区成立落实城南行动计划领导小组，领导小组下设办公室，办公室设在区发改委，具体负责日常联络、协调工作，定期组织召开各成员单位参加的工作例会，研究城南行动计划落实中遇到的问题。同时，区政府制定了《关于落实促进城市南部地区加快发展计划的实施方案》，并单独制定了《大兴区城南行动重点项目折子工程》，对各项任务进行细化分解，明确了工作重点、工作主体、工作标准和工作时限。

宣传舆论方面，充分借助电视、报纸、网络等媒体，广泛宣传城南行动计划给大兴带来的发展机遇，提出了“城南行动就是大兴行动”“大兴发展我行动”的口号，坚定了建设城南、发展大兴的信心、决心和民心。

以“实”加快对接，项目落地。城南行动第一阶段计划涉及大兴区项目86个，主要集中在基础设施、生态环境、产业园区、民生改善等方面，纳入《2010年推进城南行动计划工作安排意见》的有29项，总投资约498亿元。全区从手续、资金、服务等方面加大工作力度。对列入城南行动计划的大兴区86个项目，继续按照绿色通道审批机制，通过前拉后推、并联审批、减半审结等有效措施，加快推进项目手续办理。当时，蒲黄榆快速路已开工建设，三海子郊野公园一期将于当年5月1日完工。大兴区妇幼保健院、大兴区疾病预防控制中心及卫生监督所建设工程主体已基本完工。积极探索与银行的合作共赢，搭建融资平台。区政府与中国工商银行等6家银行签订了战略合作协议，授信额度达到710亿元。相关部门主动服务，超前服务，积极与市相关部门进行信息沟通，为项目快速落地创造了有利条件。同时，全区加强区域内非法占地、违法建设的管控力度，为北京新机场选址创造了良好条件。

以“好”促进融合，两区对接。在统一思想、搞好对接、推动发展等方面扎实细致地开展工作。2010年，两区有计划、分步骤地实现了“八个对接”，为建设南部现代制造业新区以及圆满完成新区城南行动相关的重点项目、工程奠定了坚实基础。

实施城南行动计划的第一年，也是两区行政资源整合的第一年。从物质层面讲，开展城南行动仅一年，就在很大程度上改善了城南地区基础设施水平和总体面貌。城南行动 103 个重大项目，涉及大兴区 34 个，当时已完成 8 个，完成投资超过 285 亿元，蒲黄榆、万寿路、马西路等连接线加快实施，地铁大兴线和亦庄线建成通车，南海子公园一期开园，城乡接合部改造提速，等等。从精神层面讲，城南行动的实施，进一步提振了城南地区干部群众的信心，并且促使他们将信心转化为发展的动力、创新的能力和推进工作的执行力。如仅用 50 天就完成了 12 平方公里、18 个村民宅拆迁任务；8 个月建成占地近 3000 亩的南海子公园一期，这种勇于担当、敬业奉献、开拓创新、团结协作的作风凝结成了加快发展的拆迁精神和大兴速度，也成为新区的“名片”。

2011 年，是“十二五”规划的开局之年，是大兴区和亦庄经济技术开发区深度融合的关键之年，更是城南行动计划承前启后的重要一年，各项工作都面临着众多压力。

2012 年 3 月 28 日，推进城南行动计划工作部署会在大兴召开了动员部署会，城南行动不仅是对新区的支持和鼓励，更是对新区的要求和鞭策。当时，城南行动计划涉及大兴区共计 38 个项目，总投资 1394 亿元；已完工 14 项，完成投资 364 亿元，其他 24 个项目都在快速推进中。

城南地区的面貌实现了前所未有的巨大变化。亮点特色可圈可点：

基础设施承载能力增强。三年城南行动，涉及道路 6 条 35 公里，蒲黄榆路、兴亦路、兴华大街已经建成通车，马西路南延、万寿路南延等重要连接线正在推进，两条地铁线使新区和中心城区的一体化程度进一步加深，新区水、电、气、热等基础设施的承载能力也都有了长足进步，一大批优质教育、医疗、文化等公共服务设施和项目陆续落户新区，公共服务水平和能力有了大幅提高。

生态环境建设夯实。居民对大兴区的印象也在悄然发生变化，建设了包括南海子公园、新城滨河森林公园在内的各类公园 35 个，总面积超过

30 平方公里，城市绿化率提高了 10 个百分点，达到 41%，天正在变蓝，地正在变绿，水正在变净。正是因为生态环境的变化，新招商引资工作不断取得了较大突破。

高端产业聚集态势形成。一批重大产业类项目也相继落户，各类高端产业集聚。基本形成了以电子信息、装备制造、生物医药、汽车制造四大主导产业为主的“四三三”产业格局和以开发区为主的“一区六园”产业发展布局。2010 年以来的三年，大兴区地区生产总值比三年前增加了 42.3%；固定资产投资比三年前增加了 34.1%；财政收入比三年前翻了一番。

第二阶段城南行动计划，是在认真分析过去三年成绩和经验的基础上，通过对当时存在问题和未来发展形势的准确研判、科学研究制定的，目标思路更加清晰、重点任务更加突出、政策措施更加有力。涉及新区 55 项，包括北京新机场建设、产业功能区和重大产业项目、公共服务、基础设施、城乡一体化发展等方面。

第四节 村庄社区化：一种独特的社会管理模式

大兴区作为北京南部郊区，在城乡改造与城市化进程中做出了很多有益的探索，其中在北京的首创之举就是实施了村庄的社区化治理。2010 年，大兴区将西红门镇作为城乡接合部地区推行村庄社区化管理工作的试点，积极探索城市社区管理向农村延伸的有效途径。当年 4 月，大兴区率先在西红门镇 16 个村庄试点封闭式社区管理，村口设岗亭、抬杠，巡防员 24 小时值守，减少村内自然出入口。该模式最初被称作“封村”，也引来了种种非议。当村中环境改善、案发率下降时，公众逐渐认可了该模式。

这些试点村庄的社区化管理做到了层层细化，每个村都设有统一外观、统一标识、统一制度、统一设施的综治工作中心，集社区警务站、流管站、巡防站以及民调室于一体。社区民警与村基层组织的关系更加密切，有利于社区工作的开展。特别是民调室的设立，选出德高望重的村民与社区民警一起开展矛盾纠纷调解工作，提高了调解效率，做到小事不出村。

从实际情况出发，以解决影响社会和谐的源头性、根本性、基础性问题为切入点，西红门镇创新思路、创新办法，走出了一条村庄社区化管理的新路。大兴区推行的村庄社区化管理模式，可谓北京在城乡统筹发展、城乡一体化进程中进行的积极有效探索。这一模式取得了四大成效：一是创新管理模式，提高了村庄管理水平；二是采取多种措施，大幅降低了发案率，提高了社会治安水平；三是有效改善了村庄环境；四是群众的安全感和满意度大幅提高。

西红门镇村庄社区化管理是乡村管理模式上的一大创新，其借鉴城市社区管理的形式，将“社区”的概念引入农村，农民的生活环境和生活方式都发生了改变，不仅农民可以享受到更多的免费服务，居住和生活环境也变得更加安全和谐。这里的乡村社区又被赋予了更多的内涵，比如加强村庄的科学管理、公共服务和民主自治，而这些也是当前村庄通往现代化的道路上所必需的。

针对西红门地区的特点，大兴区委、区政府把农村社区建设与新农村建设、发展农村经济、深化村民自治、繁荣农村社区文化、构建社会保障等工作相结合，围绕推进城乡一体化进程这条主线，让各项工作得以平稳展开。针对村庄人口倒挂严重的问题，大兴区在抓好基层管理的同时，高度重视流动人口服务问题，在工作中坚持“趋同管理”理念，对流动人口与户籍人口一视同仁，同等对待，同等服务。同时，根据村庄承载能力，加强对流动人口的有序引导，有效控制人口规模，解决人口与村庄环境资源之间的矛盾。

为了让村子变得更加安全，在广泛征询村民意见的基础上，各村制定了村民自治章程，建立村民自我管理的约束机制。西红门镇依据大兴区委、区政府关于专职巡防队员按照现有人口 2.5‰、流管员按照流动人口 3‰到5‰的比例分别配备专职巡防队员 253 人和流管员 210 人，这些人员均来自各村的富余劳动人员。一方面解决了部分劳动力就业问题，另一方面调动了群防群治的积极性。

随着村庄社区化管理工作的不断推进，西红门镇还不断加大资金投入，进一步完善安全防范体系建设，借助科技力量实现平安村庄、和谐村庄。村庄社区化管理后，不断完善服务保障功能，村庄的生活环境变好了，治安环境改善了，居民的精神文化生活也丰富了。村庄社区里都建起了文化大院，举办丰富多彩的文化活动，棋牌室、数字影厅、阅读室、跳舞场地等，不仅满足了群众的精神文化需求，也加快了城市文明在农村的普及。丰富的文化活动，不仅提高了村民的综合素质，而且逐步转变了村民的思想观念，使他们更加适应城市生活。

在推进村庄社区化管理的过程中，西红门镇也在探索通过引进专业的物业公司，购买服务的方式解决村庄管理运营中出现的矛盾。近年来，随着大兴乡村的发展，一些原本平静的小村迎来了越来越多的租客，这让村民们有了一份新的“职业”——房东。但在村民获得租金利益的同时，越来越多的问题也显现出来，出租房屋设施、管理不规范，违建增多，存在安全隐患；垃圾日益增量，村子脏乱差；人员密集、车辆乱停，出门即堵……在引进了物业公司后，这一情况得到了很大的改善，不仅垃圾清运、绿化维护、停车管理这些基本问题得到了解决，而且村里在环境整治过程中的问题意识与百姓自觉维护环境的意识也大幅提高。

村子有了“物业管家”并不意味着镇村两级可以做“甩手掌柜”，通过相关考核督促，形成了三方相互监督机制。西红门镇实行月度百分考核制，每月抽取自然村进行现场考核，每月对各村综合得分进行排名通报。每个村根据道路长度、公厕数量等测算出服务资金，镇级按照考核成绩以奖代补。因此，严格的监督机制让物业公司更高效地完成各项工作，也让村民心中有了“定心丸”。

在引进物业公司的基础上，西红门镇又大胆探索村民院落“物业托管”模式，在村民利益不受损失的情况下，希望通过“收房”实现出租房屋规范管理、流动人口精确管理、卫生环境和消防安全专业管理。这一做法经过推广，不仅消除了村民个体出租房屋所带来的各种隐患，提升了村庄整体的管理水平，同时也有效保障了村民利益，解除了他们的后顾之忧。

在北京市的城乡接合部，大兴区西红门镇这样的村庄社区化建设和管理，加快了城市化进程。借鉴西红门镇村庄社区化管理的成功经验，近年来大兴区在完善安全防范体系建设的基础上，将城市教育、文化、卫生等公共服务资源向农村延伸，提升村庄社区化管理水平。并且在现有的基础上，大兴区进一步拓展村庄社区化管理的内涵，将村庄社区化管理与环境建设、民生工程、文化发展、资源共享等多项内容相融合，通过垃圾分类、安装临街座椅等措施加强基础设施建设，通过镇职介所为辖区群众提供就业，将服务与管理相融合，推动城乡统筹发展，着力提升群众的安全感、满意度、幸福感。随着村庄社区化管理涵盖范围的扩大，村里人享受城市化生活的程度越来越高，城市化进程越来越快。

第五节 拉开“疏整促”专项行动大幕

2014年2月26日，习近平总书记视察北京时，明确指出首都的城市战略定位是“四个中心”，即全国政治中心、文化中心、国际交往中心、科技创新中心，要求努力把北京建设成为国际一流的和谐宜居之都。

习近平总书记指出，北京“要调整疏解非首都核心功能，优化三次产业结构，优化产业特别是工业项目选择，突出高端化、服务化、集聚化、融合化、低碳化，有效控制人口规模，增强区域人口均衡分布，促进区域均衡发展。”

考察结束后，北京市委常委会迅速召开会议，传达、学习、贯彻习近平总书记在北京考察工作时的重要讲话精神。时任北京市委书记郭金龙在会上指出，当务之急是痛下决心，综合施策，坚决遏制住人口无序过快增长的势头。同时，要在调整疏解非首都核心功能上有新认识，对不符合首都城市战略定位要求的产业要有所不为，下决心“舍”，痛下决心、壮士断腕，坚决把一般性产业特别是带有污染性质的产业清理出去。

在新定位的指引下，北京再度面临全新的城市格局重塑，开始大力疏解非首都功能，腾退一般制造业、区域性市场和区域性物流功能，加快构建“高精尖”产业结构。根据统计，2015—2016 年，北京调整疏解了 350 家商品交易市场。伴随一般性的功能疏解，全市常住人口连续两年增量和增速保持“双下降”。2017 年，北京针对疏解非首都功能的开展又提出了新思路，正式提出实施“疏解整治促提升”专项行动，在全市铺开。此专项行动以疏解非首都功能为牵引，集成了近几年城市治理专项工作，与人口调控直接挂钩，目的是提升国际一流和谐宜居之都建设整体水平。

“疏解整治促提升”包括拆除违法建设、整治开墙打洞、城乡接合部整治改造、中心城区老旧小区综合整治、疏解部分公共服务功能等 10 个方面工作。自此，北京疏解非首都功能又添了“新抓手”。北京市政府这样解释“疏解整治促提升”的新思路：“通过疏解整治的减法，实现“腾笼换鸟”、功能提升的加法，实现资源更优配置。”

2017 年 2 月 23 日至 24 日，习近平总书记再次来到北京考察工作时指出，城市规划在城市发展中起着重要引领作用。北京城市规划要深入思考“建设一个什么样的首都，怎样建设首都”这个问题。他强调，疏解北京非首都功能是北京城市规划建设的“牛鼻子”，在这个问题上要进一步统一思想，围绕迁得出去、落得下来，研究制定配套政策，形成有效的激励引导机制。

2017年5月17日，中共北京市委十一届十四次全会召开，《北京城市总体规划（2016年—2030年）》上报党中央、国务院审定。根据规划，北京中心城区是“四个中心”的集中承载区。顺义、大兴、昌平、怀柔等10个周边城区，按照京津冀功能分区要求、不同承载能力和区位条件，在市域范围内实现内外联动发展、南北均衡发展、山区和平原地区共同发展。

大兴区在北京，有很多典型的城乡接合部，镇村“工业大院”曾经风光一时。20世纪八九十年代，这种由村集体提供场地和基础设施，吸引农民投资和经营，集中发展二、三产业的方式，成为京郊不少村镇的选择。但随着经济发展和城市化进程的推进，这种发展模式让农村付出了资源、环境代价，却没有给村集体经济和农民增收带来更多益处。为了改变这一状况，大兴区启动实施了一系列的“疏解整治促提升”行动，取得了较好的成效。

典型案例1：黄村镇

黄村镇也是大兴区“疏整促”的重点区域。南向北进京主干道京开高速的西侧，是黄村镇的狼垡地区，川流不息的车辆让这里成为物流集散地，开展“疏解整治促提升”专项行动前，这里存在着1173家企业、1000万平方米的非住宅建筑，从高处俯瞰，是一眼望不到头的彩钢板房。在这里，大多数企业是物流、钢材市场、家具制造厂等，光物流大院就有60多家，每年进出的货车达到900多万辆次，机动车尾气排放数据是其他区域的6倍，对环境造成了极大污染。

2015年2月，黄村镇为落实疏解非首都功能总体工作部署，开始对狼垡地区的亿发物流、亿发顺成、兴盛丹龙和巨鸿嘉业4家物流企业实施清理腾退、规范整治工作，引导物流企业外迁，共腾挪出475亩土地，使得这一地区的交通得到大幅改善，环境质量有了显著提升。经过为期三年的疏解还绿，这里共栽下36.5万株乔灌木，开挖22公顷水面，播下213万平方米地被和水生植物，与相邻的一处3000多亩的新造林连成一片，构成一个近万亩的森林板块，弥补了北京西南缺少大尺度森林的遗憾，直接辐射周边56万居民。大兴区生态环境局提供的数据显示，黄村镇狼垡城市森林公园建成后，其北侧京良路PM10、PM2.5浓度与以往相比有了大幅度的下降。

黄村镇的腾退重点对象还有占地110多亩的黄村桥批发市场。它是大兴区最大的农副产品综合市场，除7个交易大厅外，还有30个保鲜冷库和2个冷冻库。在腾退这个市场时，正值新冠疫情期间，大兴区只用了30天，不仅没有发生安全事故，更没有出现任何影响疫情防控的人员聚集行为。拆迁后的这个地块，将由嘈杂、脏乱的批发市场，变身“林中有鸟，水中有鱼，看得见蜂蝶，听得见蛙鸣”的精品公园，居住在周边的数万居民，届时将拥有家门口的绿色休闲空间。

典型案例2：旧宫镇

旧宫镇靠近北京主城区，20世纪80年代初，为提高村级集体收入，安置本地农民就业，旧宫镇在鼓励发展镇办企业、村办企业，支持发展村级工业大院的背景下，通过出租土地和厂房引进企业，其收益成为村集体主要收入来源。再加上紧邻丰台木樨园和坐拥多个大型服装市场的大红门地区，旧宫镇内涌入大量服装生产加工企业，并形成多个工业大院。20世纪90年代末，工业大院的企业规模小、效益低、安全隐患大的弊端逐步显现，投入大量人力、物力也难根治。这种情况下，早在2009年，旧宫镇就启动了旧村改造、拆除腾退工作。

旧宫镇工业大院的拆除腾退和产业升级从大批服装企业外迁开始，同永清等外埠产业园区进行对接后，完成了11个村的旧村改造和南街工业大院一、二期拆除腾退。共拆除建筑面积635万平方米，腾退土地10565亩，减少各类企业1510家。

黄村、旧宫通过“疏解整治促提升”专项行动由乱变美，只是大兴区各镇街的缩影。2017年以来，大兴区下大力气啃“硬骨头”，累计疏解一般制造业企业151家，疏解市场38家，疏解物流中心126个，治理“散乱污”

企业 1507 家。

在这个过程中，通过合理利用腾退空间，大兴完成“留白增绿”，打造了多条“最美街巷”，建起了大片的城市森林公园，使得大兴区城乡环境大幅改善。同时，拆除后的工业大院以及原有一些老旧工业厂房腾退后，土地或厂区闲置下来，为引进和培育各类、各业态的新型产业创造了数量可观的空间。

第六节 三个样点反观创新理路

“疏整促”工作以来，大兴区更加注重创新成果转化和实践，本节选取西红门 3 号地和旧宫镇的五福堂公园、黄村镇的黄村桥农贸市场三个点，以期从三个样点的发展变迁，对“疏整促”孕育的创新之举有一个清晰的透视。

一、三个样点的基本情况

（一）鸿坤金融谷的高端业态

鸿坤金融谷是西红门镇 3 号地 B 地块和 D 地块的高端项目，已发展为集景观生态与产业生态相结合的“双生态”智能商务园区，成为国家级众创空间、中关村大兴现代服务业产业园区、北京四板企业孵化培育基地作为全国集体土地入市的试点。

鸿坤金融谷是在西红门镇寿保庄工业大院拆除腾退后转型的高端园区，总建筑面积 68 万平方米，招商定位于文化传媒类、信息技术类、环保科技类和医药健康类企业。入园企业的科技研发成果均在国内同行业中处于领先地位，并已聚集包括长江文化、佳视王芳等文化创意类龙头企业，以北京股权交易中心为引领的金融服务类企业和具备国高新资质的生物医药研发、科技研发、文化创意及互联网 + 企业等入园企业。据不完全统计，2019 年园区产值规模达 50 亿元。

在西红门镇 3 号地，与“鸿坤金融谷”共同形成产业集群的还有 A 地块的“星光影视园北区”项目和 C 地块的“鲁能领寓”集体租赁住房项目。星光影视园是著名的国家级新媒体产业基地，“鲁能领寓”集体租赁住房项目主要面向城市白领、高级“蓝领”、应届毕业生和双创人群等青年从业者。

由 A、B、C、D 四地块组成的西红门 3 号地，形成鸿坤产业集群。这些高端企业群体所在的西红门镇，70% 的土地在北京南五环内，是最典型的城乡接合部地区。由于得天独厚的区位优势，混杂连片的村级工业大院应运而生。形成流动人口多、低端产业多、安全隐患多以及基础设施差、环境卫生差、社会治安差“三多三差”的可持续发展瓶颈。全镇 27 个工业大院中，中低小企业约占企业总数的 95%。

鸿坤金融谷的崛起能够表现出大兴区打出疏解“组合拳”、打造转型“新业态”的信心与决心。至 2019 年底，全区累计拆除历史违法建设 1986 万平方米，“散乱污”企业保持动态清零，疏解一般制造业、无证无照经营企业，治理“开墙打洞”现象，实现三年任务两年完成。

（二）五福堂公园的生态再造

五福堂公园位于旧宫镇南小街地区，北京南中轴线穿过该公园，建设标准为一道绿隔城市公园。该项目占地约 320 亩，公园总投资约 5185 万元。作为过去的村级工业大院，人口密集，环境脏乱，隐患突出。“疏整促”专项行动以来，拆除腾退土地约 180 公顷，疏解企业（商户）约 1200 家，疏解人口 2 万余人。在 2020 年新一轮百万亩造林绿化工程中，该公园已完成主体栽植工程，累计栽植乔木约 8000 株，灌木约 5000 株，花卉地被约 15 万平方米。灌溉、排水等设施已完成施工，正在进行园路、亭廊施工及设备设施安装。开放后的公园将满足周边3万名居民的游憩、休闲、健身和文化需求。

五福堂公园与南海子公园一起，为南五环穿戴上了漂亮的绿色项链，形成了公园环绕南中轴及主干交通线的特色景观。2020年4月，春阳和暖，五福堂公园被选为首都义务植树活动场地，党和国家领导人同首都各界人士一起在此参加了植树活动。

（三）黄村桥农贸市场的绿色转型

城乡接合部是北京在城市化进程中各类工业大院、物流大院、小散乱市场聚集之地，黄村桥农贸市场便是其中的一个缩影。该市场是大兴区最大的综合性批发市场，占地110余亩，经营20个大类、1000多个品种。统计数据显示，市场内560余家商户每天拉动的人流量均保持在10万人左右，而且80%的货物都来自新发地。2020年，大兴区仅用了一个月时间就完成全部商户的腾退。新发地批发市场突然出现的新冠肺炎疫情让腾退了的黄村桥市场躲过一劫。这个隐患聚集的地块，将由嘈杂、脏乱的人流物流地，向精品公园、家门口的绿色休闲空间转型。人口减量、生态改善增强了群众的满意感和获得感。

黄村桥农贸市场所在的黄村镇，过去低端业态可谓规模连片。集中了大兴区最大的物流园区、农贸市场、二手家具市场、建材市场、汽车配件市场、废品回收市场和钢材市场，光物流大院就有60多个。低端业态的无序扩张，村庄人口的严重倒挂，为社会管理、环卫治理和安全隐患带来了巨大的压力。“疏整促”行动以来，黄村镇主动借势，解决了一批沉疴痼疾，在人居环境、产业结构、社会治理能力等方面取得了巨大成效。累计疏解市场38家，疏解物流中心126个，治理“散乱污”企业1507家。分别完成了狼垡地区、新城西片区和黄村镇东片区三大区域的农村集体经营性建设用地腾退。

二、样点所在地域的创新效果

“疏整促”专项行动的实质，是如何利用疏解腾退空间补齐公共服务短板，更加关注公众的感受和需要。“整治”掉的是脏乱的环境、拥堵的交通、臃肿的产业，“提升”来的是清朗有序的城市空间。通过实实在在地改善城市品质、人居环境，切实让群众感受到城市发生的变化，用获得感来赢得群众的更多支持。

从三个样点的发展变迁看，“疏整促”亮点集中体现在：

（一）非首都功能存量有效减少

部分非首都功能部门被关停或向外转移，交通拥堵及外来人口膨胀现象得到有效缓解。一是一般性制造业疏解。疏解一般制造业企业，治理“散乱污”企业，就地关停一些高能耗产业和高污染企业。对缺乏比较优势的生产加工环节和不符合首都城市战略定位的企业从根本上实施整体转移。二是区域性物流基地和区域性专业市场疏解。疏解提升市场、物流中心，提升便民网点。三是提高产业准入门槛。从源头上对非首都功能部门增量进行严格禁限，有效巩固了疏解成果。

（二）城市环境和秩序快速提升

拆除违法建设、腾退土地，整治“开墙打洞”，依法整治地下空间、群租房，毫不动摇继续加大违法占道经营、无证无照经营和违规“商改住”行为清理整治力度。对于不符合规划、确需撤除的农贸市场，提前谋划补充或采取替代措施，确保便民商业设施数量只增不减，实现了城市公共物品和公共服务的有序供给，实现了市场和政府两大主体的作用互补。

（三）生态宜居大跨步发展

“口袋公园”见缝插绿，“绿色走廊”穿越城镇，推窗“建绿”增强了宜居“绿肺”功能。围绕机场等重点区域，实施大尺度绿化，实现“穿过森林去机场”。三个调查选点所在的西红门、旧宫镇、黄村城市森林公园主体绿化工程完成，曾经脏、乱、差的背街小巷通过环境整治，“长”出了公园绿地、城市森林；功能疏解腾退出的大片空间通过“留白增绿”，连成大尺度公园绿地，为大兴城镇打开万亩“林窗”。

（四）便民服务实现质的飞跃

“一刻钟社区服务圈”社区覆盖率达到市级要求标准。棚户区改造、老旧小区管理机制不断健全完善，重点区域治理带动生活品质提升。城乡街区背面环境整治得以提升，城乡接合部市级挂账重点村、地区的综合治理得以彻底改变，群众多样化需求得到更好满足。

第五章　科技创新铸造产业强区

科技是第一生产力。党的十八大以来，科技创新，成为以习近平同志为核心的党中央治国理政的核心理念之一；“创新驱动”这个崭新的词汇，成为中国发展的核心战略。

2014 年 8 月 18 日，习近平总书记在中央财经领导小组第七次会议上强调：“创新始终是推动一个国家、一个民族向前发展的重要力量。”“实施创新驱动发展战略，就是要推动以科技创新为核心的全面创新。”

2018 年 5 月 28 日，习近平总书记又在中国科学院第十九次院士大会、中国工程院第十四次院士大会上讲话时指出：“中国要强盛、要复兴，就一定要大力发展科学技术，努力成为世界主要科学中心和创新高地。我们比历史上任何时期都更接近中华民族伟大复兴的目标，我们比历史上任何时期都更需要建设世界科技强国！”

于国家如此，于大兴区而言，科技创新同样具有不可替代的核心地位。早在“十二五”时期，大兴区就提出要“坚持把科技进步和创新作为加快转变经济发展方式的重要支撑”。“十三五”时期提出的大兴区功能定位则进一步明确要建设“科技创新中心区”“高端产业引领区”。随后，根据《北京城市总体规划（2016 年—2035 年）》，并结合大兴发展需要发布的《大兴分区规划（国土空间规划）（2017 年—2035 年）》提出了大兴区“三区一门户”的定位，其中仍然重点提及“科技创新引领区”。而在近年来新的“两区”建设中，科技创新亦是中心工作之一。

在这些发展路线的指引下，大兴区通过多年持续不懈的科技创新，收获了丰硕的科技成果，至 2018 年，大兴区专利申请量达到 12000 件，PCT 国际专利申请 229 件，进入全市三甲之列。特别是 2020 年新冠肺炎疫情发生后，大兴区科技人员日夜奋战，刻苦攻关，取得一系列与抗击新冠肺炎有关的重大创新成果，包括科兴生物的新冠灭活疫苗、以岭药业的连花清瘟颗粒、新兴四寰的 IgM 抗体检测试剂、安智因的核酸检测试剂盒（荧光 PCR 法）、雅果科技的智能仿生排痰系统等在内的一大批创新科技产品，为我国及全球的抗疫行动做出了重大贡献。

科技创新铸就产业强区，大兴的崛起有了坚实的基础！

第一节 “1+N”产业政策与体制

党的十八大以来，随着北京市及大兴区功能定位、产业发展方向的变化，大兴区产业政策也在不断调整。在 2015 年底发布的《北京市大兴区和北京经济技术开发区国民经济和社会发展第十三个五年规划纲要》中，大兴区提出了“五区”的概念和定位。五区，即科技创新中心区、高端产业引领区、区域协同前沿区、国际交往门户区以及深化改革先行区。在此定位中，科技创新和高端产业引领成为大兴产业发展的重要方向。

其中，科技创新中心区强调从北京建设全国科技创新中心要求出发，按照全市“一北一南”的科技创新布局，围绕产业链布局创新链，打造创新要素汇聚、创新服务完备、创新能力突出、创新氛围浓厚、创新成果不断涌现的科技创新中心区。高端产业引领区则强调从北京构建“高精尖”经济结构出发，突出高端化、服务化、集聚化、融合化、低碳化，聚焦高端产业、核心领域和关键环节，抢占产业发展制高点，积极参与国际竞争与合作，带动首都实体经济整体提升，打造高端产业引领区。

2017 年 9 月，《北京城市总体规划（2016 年—2035 年）》正式发布，包括大兴在内的 5 个位于平原地区的新城，被确定为首都面向区域协同发展的重要战略门户，承接中心城区适宜功能、服务保障首都功能的重点地区。要求“坚持集约高效发展，控制建设规模，提升城市发展水平和综合服务能力，建设高新技术和战略性新兴产业集聚区、城乡综合治理和新型城镇化发展示范区”。具体到大兴而言，则是“面向京津冀的协同发展示范区、科技创新引领区、首都国际交往新门户、城乡发展深化改革先行区”。

一、"1+N"产业政策体系

为了在产业方面适应北京市及大兴区新的发展要求，改善区域营商环境，大兴区于2018年发布了"1+N"系列产业政策，包括10项政策40余项奖励条款，最高补助达5000万元，全力构建"高精尖"产业结构，促进优质企业入大兴发展，鼓励区内骨干企业提质增效。通过改革创新、精准施策、持续推进、务求实效等举措，为企业发展保驾护航。

"1+N"产业政策体系中，"1"即《大兴区促进产业发展的指导意见》，"N"为各产业专项配套政策，分别由大兴区科委、大兴区商务局等单位研究制定。大兴区"1+N"产业政策重点支持外贸企业、高精尖企业、现代金融服务业、上市企业、互联网产业、文化创意产业、医药健康产业等领域，包括的产业政策有《大兴区促进高精尖企业入区发展暂行办法》《大兴区促进医药健康产业发展暂行办法》《大兴区促进金融产业发展暂行办法》《大兴区促进互联网产业发展暂行办法》《大兴区促进文化创意产业发展暂行办法》《大兴区支持企业上市工作暂行办法》《大兴区推进大众创业万众创新的实施办法》《大兴区促进科技成果转移转化暂行办法》等。

《大兴区促进产业发展的指导意见》要求，建立大兴区促进产业发展的政策体系，以本意见为依据，分别由高精尖制造业发展政策、商务服务业发展政策、科技创新发展政策、金融发展政策、企业上市政策、电子商务发展政策、人才服务发展政策、招商引资政策、文创产业发展政策等相关领域的产业发展专项政策组成，实现产业政策全覆盖，形成协调配套、共促发展的产业政策体系。

在此产业政策指导意见下，为全力支持具有较高科技含量、较强发展潜力和较大经济效益的企业入区，大兴区出台了《大兴区促进高精尖企业入区发展暂行办法》。该办法鼓励优质企业入区发展。对符合扶持条件企业，按照年度区级高精尖企业名录，达到前10名企业最低标准的，评定为"卓越贡献奖"，并给予企业一次性奖励2000万元；达到11~20名企业最

大兴区举办的高新技术企业政策培训会

低标准的，评定为“突出贡献奖”，给予企业一次性奖励1000万元；达到21~30名企业最低标准的，评定为“高成长性奖”，给予企业一次性奖励500万元。对办法出台后引入符合扶持标准企业的项目引荐签约中介机构，按其引入企业获奖额度的5%进行一次性招商奖励。对于特别重大的项目，按照“一企一策、一事一议”的原则，由大兴区促进产业发展领导小组研究确定具体扶持政策。

大兴区同时提出了“高精尖”企业指数标准，要求本区“高精尖”企业应具备三个方面的特征：发展质量好、创新能力强和高成长性，同时应有一定的资源消耗约束。选取人均税收、地均产出（制造业）、地均税收（制造业）、人均产出（服务业）、收入利润率、研发经费投入强度、人均产出增速7个指标作为研究大兴区“高精尖”企业准入标准的控制指标，选取单位产出能耗、水耗、电耗3个指标作为资源约束性指标。

根据要求，大兴区“高精尖”企业指数标准作为未来大兴区招商引资依据及项目准入参考标准，实行土地全生命周期管理，作为产业政策制定和执行的参考依据，健全并实施动态监管和定期评估制度，提高土地利用效率，逐步完善大兴区招商体系和工作机制。

生物医药产业是大兴区确定的四大主导产业之一。为此出台的《大兴区促进医药健康产业发展暂行办法》提出，对已获国家发改委、国家科技部、国家工信部等单位资金支持的，再给予本年度实际获得专项资金最多50% 的奖励，每个企业年度最高配比额度 1000 万元；对已获中关村管委会、市科委、市经信委等单位专项资金支持的，再给予本年度实际获得市级专项资金最多 25% 的奖励，每个企业年度最高配比额度 500 万元。

该暂行办法还提出，吸引重大医药健康产业项目落地，实际投资总额达到 5 亿元以上的，按贷款利息实际发生额（贴息率不超过人民银行公布的同期中长期贷款利率）30% 给予贴息，贴息分年度给予，期限不超过3 年，每个企业年度最高 1000 万元。在经认定的创新中心、加速器、孵化器入驻的研发和生产型高精尖药品企业、医疗器械企业（仅限三类），给予一定房租补贴资金。租用面积在 500 平方米以上的，给予上年度实际支付房租 30% 奖励，补贴期限自租赁协议签署生效之日起，不超过 3 年，每个企业年度最高 200 万元。暂行办法还针对已落地医药健康产业项目扩大产能、开拓国际市场、技术改造、信息化或智能化改造、能源设施改造、清洁生产改造、科技成果转化等分别制定了支持或奖励政策，最高资金配比额度达到 1000 万元。

2020 年 12 月，《大兴区促进高精尖产业发展暂行办法》出台，对此前的“高精尖”产业、医药健康产业的支持政策进行了一定的调整，支持力度更大，涉及范围更广。该《办法》提出，对新注册在大兴区，且注册后三年内任意一个年度区域综合贡献达到 1000 万元（含）以上的高精尖企业，按照上年度区域综合贡献总额的 40% 给予享受政策年度起连续三年的支持资金。对于获得新药或医疗器械（仅限医疗器械三类）证书的高精尖企业，按照其近五年内在大兴区内实际研发投入总额的 40%，给予最高不超过 1000 万元一次性支持资金。

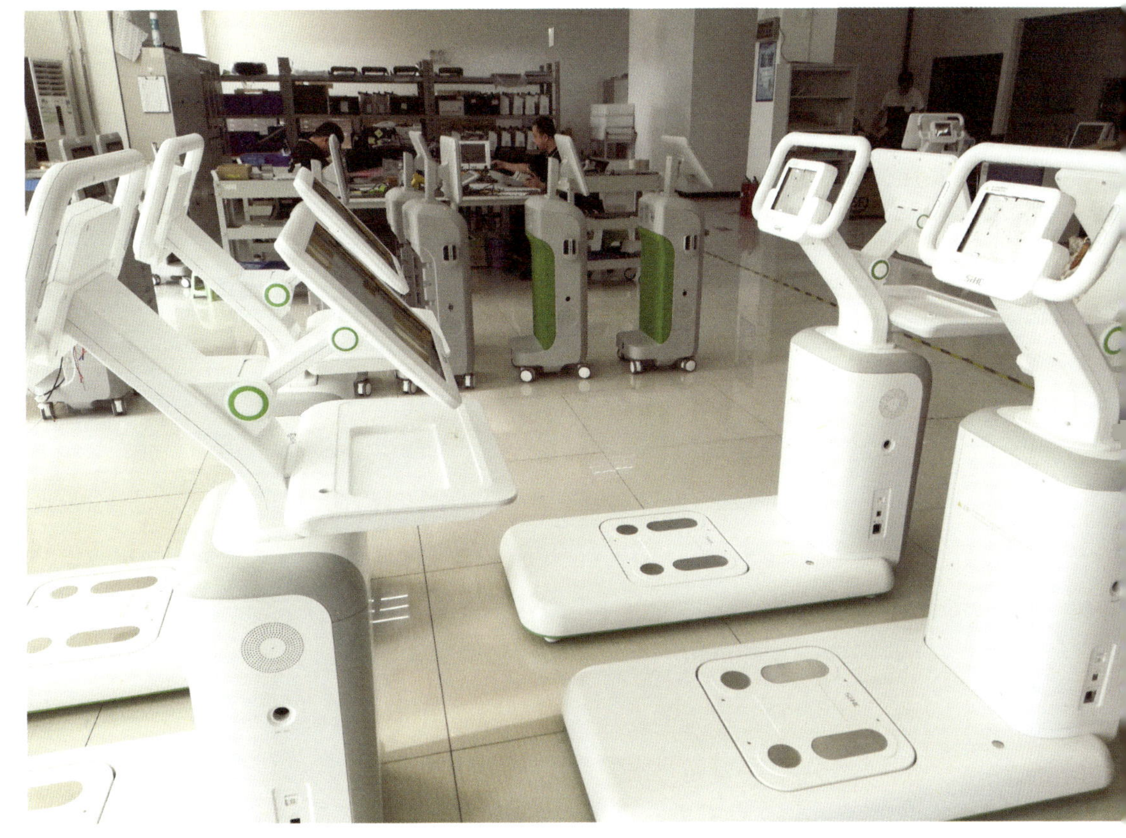

四海华辰生产的测试人体营养元素的机器

近年来，大兴区依托国家新媒体产业基地以及中国设计节等平台，大力发展文化创意产业，逐步形成了又一支柱型的产业门类。为了进一步推动这一产业发展，创造更优良的文化创意产业环境，2018 年，大兴区出台了《大兴区促进文化创意产业发展暂行办法》，成为“1+N”产业政策的重要组成部分。该办法支持的文化创意产业企业参照北京市文化创意产业分类执行，以数字内容、设计服务、影视制作等文创产业领域为重点，包括：文化创意产业集聚区建设项目；文化创意产业重点及优秀企业；文化创意产业专业楼宇及孵化器；文化创意产业公共技术、服务平台；文化创意产业聚集的高端人才；文化与科技、金融、旅游等产业融合发展项目；重大文化创意产业活动等。

此《办法》指出，对新注册、新迁入大兴区且年营业收入达到1亿元以上的大型文化产业集团总部或地区总部，按其上年度区域综合贡献给予一次性专项资金奖励，最高额度不超过1000万元。对于列入国家、北京市级、中关村相关部门发布的“独角兽”或相应榜单的企业，经认定给予最高500万元的一次性资金奖励。《办法》明确提出，鼓励拓展文化空间资源。对经认定的通过挖掘利用现有厂房、楼宇等升级改造发展文化创意产业的项目，按不超过项目实际投资额的30%给予一次性补贴，最高不超过1000万元。

各类产业的发展都离不开金融业支持。大兴区“1+N”产业政策中的《大兴区促进金融产业发展暂行办法》就提出了“三项奖励”，即支持培育现代金融服务业，实收资本规模30亿元（含）以上的，给予补助5000万元。金融机构增资、租房、购房，均有补贴。金融机构增资，实收资本增资10亿元（含）以上的，根据其综合贡献给予一次性专项资金1000万元。对新购或租赁自用办公用房给予专项资金补助，购买办公用房的，每平方米补助1500元，专项资金最高额度2000万元；租赁办公用房的，3年内每年按当年租金的50%给予专项资金补助，年度房租补助总额不超过300万元，连续补助3年。此外，同时享受市级金融政策及大兴区人才服务相关政策。

二、改革完善体制机制

长期以来，大兴区都高度重视科技进步与创新，坚持以科技为引领，大力实施创新驱动发展战略，深化科技体制改革，推动科技创新与经济社会发展紧密结合，增强自主创新能力，为推动全区科学发展提供了强大动力。

尤其是在科技管理的制度创新方面，大兴区多年来做了很多探索和尝试。比如在科技项目的管理中，就着重引入重大科技项目管理监理制度，通过第三方对重大项目进行资金监管，提高了资金使用效益，保证了项目有序实施，同时对本地区经济建设和社会发展具有重要意义的新产品试制、

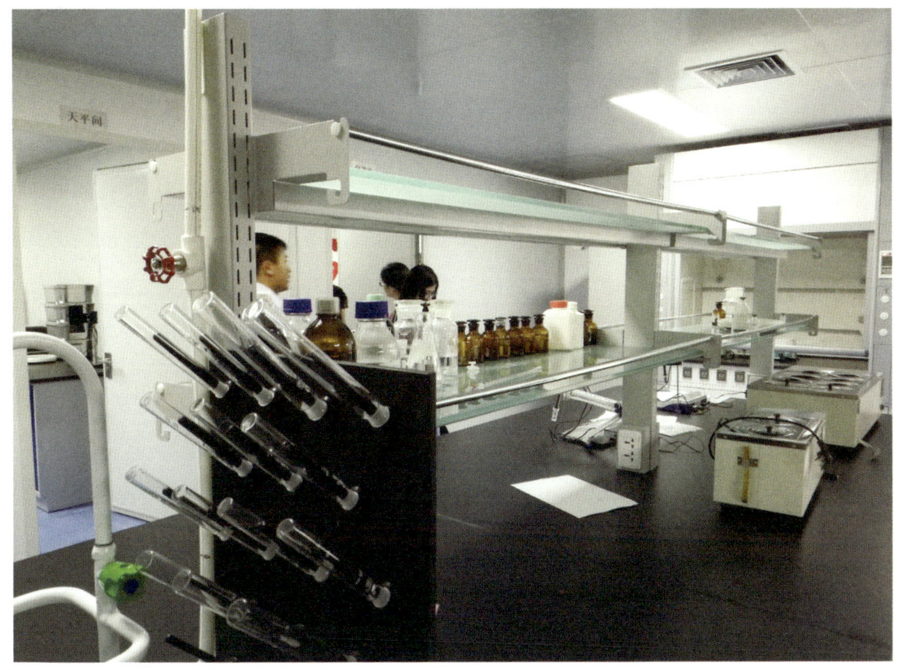

媒体人士走访医疗器械企业——万洁天元公司

中间试验、重大科研攻关和综合试验示范项目，给予资金支持。

科技成果转化方面，大兴区积极搭建科技创新平台，促进科技成果转化，特别是改变了过去辖区内高校独立运作，与地方发展关联性弱的局面，依托首都科技资源，深化院区合作、校企合作、院镇合作，落实各项科技合作协议，探索科技合作新机制。这当中，大兴区科技管理部门积极与北京印刷学院、北京石油化工学院、北京建筑大学等合作共建了京南大学科技园，推动了京南大学联盟的成立，促进了这些高校科技成果的就地转化。此外，大兴区行业主管部门还推动成立了大兴区科技企业孵育协会，搭建科技企业孵化平台，增强科技企业孵化器孵化能力；建立首都科技条件服务平台大兴工作站，充分发挥区内现有重点实验室、研发中心、工程技术中心等科技资源的作用，为企业提供便捷服务，实现了企业需求与科技资源的有效对接。

在科技资金的投入与保障方面，大兴区每年按照 20% 的增幅安排科技发展费用，用于引导支持工业、农业、医疗卫生、软科学等行业项目研究，例如仅2011~2013年的三年间，全区地方财政科技投入分别达到2126万元、2365万元和5338万元。大兴区还充分发挥科技企业融资平台作用，积极开展知识产权质押贷款“展业通”服务，通过基础设施补助、技术服务平台补助、循环经济补助、贷款贴息等方式，建立定期向金融机构推荐科技项目的工作机制；与担保公司、银行、风险投资公司、券商合作，扩大融资渠道，为企业融资提供全方位服务。

知识产权服务与保护方面，自大兴区成立知识产权局、知识产权中心以来，高度重视专利申报工作，积极促成企业申请专利示范单位，鼓励企业利用知识产权优惠政策，激发自主创新活力。主要做法有：建立知识产权领导小组联席会议制度，加强统筹协调，在全区形成相互配合、协同作战的总体格局；成立生物医药产业知识产权服务联盟，整合知识产权服务业上中下游资源，搭建以专业机构为支撑、企业为主体、市场为导向的，能为企业提供知识产权创造与保护、融资担保、项目拓展的综合服务平台；建立镇级、园区、高校及企业知识产权工作联络制度，实现全区知识产权工作网格化管理；建立知识产权保护体系，净化知识产权法治环境。正是得益于对知识产权工作的持续“加码”，2014年，大兴正式被确定为国家级知识产权试点城市。

典型案例1：大兴区民营科技企业促进会改革

科技创新的主导力量是企业，在大兴区，各类新兴产业中以民营企业居多。科技管理制度的创新，一个重要着眼点就是如何更好地为民营科技企业服务，扫除阻碍它们发展创新的各种制度障碍。

成立于1998年的大兴区民营科技企业促进会（简称“民促会”）就是这样的一个例子。民促会自成立以来，曾在促进大兴区民营企业的发展中做出过历史性的贡献，但随着市场经济的发展，行政化色彩相对浓厚的民促会越来越难以适应新的形势。

大兴民营科技企业联合会第一次代表大会

进入21世纪，国家及北京市大力推进行业协会商会与行政机关脱钩，大兴区也开启了一场旨在提升企业沟通交流和合作发展效能的民促会改革。经过深入细致的调研，主管部门将“大兴区民营科技企业促进会”改名为“大兴区民营科技企业联合会”。其改变的不仅仅是名称，还有管理理念，由政府主导型向自主经营型转变。

联合会由大兴区各类科技企业、高新技术企业和研发机构等群体自愿发起成立。与之前的“促进会”相比，这次改制是为加快转变政府职能，适应大兴区改革发展的新形势而展开，因此充分的自主性和市场化是这次改制必须要坚持的原则。

根据国家2015年出台的《行业协会商会与行政机关脱钩总体方案》的要求，行业协会将坚持社会化、市场化方向，自主运行、有序竞争、优化发展。在该方案的指导下，大兴区“民促会”改制为“联合会”，着重实现“五个分离”。

一是机构分离，取消行政机关与行业协会商会的主办、主管、联系和挂靠关系；二是实现职能分离，剥离行业协会商会现有的行政职能，对适合其承担的只能制定清单目录；三是实现资产财务分离，行业协会商会执行民间非营利组织会计制度，实行独立财务管理；四是实现人员管理分离，行业协会商会将全面实行劳动合同制度，使用的事业编制相应核销，行政机关不得推荐、安排在职和退（离）休公务员到行业协会商会任职兼职；五是实现党建、外事等事项分离，规范各类管理关系，加强综合监管。

新的联合会侧重进一步加大服务平台建设，开展更多具体的服务活动。比如，加强企业创新联盟建设，提升新区企业创新能力；由政府搭台把企业聚在一起，在税收、贷款、融资等方面提供帮助；促进军工企业与民企融合，技术互补，将军工项目与民企合作，促进民企技术发展，提升民企经济实力；加强与院校合作，建立产学研用基地，由院校提供技术支持，企业提供场地、设备保障；由产品集成化高的企业牵头，整合产品产业链各个企业，产业结构链协作，针对产品进行定制服务，提高产品品质；执行统一的质量标准，质量体系标准化控制；加快联盟内企业进行市场化运作，保证联盟健康持续发展。

为了成为大兴科技企业合格的“代言人”，新成立的北京大兴民营科技企业联合会坚持创造性地开展工作，并提出了要建造“四个服务平台”的任务。

第一个平台是综合服务平台。联合会可以为会员企业提供政策信息、市场开拓、专业人才等方面的服务；整合优势资源，拓展服务领域；加强与其他高新技术企业协会等社会组织的联系，建立合作关系，为新区会员企业创造合作发展机会。同时，还将定期组织会员企业参与其他社会组织举办的政策宣讲会、问题研讨会和产品展览展示等活动，为企业创新发展和开拓市场提供帮助。

第二个平台是交流沟通平台。比如定期组织开展富有特色、内容新颖、形式多样的联谊会，加强与会员间的沟通联系，促进企业家间深度交流，实现行业间优势互补、全面合作、吸收发展，实现信息互通、资源共享、助力新区民营科技企业创新发展。

第三个平台是科技融资平台。众所周知，资金对于民营科技企业的发展具有重要意义，因此，大兴民营科技企业联合会谋划设立投融资服务部门，及时传递政府最新出台的与金融相关的政策，组织专题讲座、研讨会、论坛或者课题调研等活动，深入研究并宣传相关政策；整合适合中小企业的金融产品和融资渠道，对接中外银行、担保公司、证券公司、法律服务等机构，搭建为会员企业提供股权融资、债券融资、改制上市等综合金融服务的平台，并根据企业实际需求及时与相关政府部门沟通。

第四个平台是传播互动平台。比如建立“会员企业信息直报政府”机制，为政府了解科技企业发展情况、做出工作决策提供支持；定期发布联合会专刊，报道会员企业、企业家的情况，向企业传达最新政策；汇总整理联合会的工作动态，利用新媒体技术，及时传递会员消息，促进企业间的交流与合作。

典型案例2：“科三费”的改革探索

科技项目是指以科学研究和技术开发为内容而单独立项的项目，其目的在于解决经济和社会发展中出现的科学技术问题。在我国，很多重大科技项目的实施都需要政府部门的支持与扶持。

政府对科技项目的经费支持，以前被称为“科三费”，主要针对小试、中试、成果转化等环节。后来科技项目支持覆盖面不断扩大，形式更加多样化，并不一定局限于“硬”的技术创新，一些软课题，如科技成果转化平台的搭建、创新创业环境的构建、产学研合作机制的建立等，也都纳入了项目经费支持范围。

大兴区的科技项目管理也在不断地进行改革和调整。改革力求实现三个转变：一是在项目征集上由科技研发向科技成果转化落地转变；二是资金分配上由侧重产业向产业与社会发展并重转变；三是工作方式上由项目管理型向项目服务型转变。

总体而言，大兴区科技项目新的支持方略就是紧紧围绕大兴区功能定位，以科技创新为导向，建立科学高效、公开透明的组织管理机制，建立健

大兴区科技创新引导基金举办的项目路演活动（1）

全科学合理、高效公正的科技专项资金竞争性分配机制，切实提高资金管理水平和使用效益，解决环境保护、城乡管理等关键技术的研究、集成示范和推广应用，更加高效配置科技资源，更加强化科技融合发展，使之符合新区持续创新发展的需要。

具体来说，即建立更加合理的区级科技发展专项资金分配机制，在科技创新的三个重要阶段分别设立创新创业专项、科技计划专项和成果转化专项。在支持方式上采用后补贴、前征集、拨改投三种方式。

“后补贴”主要是鼓励引导创新主体先行投入组织开展研发、创新、服务等活动，待取得技术成果效益后给予支持补贴。

“前征集”主要是对于政府组织的公共技术、决策咨询与管理创新、重点项目科技支撑平台、重点民生工程中科技应用与成果转化、科技公共服务平台等项目，实行事前投入的支持方式。

“拨改投”通过设立大兴区科技创新引导基金，以基金的形式投入和参与到创新主体的创新活动中，引导鼓励创新企业发展。

科技不仅要推动产业发展，还要服务于民生。大兴区在推动科技项目实施的过程中，也十分注重与民生相结合。比如北京天友文化产业投资有限公司承担的“乡村建筑能源低碳技术集成与示范”科技示范项目，就主要针对京津冀地区农宅以燃煤为主而导致的能源系统消耗大、污染严重、引发雾霾等环境问题，以魏善庄镇半壁店村三所农宅改造为依托，探讨乡村建筑节能低碳的新技术，实现了供暖“零煤耗”的目标，为农村住宅改造，提高农民生活质量和改善环境起到重要示范作用。

大兴区兴丰街道和长子营镇承担的“精细化老年服务平台开发与示范”示范项目，是一套针对居家服务和社区养老驿站运营管理的整体解决方案，解决了传统居家养老管理体系和服务体系建立中的“无精准数据、无客观标准、无有效整合”等主要难点问题，并将科技型、知识型老年服务产品引入以街道和社区为基本单元的老年服务生态系统，是老年服务领域重要的社会管理创新。

典型案例3：推动成立产业发展基金

现代科技的发展离不开与金融的深度融合。特别是科技产业需要各类资本的有力支撑。这些金融服务中，近些年来逐步兴起的政府产业引导基金发挥着重要作用。政府产业引导基金又称创业引导基金，是指由政府出资，并吸引有关地方政府、金融、投资机构和社会资本，不以营利为目的，以股权或债权等方式投资于创业风险投资机构或新设创业风险投资基金，以支持创业企业发展的专项资金。

政府产业引导基金是由政府设立并按市场化方式运作的政策性基金，主要通过扶持创业型或科技型企业发展，利用政府资金的引导作用和杠杆作用，吸引更多的社会资本进入特定的产业投资领域，本质上是一种产融结合的范式。在国外，政府产业引导基金是战略性新兴产业发展中一种较为普遍的市场化融资机制和产业发展促进基金。

大兴区科技创新引导基金举办的项目路演活动（2）

这些年，为了推动科技成果转化，推动相关产业以更快速度、更高质量发展，我国从国家层面到地方，都实施了各种层级和规格的政府引导基金。大兴区为进一步打造新型营商环境，大力发展科技金融，也陆续设立了一些产业引导基金。

大兴区产业引导母基金。这个基金由大兴区政府以有限合伙形式出资发起设立。北商资本管理（北京）有限公司作为区属首家发行基金产品的私募股权基金管理人负责母基金的投资运营管理工作。基金首期规模 2.5 亿元，拟通过社会资本放大为 20.5 亿元，未来每年将根据产业发展情况逐步增资。

该基金以投资设立子基金的形式与社会资本在创业引导投资、股权投资等方面进行合作。新媒体产业园、生物医药基地、CED 智慧空间可以为不同阶段的被投企业提供优质的生产经营办公场所。例如早期的项目，CED智慧空间可以提供集中办公场所以及中小面积的办公场地，孵化成长的企业可以选择入驻相关的产业园。

此外，基金还可以为科技初创企业提供知识产权质押贷款费用补贴。同时，鼓励金融服务创新创业，对金融机构、社会专业投资机构、科技企业孵化器和众创空间等机构开展的投贷业务，按照上年度实际投资或贷款额给予一定比例补贴；对为企业提供信用贷款、知识产权质押贷款等债务性融资业务的银行给予风险补贴支持；为科技型初创企业提供知识产权质押贷款费用补贴和贷款贴息；为企业提供工商、税务、企业战略咨询等增值服务，让企业专注于业务发展，减少后顾之忧。

大兴区科技创新引导基金。2017年，大兴区启动了大兴区科技创新引导基金项目，旨在促进科技与金融结合，推动大兴区高精尖产业落地。该基金管理方为北京新航城基金管理有限公司，一期规模共计3000万元，其中政府出资1000万元，民间资本出资2000万元，以投资科创中小企业的种子期、天使期为主，重点投资于符合大兴区定位和相关产业政策、产业投资导向的创业期科技型、创新型中小企业。要获得这个基金的投资支持，项目需要满足三个要求，即注册在大兴新区或承诺在基金投资一年内注册到大兴新区的企业（其中不包括北京经济技术开发区）；从事高新技术产业研究开发、生产服务的非上市的企业；具有法人资格，原则上企业职工人数在100人以内、成立期五年以内、研发人员数量占比科技人员总数10%，用于技术研究的经费一般占营业收入的5%。

根据规划，该基金项目未来还将视投资效果设立二期、三期等后期基金。大兴区科技创新引导基金的设立是一次探索性的尝试，其开启了大兴区用全新的思维模式促进科技成果转化，支持中小企业发展壮大的路子。这种新思维已经成为大兴区一些高精尖项目创业发展的巨大推动力。

第二节
新兴产业的科技创新

一个区域或一个城市的创新，其创新的主体都是以企业为主。当前，我国经济已由高速增长阶段转向高质量发展阶段。建立以企业为主体、市场为导向、产学研深度融合的技术创新体系，是发挥创新引领和战略支撑作用的重要基础。

大兴区在过去的科技创新中，农业科技创新占有很大的比重。随着二、三产业的兴起，以企业推动的科技创新逐步占据了主导地位，并在各种政策环境的激励下，带动了各种新兴产业的快速发展。

一、优质政策环境的培育

2009 年，大兴区出台了《关于促进大兴区经济发展的若干意见》(试行)，在科技政策方面提出：给予高新技术企业贷款贴息政策，鼓励高新技术企业发展；给予获得市级以上研发机构认定的企业一次性补贴，鼓励企业建立研发机构。

大兴区和北京经济技术开发区行政资源整合后，对科技政策又进行了进一步融合和调整，加大了鼓励支持力度，先后制定出台了《新区促进科技创新发展的实施细则》《北京经济技术开发区促进科技企业孵化器发展办法(试行)》《北京市大兴区科学技术奖励办法》等一系列政策措施，在研发机构建立方面增加了区级研发机构的认定，对高新技术企业增加了审计费用减免等方面的补贴。到 2014 年，全区共支持 92 家企业，支持资金额度达 3882.1 万元人民币；表彰区科学技术奖项目 190 项、科技人员 510 余人，共奖励资金 268 万元。

随后，大兴区又出台了《大兴区专利申请资助与奖励办法》，对专利申请人申请国内专利、国外发明专利给予的申请费用进行资助，而对企业实施专利技术产业化进行奖励。办法规定，对于申请国内专利的，当年度申请发明专利每件资助 500 元人民币，申请实用新型专利每件资助 300 元人民币，申请外观设计专利每件资助 100 元人民币；而对于通过 PCT 途径向国外申请发明专利的，进入国家阶段后，每件给予一次性资助 5000 元人民币。

根据这个办法，凡符合大兴区产业发展方向，已授权的，具有显著技术创新特征和潜在市场应用前景，无专利申请权权属纠纷或者专利权权属纠纷的专利项目（不包含外观设计），且满足奖励对象条件的企业或个人，均可获得奖励。其奖励标准是：申请国内专利并获得授权的，发明专利每件奖励 1000 元人民币，实用新型专利每件奖励 500 元人民币；向国外申请发明专利，发明专利获得授权的，每件给予一次性奖励 5000 元人民币。针对专利实施产业化项目的奖励，则要求是具有良好市场前景和经济效益的专利实施产业化项目。

2018 年，作为“1+N”产业政策重要组成部分的《大兴区推进大众创业万众创新的实施办法（试行）》发布，提出对“双创”载体建设、科技企业孵化器、众创空间建设予以强大支持。2019 年，大兴区又推出了此暂行办法的修订版，即《大兴区推进大众创业万众创新的实施办法（2019 年修订）》（以下简称《办法》）。

此《办法》明确提出支持发展科技企业孵化器和众创空间。鼓励企业新建或将闲置资产改造成科技企业孵化器或众创空间，按其新建或改建实际投资额的 20% 给予资金支持，每个企业每年最高不超过 200 万元。同时，《办法》针对为创业者免租金提供办公场地的科技企业孵化器、众创空间，按每平方米最高不超过 90 元 / 月给予房租补贴，每个孵化器、众创空间补贴面积最高不超过 1000 平方米，并按年租金的 50% 给予补贴；对孵

大兴区近年发展起来的新型众创空间

化培育出国家级高新技术企业的科技企业孵化器、众创空间，每孵化出一个国家级高新技术企业，给予5万元资金支持。对上年度获得国家级高新技术企业认定的企业，在申报区级科技项目时予以优先支持。科技企业孵化器、众创空间开展国际性、全国性、京津冀区域性创新创业专题服务活动的，按其举办专题服务活动相关实际支出费用的50%给予资金支持，每个企业每年最高不超过50万元。

对于金融服务的创新创业，此《办法》提出，设立科技创新风险补偿资金。对为企业提供信用贷款、知识产权质押贷款等债务性融资业务的银行，按上年度实际发生业务规模的1%（中关村信促会信用A级会员按1.5%）给予资金支持，每个银行每年最高不超过100万元；对为企业提供担保贷款（不含“零担保费”业务）等债务性融资业务的担保、再担保机构，按上年度实际发生业务规模的1%给予资金支持，每个机构每年最高不超过50万元；对为企业提供融资保险服务业务的专业保险公司，按照上年度实际发生业务规模的1%给予资金支持，每个机构每年最高不超过30万元。

《办法》也对“双创”人才给予了较大幅度的支持。对上年度在大兴区科技行政主管部门备案或实行备案制前在科技部门认定的科技企业孵化器、众创空间内创办科技企业的“双创”人员，分别给予一次性5万元资金支持；对上年度在大兴区创办科技企业的外籍青年和归国留学人员，分别给予一次性10万元资金支持；对上年度在院士工作站和博士后工作站从事“双创”工作的院士和博士后，给予一次性10万元资金支持，每站点每年最高不超过50万元。

在相关政策的支持指引下，大兴区为“双创”提供了大量的项目资金支持，为区域“双创”的发展提供有力的支撑。比如2018年是“双创”《办法》实施的第一年，大兴区就支持了37家企业的61个“双创”项目，支持资金1213万元。2019年，大兴区支持了80家企业130个“双创”项目，同比增长113%；支持资金3002万元，同比增长147%。2020年度“双创”项目评审中，在前两年的基础上又有了新的发展，最终支持的项目和资金总额都有了大幅度增长。

此外，为了进一步提升大兴区科技成果转化能力，更有效地推动高校、科研院所、企业等更多科技成果进入市场，促进科技与经济的深度融合，2019年，大兴区又发布了《大兴区促进科技成果转移转化暂行办法》，针对区域科技成果的转化落地提出了一系列支持措施。2020年，大兴区根据政策实施过程中的实际情况及相关反馈，对原政策进行了完善，并发布《大兴区促进科技成果转移转化暂行办法（2020年修订）》（以下简称《办法》），全面覆盖了科技成果转化全过程。经修订的《办法》支持范围重点瞄准高精尖产业领域，在科技成果转化项目落地、科技成果服务体系构建、科技成果转化发展环境打造等方面均可获得相应支持，而单项获支持的额度最高达到了千万元的量级，在北京各区县中亦是极为少见的。

北京迪安诊断科技有限公司的实验室

比如《办法》提出，对在大兴区研发投入总额达到1000万元（含）及以上的重大科技成果转化项目实施主体，且具有3家以上来自不同产业或专业领域主体实际参与的跨领域、跨专业重大科技转化联合攻关项目，给予最高1000万元的资金支持。《办法》也提出，支持各类科技服务机构集聚化发展，通过提供专业服务促进科技成果转化项目快速落地。对在大兴区内实际办公的科技服务机构，按照其每年度为大兴区主体提供科技服务收入总额的5%，连续三年，给予年度最高100万元的资金支持；对为大兴区引进科技成果转化落地项目的科技服务机构，连续三年，按照其促成已落地转化项目实际投资总额的5%，给予总额最高200万元的资金支持。

大兴区生物医药产业具备了雄厚的基础，正全力打造千亿级的产业集群。为了进一步推动生物医药产业发展，《办法》提出，对具有独立自主知识产权，且新药研发取得临床批件，按照不同的临床试验阶段，分别给予不等额的资金支持，每个主体总额最高可达300万元；对具有独立自主知识产权的Ⅲ类医疗器械进入临床试验阶段的主体，给予一次性30万元的资金支持，每个主体总额最高200万元。对于应用场景建设，该《办法》也给予了有力的支持，提出针对重点围绕重大工程建设、产业转型升级、京津冀协同发展等方面开展区级应用场景建设的主体，给予最高1000万元的支持。

根据此《办法》，大兴区加大了对于重大科技成果转化的支持力度，首批获得支持的10个重大科技成果转化项目总投资达4亿多元，涵盖了医药健康、电子信息、新能源汽车、节能环保、新一代信息技术等高精尖产业。其中来自北京民海生物科技有限公司的“新一代冻干人用狂犬病疫苗（人二倍体细胞）产业化研究”获得了1000万元的支持，也是本期成果转化项目中获得支持金额最高的。民海生物从世界上首个成功生产人二倍体细胞狂犬病疫苗的公司法国赛诺菲巴斯德引进了“冻干人用狂犬病疫苗（MRC-5细胞）”毒株、细胞及生产技术，通过自己的研发团队和核心技术，进行了自主开发，突破各种技术瓶颈，实现了大幅度工艺改进和质量提升，最终研制成功了“新一代冻干人用狂犬病疫苗（人二倍体细胞）”。该项目产业化后，可弥补国内人二倍体细胞狂犬病疫苗产能的不足，解决其价格昂贵的难题，让更多的人用上高质量高安全性的狂犬病疫苗，实现巨大的社会效益和经济效益。

二、科技创新的硕果呈现

在大兴区，自党的十八大以来，随着产业环境、营商环境、创新环境的不断改善，企业创新正以多样化的形式呈现，有力地推动了企业自身及区域经济社会的发展进步。

以企业创新中最受关注的科技创新为例，截至2016年，大兴区科技型企业共有26031家，国家高新技术企业423家。至2018年，大兴区国家级高新技术企业增长到 720 家，2019 年进一步增长到 830 家，科技型企业集群初步形成。这些高新技术企业主要分布在生物医药、新能源新材料和新一代电子信息等主导产业领域，其中生物医药等产业的竞争优势已初步形成。

科技创新的一个标志性成果是专利申请及授权情况。来自大兴区科委的统计数据显示，2017 年，大兴区专利申请量达 11087 件，其中最具含金量的发明专利 4143 件，专利授权量达 5830 件，发明专利授权量 1246 件，专利申请量在全市 16 区中排名第五。2018 年，大兴区专利申请量达到 12000 件，PCT 国际专利申请 229 件，位列全市第 3 位。2019 年，大兴区万人发明专利拥有量达到 13.0 件 / 万人，技术输出合同成交额为 337.6 亿元，近 5 年的年均增长为 45.4%。

高新技术企业是大兴区科技创新的中坚力量。以在全国新能源汽车市场占有较大份额的北京新能源汽车股份有限公司为例，截至 2017 年 6 月，北汽新能源共申请专利 2096 项，共获专利授权 687 项。统计显示，仅 2016 年，大兴区高新技术企业就实现总收入 629.60 亿元；其中高新技术产品（服务）收入 470.04 亿元、净利润 41.28 亿元、上缴税额 30.08 亿元，研究开发费用总额 29.75 亿元。当年，在大兴区域内总收入超过 30 亿元的高新技术企业有 6 家，总收入在 20 亿—30 亿元的企业有 2 家，总收入在 10 亿—20 亿元的企业有 5 家，总收入在 1 亿—10 亿元的企业有 51 家。高新技术企业从业人员达到了 42467 人。

2017 年度，大兴区高新技术企业实现总收入 903 亿元，同比增长 20.18%，平均研发强度达到 5.71%，总收入超过亿元的高新技术企业有 120 家。其中，总收入超过 30 亿元的高新技术企业达 8 家，超过 20 亿元的有 2 家，超过 10 亿元的有 9 家，处于 1 亿—10 亿元的企业有 101 家。截至 2019 年，大兴区引进“万人计划”人才 5 人，区内高新技术企业职工总数 76141 人，科技人员总数 20967 人。

三、成果转化的平台承载

大兴区是北京市重要的科技成果转化落地承载区域。近年来，大兴区通过推出科技成果转化的相关政策，优化成果转化的体制机制，搭建相关转化平台，科技成果转化成效十分显著。2019 年，大兴区共输出技术合同 2210 项，成交额 337.6 亿元，同比增长率达到了 26.8%。

特别是在搭建科技成果转化平台方面，大兴区持续发力，运用多种方式发动社会参与，一批高水平的成果转化平台得以快速涌现，成为区域科技创新与成果转化落地的重要支撑。

大兴区科技成果转化公共服务平台。大兴区在建设科技成果转化平台的过程中，以北京建筑大学等京南大学联盟高校为核心，在大兴区科委的指导下，建成了大兴区科技成果转化公共服务平台，包含科技成果信息发布、科技成果内容、科技需求动态、科技成果新闻、技术转移和创业孵化等相关服务。大兴区科研成果供需双方企事业单位以及高校科研院所均可在该平台免费发布自己的供需信息，大兴区科委和京南高校联盟为转化双方提供政策和对接服务支撑。平台力求“公共实用方便、兼顾成果方与需求方”的原则，通过平台宣传政府的政策引导和资金扶持政策，完善科技成果转化信息服务支撑体系，旨在实现大兴区高等院校、研究机构等技术供应方与行业企业、管理部门等技术需求方，以及金融机构、产业园等技术转移转化的相关各方的信息互联、互通、共享、共用，促进大兴区的科技成果转化水平。

大兴科技成果转化大数据云服务平台。大兴区以辖区科技服务企业——北京正开科技有限公司为牵头单位，开发建设了大兴科技成果转化大数据云服务平台。这个平台包括：大数据信息平台、视频服务系统、本地信息交互终端、手机 App 服务平台。

首都科技条件平台大兴工作站。该工作站由北京市科委与大兴区政府联合共建，连接政、产、学、研、用、科技金融、科技中介等各类实体及相关业务、产品与服务，服务和推动本区域成员单位的发展。同时聚集需求，畅通渠道，为企业提供及时有效的科技服务，有效组织开展业务和人才的培训与交流工作以及工作站的宣传活动。这个平台可充分利用首都科技条件平台开放科技资源，服务和推动本区域成员单位的发展。大兴区通过政企合作方式，引入专业科技服务机构——北京正开科技有限公司，介入工作站的管理运营，以挖掘潜力，提高工作站服务大兴企业的效率。

中关村天合科技成果转化促进中心北京市大兴（国际）合作基地。由中关村天合科技成果转化促进中心与大兴区合办，北京正开科技有限公司承建，旨在探索科技成果转移转化新模式，加速科技成果转化，将科技成果资源优势转化为企业产业核心竞争优势，进一步推动大兴区科技引领创新区的建设。该平台着重举办优秀科技成果推介会、招商引资项目对接会、产业前沿技术研讨会、成果转化人才培训班等，为科技成果转化提供优质平台。

大兴区科技企业孵育协会。协会成立于 2011 年 7 月，目的是根据大兴区孵化器发展的需要，充分发挥孵化器与政府之间、各孵化器之间的桥梁纽带作用，积极开展行业内交流，规范孵化器秩序，整合孵化资源，推动大兴区及首都孵化行业的进一步发展。

四、科技惠民的持续力度

科技创新不仅可推动产业、经济的发展，更能应用于民生，提高人们的生活质量。大兴区近年来，科技创新成果丰硕，科技惠民力度持续加大，加速了区域高质量发展步伐。

在市政管理中，大兴区运用人工智能、信息化等技术建设“市政事件管理协同联动平台”，将停车、交通、垃圾处理、渣土清运、井盖监管等各方面、各渠道反馈上来的事件，汇总至这个平台上，由平台进行统一处理和反馈，大大提高了市政事件处理的效率。

在治理交通道口的拥堵方面，大兴区邀请了辖区内的央企单位中铁第

大兴区交通路口的“安全岛”设计

五勘察设计院集团有限公司（中铁五院）提供技术支持，设计出了一套“安全岛”式的解决方案。即在大兴区较大的交叉路口的拐角处，让右转的车辆走专用车道，这条车道与直行车道间修建专门的隔离设施，形成过马路行人的“安全岛”。这个整体呈三角形的“安全岛”比地面略高出一块，三角处有绿化，以与马路形成更严格的区分。

此种“安全岛”有两个最主要的好处，一方面可让向右转弯的车辆提前从主路分离出来，进入专用转弯车道，减少等候转弯的时间。另一方面，行人要过马路时可提前从人行道跨过转弯车道进入“安全岛”等候变灯。因为“安全岛”的设立，行人横过马路的距离、时间都得以缩短，安全性提高。而直行车辆也能减少右转弯车辆的干扰，通过路口的时间更短，从而使得交叉路口整体的通行更加顺畅。

典型案例1：“零舍”小屋为乡村绿色改造探路

在大兴区魏善庄镇半壁店村，大兴科技部门通过科技项目支持，探索改造乡村旧居，打造“零能耗”的建筑，并将一批先进的智能化节能技术投入“智慧乡村”“美丽乡村”的建设。

所谓“零舍”，简言之即零能耗建筑。半壁店村的“零舍”，更确切说是“近零能耗”。从改造设计开始，“零舍”项目团队就想着将节能朝着极致的方向去做。为了便于调节室内的阳光、温度和通风，设计团队在正屋前面建起了可调节的阳光房，夏天如果感到屋子里闷热，打开多道依次排列的玻璃门，就能够实现很好的通风。“零舍”大门和客厅门之间，还有一座覆盖着彩色屋顶的阳光房，面积20余平方米，暖阳可穿过七彩的透明屋顶到达屋内，使得屋内在白天光线充足。屋顶的盖板是彩色光伏发电薄膜，总面积22.7平方米，不仅具有很好的透光性，还能发电。

尽管“零舍”没有安装暖气和空调，在寒冷的冬天“零舍”依旧可以达到十几摄氏度的温度；夏天尽管外面烈日炎炎，屋子里也不会太热。怎么做到这一点的呢？他们的做法是充分发挥太阳能的作用，通过阳光照射让屋子获得温度。同时，他们对墙体和屋顶也都进行了加厚处理，足足有1米厚。墙内除了有两层“二四墙”，还有两层保温层，“零舍”的房顶、地面也全都覆盖上了至少半米厚的保温层，进行这样的设计利于保温和隔热，夏天可以避免外边暴晒时墙外热浪的涌入，冬天则可以避免室内热气的流失。“零舍”的房顶之上覆盖着的灰黑色的汉瓦，整整覆盖了96.4平方米，它和阳光房顶棚一起发出的电能，能够满足屋子里所有电器设备所需的电能。

不仅如此，安装在建筑外墙上的那一排排像极了艺术品的“铁板”，实际上也是一种柔性的光伏发电材料。靠着光伏发电，现在“零舍”已经形成了一套独特的电力运行系统，并且这套系统可以连接国家电网。观景台上，还有一组长方体的太阳能热水器，即使在冬天，其提供的热水，也能让住在这里的人畅快地洗上热水澡。

实际上在半壁店村，“零舍”只是一个样板，专门用于模式和技术应用展示。还有其他一些节能、智慧型技术在村内应用，先后已完成150平方米太阳能智慧路面的铺设，目前基于技术迭代的80平方米太阳能路面平均每天可以发50~60度电，不仅可以为周边路面照明等公共设施供电，还能为配

“零舍”覆盖着彩色光伏发电薄膜的阳光房

大兴乡村改造中建设的“零舍”小屋

套齐山桥供电，支持村民电动车、摆渡电瓶车等交通工具充电。

研究团队结合半壁店村的示范建设，还提出了乡村物联网技术方案，实现智能厕所、智能路灯、智能垃圾桶、充电桩和光能路面等设施的联网集成管控应用，搭建了智慧乡村数据管理平台，实现乡村智能硬件数据的采集、传输、汇聚、分析和可视化展现，集成开展了智能建筑能耗监测、光能路面发电用电监测及乡村智能厕所、智能垃圾桶、充电桩等的运行监测示范应用。

将先进的节能、智慧技术应用于乡村改造，是大兴区为大都市近郊农村的改造提供的一种新思路，即在顺应生态环保大趋势的背景下，既要改善本地居民的居住和生活条件，还要凭借突出的建筑节能等特点“筑巢引凤”，发展民宿旅游，或者招商引资，带来新的产业形态，为乡村的发展注入全新的活力。

典型案例2：虹膜识别技术提升公租房管理效率

公租房是对住房困难人群的过渡性的解决方案，旨在为不属于低收入人群但住房困难的人员，提供住房帮助。当前我国公租房大规模建设时期已基本结束，公租房保障工作重心由建设为主转变为管理为主。但公租房管理普遍存在转租转借、拖欠费用等管理难题，因此借助科技手段，用“人防＋技防”方式提升公租房科技化管理水平，降低人工管理成本是未来趋势。

与北京市其他地方相比，大兴区的公租房还有体量大、分布广、与普通民居民房混住的特点，这给管理带来更大难题。比如门禁或入户的管理，以往用传统钥匙或门禁卡开锁，存在大量的转租转借、私配钥匙、拖欠房租水电费、人员流动频繁且管理难度大等现象，如果仅靠增加人力进行监管，不仅效率低下，而且管理成本居高不下。面对这些问题，怎么通过引进先进的科技手段来寻求突破呢?

对此，大兴区公租房管理部门、科技管理部门积极行动，经多方调研、反复论证，最终选择与武汉虹识技术有限公司进行合作，将该公司的虹膜识别智能化技术作为示范应用项目投入公租房小区。这家公司是一家掌握虹膜识别核心算法完全自主知识产权的国家高新技术企业，是虹膜识别算法的领军企业，在全球率先推出了虹膜识别算法芯片。除算法和芯片外，公司还拥有从虹膜采集、虹膜比对、虹膜数据库到虹膜高速比对服务器的硬件产品及软件应用平台，并能根据客户实际需求，定制虹膜识别整体应用解决方案。

在目前的保障房管理中，身份识别大多是以某种“物”为介质或手指、虹膜、人脸、声音等生物识别。就公租房入户门应用场景而言，虹膜识别往往更具优势，它是唯一不受光线、眼镜、脸部、头上遮盖物等影响的生物识别模式，被业界认为是仅次于DNA检测的最精准的活体验证识别方式，且8个月成型、终身不变性、防伪性高（几乎不可伪造）及不易受损的特性使其成为金融行业、公安、边防、小区、酒店等最佳的生物识别认证方式。

实践证明，将虹膜识别技术应用于门禁系统的身份识别系统中，将大大提高门禁系统运行的安全性和可靠性，最大程度降低通过身份冒充而进入某种场所进行不法犯罪活动的可能性，极大减少了门禁安全系统中现存及潜在的技术漏洞、隐患和风险。而武汉虹识公司融合了大数据+物联网+生物特征识别的虹膜大规模认证服务私有云平台，可以实现对公租房租户进行有效管理，同时实现对虹膜锁的状态进行查询、监管，比如锁具是否正常运行，是否被强制拆机、暴力破坏，且每部锁具的电量都会有显示，甚至可以自动故障报警。

在大兴区公租房小区做示范应用的产品主要就是公司的虹膜大规模认证服务私有云平台和联网式双目虹膜智能锁。前者主要针对公租房服务站，以方便进行门锁和承租人的管理；后者主要针对住户，入户更方便，安全性更高。

公司在与大兴区的合作中，专门推出了定制化的解决方案，研发出的集管理、监控、预警为一体的智能管控系统，可让非承租家庭成员不得随意进入楼栋单元门。而基于虹膜识别的公租房入户门锁解决方案，主要由信息采集客户端、公租房管理系统、IoT云平台、公安数据中心、虹膜门锁五个部分组成，采用虹膜识别这种非接触式的生物认证方式，用户通过虹膜认证进出房间，实现高安全的入户门控制。

这类虹膜识别技术在大兴区的示范应用，可谓科技创新成果惠及民生的典型。一方面，它使得大兴区公租房的管理水平有了质的提升，节约了大量的人力管理成本，提高了租金收缴率，杜绝了违规转租转借现象。仅在住户管理、物业管理等方面，每年就可能节约人力成本数十万元，低于人工管理成本投入的 30% 以上，而且部署整体安装时间缩减至少 20%，减少了后期维护费用。

同时，这类技术实现了公共租赁住房小区的管理方式由“人防”向“人防”+“技防”转变，实现科技智能化管理和精细化管理。而通过集成物联网技术进行信息化管理，变被动管理为主动管理，又提升了小区居民的社会幸福感。

在公共安全方面，该技术系统还可与公安系统联网，运用大数据技术降低大兴区犯罪率，维护区域稳定。项目可通过与公安系统联网，入住即采集虹膜信息，建立虹膜数据库，利用精准身份识别实现流动人口实时监控，对于降低大兴区社会犯罪率、保障区域安全有着积极的推动作用。对于住户来说，不用带钥匙开门就能进入，更加便捷；有陌生人闯入时，门锁系统可自动发送警报，使得安全性更加有保障，有效提升了承租人的生活品质，进一步促进了社会的和谐稳定。

五、科技战“疫”的实证

2020 年，新型冠状病毒肺炎疫情肆虐全球，给人们的生产生活、生命健康带来了巨大的威胁，同时也给企业的发展创新带来了极大的挑战。为有效应对疫情冲击，国家及北京市、大兴区纷纷推出政策，帮助中小微企业渡过难关，并激励相关科技企业坚持创新，积极参与科技抗“疫”。

2020 年 2 月初，北京市科委、市发展改革委、市经济信息化局等部门发布《关于加强新型冠状病毒肺炎科技攻关促进医药健康创新发展的若干措施》，提出针对新发突发传染病，在疾病流行监测与预警、快速筛查、新药（疫苗）研发等方面，推动北京医疗卫生机构、高校院所、创新企业建立协同创新的快速反应体系。为了落实这一部署安排，引导支持大兴区

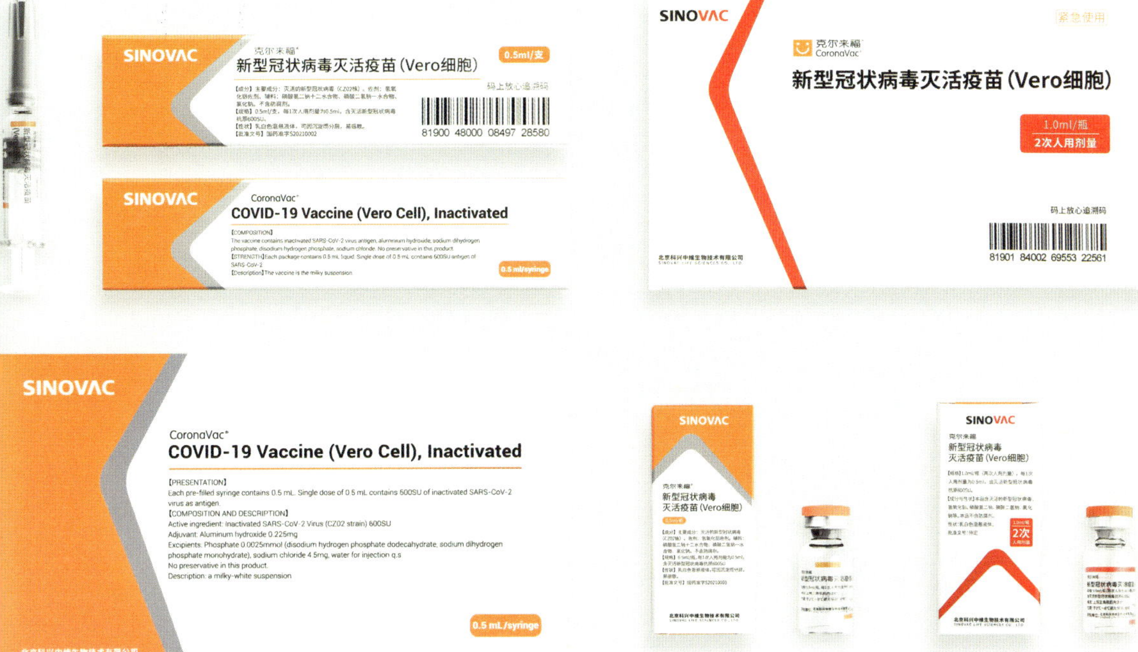

北京科兴中维生物技术有限公司研发的新冠疫苗产品

创新主体积极投入抗击新冠肺炎疫情的科研攻关工作当中，支撑此次疫情防控，大兴区科学技术委员会迅速启动了“新型冠状病毒感染肺炎科技防治”成果转化类项目的征集行动，通过科技专项的形式进行支持。项目支持的重点主要为四个方向，即：近期开展的针对2019-nCoV的快速诊断试剂、相关治疗药物、医疗器械临床研究与应用；运用工业互联网技术支撑治疗药物及医疗器械的无人或远端生产，实时监测新型冠状病毒感染肺炎防治后勤物资物流、仓储远程管理，保障疫情物资的安全畅通；鼓励政府数据和社会数据融合共享、互动互用，利用大数据技术联合开展疫情期间流动人员信息采集筛选、易感人群筛查等智能应用，为疫情分析、防控和预测预警提供支持；鼓励区内企业与区外优秀企业和科研机构合作，利用科技手段开展新型冠状病毒感染肺炎疫情防治工作。

2020 年 4 月初，大兴区支持科技抗“疫”的政策再度加码，发布了《大兴区落实市政府疫情期间促进企业发展若干措施的政策兑现方案》，对于从事防疫产品研发生产的企业给予了较大的扶持力度。比如该方案就提出，对从事新型冠状病毒肺炎快速检测试剂、疫苗、创新医疗器械或特效治疗药物研发的企业和利用大数据、人工智能技术从事新冠肺炎疫情筛选排查、物资调配、恢复生产的研发企业，经评定后给予每家企业最高不超过 100 万元的研发资金支持；对生产新冠肺炎疫情防控工作应急口罩、医用防护服、消杀产品、防疫药品、诊断试剂等产品的企业，经评定后给予一次性 30 万元奖励；对列入国家新冠肺炎疫情防控保障名单的企业，给予一次性 100 万元奖励。

在各类政策措施的激励与支持下，大兴区企业科研人员刻苦攻关，用一项项创新科技成果有力支撑了全社会的防疫抗疫工作，比如北京新兴四

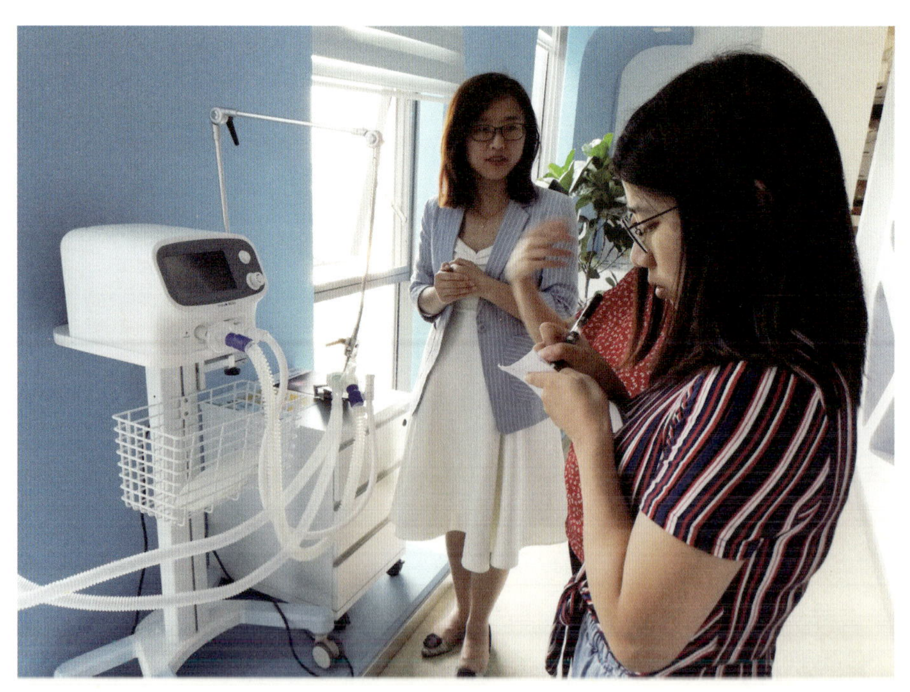

北京雅果科技有限公司负责人向媒体介绍呼吸机产品

寰生物技术有限公司通过内部挖潜、加班加点等形式，快速研发的新型冠状病毒（2019-nCoV）IgM 抗体检测试剂盒通过国家药监局审批，取得第三类医疗器械注册证，成为大兴区首个获批上市的检测试剂盒。北京安智因生物技术有限公司自主研发的新型冠状病毒 2019-nCoV 核酸检测试剂盒（荧光 PCR 法）也获商务部确认，进入了取得国外标准认证或注册的医疗物资生产企业清单（白名单），有了向欧盟出口医疗物资的“特别通行证”。北京以岭药业有限公司研发的连花清瘟颗粒被列入国家工信部疫情防控重点保障物资（医疗应急）清单和《新型冠状病毒感染的肺炎诊疗方案》（试行第四 / 五 / 六 / 七版）推荐用药。北京雅果科技有限公司自主研发的智能仿生排痰系统、气囊测压表、呼吸神经肌肉刺激仪，三款产品均成功入选《中关村抗击疫情新技术新产品新服务清单》和《新冠肺炎疫情防治急需装备目录》。还有北京科兴中维生物技术有限公司集中科研力量，发扬艰苦奋斗、刻苦攻关的精神，研发生产出了“克尔来福”新型冠状病毒灭活疫苗，为我国及全球抗疫做出了重大贡献。

六、崛起的新兴产业

大兴在早期从传统农业县向工业区转型的过程中，一度盛行“村村点火，户户冒烟”式的工业大院，以服装加工、物流、小五金、家具、批发零售等传统产业居多。而在一些工业开发区，则有不少“三高”型的加工制造企业。

21 世纪初，随着大兴生物医药产业基地以及国家新媒体产业基地的建设，生物医药、文化创意、影视制作等新兴产业逐步在大兴崛起。2005 年，《大兴新城规划（2005—2020）》提出，大兴是北京未来面向区域发展的重要节点，是北京重要的物流中心，也是现代制造业和文化创意产业的重点培育地区。

至 2010 年，大兴区和北京经济技术开发区行政资源整合，又提出建设南部现代制造业新区，着力构建“一区、三园、多点”的产业发展新格局，

“一区”就是北京经济技术开发区，“三园”包括生物医药基地产业园、新媒体产业园、新能源汽车产业园。重点发展电子信息、汽车制造、生物医药、装备制造、文化创意等在内的十大产业。在新的产业发展战略以及各种资源要素、产业政策的推动下，仅仅两年后的2012年6月，就已有来自全球30多个国家和地区的4800余家企业入驻新区，包括77家世界500强的109个项目。

这些入驻的企业和项目普遍属于高端化的新兴产业。比如电子信息领域，京东方8.5代线实现全面投产，汽车制造行业，奔驰德国本土之外的首个海外发动机厂落户新区，同时启动北京奔驰汽车零部件配套产业园，首批入园的19个重大项目投资额超过49亿元；光伏应用方面，开发区成为我国首批“太阳能光伏发电集中应用示范区”之一，集聚了北京京运通科技股份有限公司等太阳能光伏产业企业，正在积极推进以太阳能光伏产业为主导之一的南部新能源新材料产业基地建设；更引人瞩目的是以北京云基地为核心的云计算产业链已经成为新区战略性新兴产业首条成形的“金”链条……节能环保、新一代信息技术、生物医药、高端装备制造、新能源等战略性新兴产业，成为新区抢占新一轮经济和科技发展制高点的创新之路。

与此同时，随着城南行动计划的实施，以及地铁大兴线的开通，地铁沿线的仓储物流、技术服务、金融服务、商务服务、信息服务等生产性服务业获得了较大的发展空间，北京设计产业园、药谷一号、金日科技园、仙岛科技园等产业园区相继落户建立，使得大兴的新兴产业进一步丰富。根据统计，2019年生产性服务业实现收入85.95亿元，同比增长28.4%，成为推动服务业发展的重要力量。

党的十八大以后，大兴区的新兴产业获得了进一步提升，并逐步向“高精尖”方向发展，“科技”含金量明显提升。2019年正式发布的《大兴分区规划（国土空间规划）（2017年—2035年）》提出，大兴区要“重点依托中关村大兴园、亦庄园推动全区产业优化升级，逐步将大兴区打造成为高精尖科创企业聚集之区”。在产业定位方面，大兴区则提出要大力发展“1+3”高精尖产业体系，以医药健康产业为核心，培育新能源智能汽车、新一代信息技术和科技服务三大产业，持续优化高精尖产业收入占比。

在推动这些产业定位的落实过程中，大兴区持续推动科技创新，使得科技创新引领支撑经济社会发展能力明显提升，生物医药、文化创意、科技服务等新兴产业发展势头强劲，高精尖产业体系更加清晰。比如，作为大兴区乃至北京市主要的生物医药企业聚集区域，大兴生物医药产业基地被誉为“中国药谷”，2019 年完成总收入 293 亿元，同比增长 52%，相当于每平方公里能创造约 22 亿元收入；当期纳税 17.4 亿元，同比增长 21.7%；基地企业申报专利已超 2000 件，均实现了令人瞩目的“超高速”。根据规划，基地将在 2025 年建设成为集“研、产、商、展、疗”为一体的健康新城，打造成国际知名的千亿级生物医药产业创新集群。

在文化创意产业方面，大兴区在国家新媒体产业基地等园区的示范效应下，又催生了一批高水平的文化产业园区。2020 年度北京市级文化产业园区中，大兴区就有 6 家，分别是大兴区星光影视园获评市级文化产业示范园区、北京大兴新媒体产业基地、北京城乡文化科技园、格雷众创园、北京印刷学院文化创意产业园、华商创意中心获评市级文化产业园区。特别是在国家新媒体产业基地，依靠逐步增强的聚集效应，央广购物、北京文创基金、小笨鸟、味道网等一批知名的文创企业在这里茁壮成长。截至 2018 年，基地已有注册企业 5000 余家，包括独角兽企业两家，上市企业 9 家，高新技术企业 187 家，规模以上企业销售收入近 357 亿元。如今，国家新媒体产业基地已形成以新媒体产业为核心，以影视制作、设计创意、出版印刷、电子商务为重点的一核四重发展体系，也成为大兴新区文化创意产业发展的核心引擎。

第三节
按下科研成果转化“键”

高校、科研院所是国家创新体系的重要组成部分，是科技成果的重要供给侧。自党的十八大以来，国家密集出台了一系列政策，为高校及科研院所的科研人员松绑减负，推动科研创新，同时促进高校及科研院所的科研成果转化。在大兴区，高校、科研院所也随着区域功能定位调整，以及产业技术的创新发展而不断调整着自身的角色，越来越多地将产出的创新人才、科研成果及其他创新资源服务于地方经济社会的发展，形成了各类

北京印刷学院的数字喷墨印刷装备研究所

高效的产、学、研、用创新体系和平台。

大兴区地处京南，辖区主要有北京印刷学院、北京石油化工学院、北京建筑大学、北京电子科技职业学院等北京市属高校，同时也有如中铁第五勘察设计院（后改制为“中铁第五勘察设计院集团有限公司”）、中国食品药品检定研究院、北京矿冶研究总院（后改制为“矿冶科技集团有限公司”）等类型与方向各异的研究院所，集聚了一批以科技、人才等为核心的创新资源，成为大兴区创新发展的重要载体和推动力量。

一、京南大学联盟发起

2016 年 10 月，大兴区三所市属高校北京印刷学院（简称“印刷学院”）、北京石油化工学院（简称“石化学院”）、北京建筑大学（简称“建筑大学”）共同发起成立了京南大学联盟，以“融合、创新、共享”为宗旨，成员将共同探索中国特色现代大学制度建设、现代大学办学理念，加强联盟成员间的学科专业交叉融合，促进学生尤其是研究生在成员学校之间的跨校交流与联合培养，聚焦京津冀协同发展等国家重大战略主题，推动联盟团体（成员）与国际知名大学建立合作交流平台。

三所高校在印刷包装、传媒艺术、石油化工、机械工程、建筑设计、城市规划等领域，在人才、技术等资源方面都有深厚积淀，也是大兴区未来创新发展可供依赖的重要支撑。因此，联盟的中心任务之一就是要着眼于实现首都南部区域教育、科技、文化、人才资源的优势互补，更好地融入北京新机场临空经济区和亦庄“设计瑰谷”的发展过程中，助力首都“高精尖”经济结构和北京全国科技创新中心建设。随后，北京电子科技职业学院、首都师范大学科德学院相继加入联盟，扩大了联盟的基础和影响力。

京南大学联盟的章程中，对于“区域服务”有明确的表述，主要有科学研究、公益服务、设计服务、智库服务、创新创业五个方面。以科学研究为例，要求就是“聚焦京津冀协同发展等国家重大战略主题，围绕急需

京南大学联盟成立大会

解决的理论与实践问题，坚持政产学研用合作，联合开展理论研究和技术开发。依托国家新媒体产业基地、国家国际科研合作基地、北京新机场临空经济区等资源，积极服务辖区企业，加快推动联盟科技成果在区域的转化和应用”。

该联盟成立的一个重要目的就是利用自身人才及科技资源优势服务地方。对此，联盟成员在筹备之时，就已通过与大兴区科委等相关部门联动，对大兴区企业的需求进行了调查梳理，并结合特长优势，整理成册，编入《京南大学联盟服务大兴行动计划》。

这一行动计划包含了123个项目，通过这些项目的实施，可推动学校最新研究成果在大兴区就地转化，也可让学校的学科优势、技术人才、实验设备等直接服务于地方需求。校地双方将对行动计划的项目清单实行动态管理，按照“有进有出，能上能下”的原则，加强绩效管理，成熟一个推一个，注重合作质量和效果，务求取得实效。

二、合作共建京南大学科技园

为了促进辖区高校科技成果在大兴转化落地，2011年，大兴区与北京印刷学院、北京石油化工学院、北京建筑工程学院三所驻区高校签署合作协议，在该区共同建设集科研开发、成果转化及产业化、企业孵化、人才培养等于一体的京南大学科技园，旨在搭建地方政府与高校科技成果转化新平台，使驻区高校的智力、科研优势能够就地转化为生产力，推动北京南部地区高技术制造业和新兴产业的发展。

在签约仪式上，三所高校分别与大兴区驻区企业代表签署了“高阻隔、抗迁移绿色包装薄膜产业化”“单张纸平版印刷机数字化单元产业化”“智能焊接机器人”“生物质增塑剂”“建筑垃圾资源化再利用关键技术落实”和“城市雨水可持续利用综合示范基地”6项入园项目合作协议。随后，三所高校各有行动，分别取得了较为明显的工作进展，其中北京印刷学院承担了大兴区印刷包装产业规划等相关课题的研究工作，至2014年实现成果落地的产业化项目4个，吸引投资4000多万，引驻企业20余家，整合校内外多方资源，建成了印刷包装行业专利文献检索服务平台，成立了全国印刷电子产业技术创新联盟，整合了375套科研设备，引进了国家印刷机械质量监督检测中心、中国油墨研究中心和中国包装科研测试中心北京分中心等科技开发和服务平台。北京石油化工学院以化学实验中心为依托，为大兴区北京生物工程与医药产业基地的公司提供人才培养、研发分析、检测服务等。北京建筑大学则承担了开发区多项雨水控制利用规划项目，提高了水资源循环利用的水平。

三、各高校院所的创新

（一）北京印刷学院

北京印刷学院是原国家新闻出版总署和北京市共建的全日制普通高等

院校，作为国内唯一的印刷、出版、传媒类的高校，“创意设计、艺工融合”是学校突出的发展特色。经过60余年的建设发展，学校建成了涵盖传媒科技、传媒文化、传媒艺术、传媒管理四大学科群，30个特色本科专业的人才培养格局，共计培养出5万余名毕业生。学院有国家绿色印刷包装产业协同创新基地，有国家级的特色学科印刷工程、编辑出版学，其数字艺术与创新设计实验教学中心为国家级实验教学示范中心，还有国家工程实验室——国家数字复合出版系统工程实验室，属于北京市级的重点实验室则有印刷包装材料与技术北京市重点实验室、数字媒体艺术北京市重点实验室、数字化印刷装备北京市重点实验室、跨媒体出版北京市重点实验室、高端印刷装备信号与信息处理北京市重点实验室，北京市级的工程技术研究中心有北京市印刷电子工程技术研究中心。

近年来，北京印刷学院在强化教学与日常科研之外，也积极开展一系列产业化的创新行动：2010年，成立了北京绿色印刷包装产业技术研究院、北京印刷学院大学科技园；2014年，建立国家绿色印刷包装产业协同创新基地，学校与属地政府、20余家科研机构和企业、高等院校分别签署了战略合作协议。

统计显示，截至2018年，北京印刷学院主持国家级及省部级科研项目169项，委办局委托项目284项，横向科研项目457项，科研经费累计超过3亿元，获得授权专利600余件，获省部级科研成果奖励18项。如2011年，学校信息学院陆利坤教授牵头开发了一种标签彩色印刷技术，主要用在啤酒瓶、可乐瓶的标签上，不过最初因为价格偏高等因素，并没有在期望的市场获得过多响应，反而在瓷砖图案标签的喷绘上得到了青睐。经过持续的技术改进，这项技术现在又进一步应用到了布料、门框、家具等的标签图案喷绘上，满足了各类个性化需求。他们还开发出一种用于药物包装盒上的“药监码”，之后在此技术的基础上，进一步开发出了用于香烟包装上的二维码，并研发出了相关的打印设备产品——高速喷码机，速度很快，每分钟可达到140米。由于这些技术应用性较好，市场大，因此在研发过程中，得到了包括北人集团等印刷行业巨头从设备到资金等方面的大力支持，形成了良好的产、学、研合作体系。

北京印刷学院结合了自己的优势与特长，与大兴区形成了长期的合作关系，比如北京市针对小学、中学开展的“高参小”“高参中”教育活动，就有该校传媒艺术等专业的师生倾力参与。创意设计作为北京印刷学院的优势学科，在与大兴区的需求对接中发挥着重要作用，比如每年在大兴区举办的“中国设计节”、各种文化创意设计大赛、世界月季洲季大会等，师生们除了作为志愿者参与会务工作，还能在创意设计方面提供高水平、专业化的服务。

2016 年 12 月，大兴区旅游发展委员会、北京印刷学院设计艺术学院、北京金蜜蜂文化创意股份有限公司三方合作，举办了首届“金蜜蜂”杯文化创意设计大赛，并联合成立了“北京大兴文化旅游创新联盟”，旨在进一步加强社会合作，促进文化旅游创新发展，打造新型“创客”培育平台，加快创意成果的产业化。

同时，北京印刷学院设计艺术学院还与大兴区妇联合作，启动实施了大兴巧娘工作室院区合作项目。该项目包括四个部分，即：建设大兴区巧娘手工研发基地；老师带队进行实地调研，让巧娘足不出户就能学到各种创意设计和市场动向；分批次对巧娘工作室研发骨干进行培训；举办面向北京印刷学院学生的巧娘文化创意产品设计大赛。项目的实施，不仅带动了当地妇女就业，促进了地方经济发展，更培养了学校的创意设计人才，提高了他们未来在行业中的竞争力。

（二）北京石油化工学院

北京石油化工学院创建于 1978 年，由北京化工学院二分院、北京石油化工专科学校发展而来，2000 年由中国石化集团公司划转北京市管理，目前已发展成为一所以工为主，工、理、管、经、文多学科相互渗透，具有鲜明工程实践特色的普通高等学校，累计培养各类毕业生 4 万余人。

学校以能源科技创新和城市安全运行为主线，主动服务北京经济社会发展和能源产业需求，现有北京市高精尖建设学科 1 个、北京市重点建设学科 4 个、北京市重点实验室 5 个、北京高等学校工程研究中心 1 个、北京市哲学社会科学研究基地 1 个，建有首都清洁能源（油气）供应和使用安全保障技术协同创新中心、中关村能源工程智能装备产业技术研究院、北京市安全生产工程技术研究院。

北京石油化工学院作为一所工科院校，仅 2013—2018 年的五年间，就承担了国家自然科学基金、国家社会科学基金、国家科技支撑计划、国家科技重大专项、国家重点研发计划等国家级课题 130 余项，北京市科技计划和北京市自然科学基金等省部级课题 300 余项，企业横向课题 700 余项，发表 SCI/SSCI、EI 检索论文 430 余篇，申请发明专利 500 余项、获得发明专利授权 150 余项，获省部级科技奖 11 项。

这些成果中，不乏在国内外都处于领先水平的创新技术或产品设备。比如举世瞩目的大兴国际机场建设中，机场航站楼钢结构造型新颖、结构复杂，航站楼核心区由 8 个 C 形柱支撑的网状屋盖钢结构组成，总用钢量达 6.2 万多吨。屋盖钢结构投影面积达 18 万平方米，网络构件规格多、数量大，钢结构施工难度非常大。2016 年底，由北京石油化工学院负责、北京市科技计划资助的课题“高空大跨距钢结构移动式焊接机器人研制及应用”，针对大兴国际机场钢结构现场焊接的特点，进行了相关研究。

2017 年 3 月，北京石油化工学院自主研发的焊接机器人被用于大兴国际机场的建设中。刚性直轨道移动式焊接机器人、管道焊接机器人、柔性轨道移动式焊接机器人等 3 款焊接机器人上阵，先后应用于机场 C 型柱箱型梁、网状屋盖圆管杆件和球节点连接、中央连桥箱型梁、到港 / 离港高架桥等处的现场焊接作业，完成了 400 多道焊缝焊接，焊缝长度 1000 多米，焊后检测 100% 合格。2018 年 1 月，焊接机器人顺利结束了它在大兴国际机场焊接工作中的使命，工作成效得到了广泛好评。

北京石油化工学院的另一项科研成果也广受关注，简单说就是将“地沟油”变废为宝。废弃油脂（俗称“地沟油”）属于品质低劣的非食用油脂。由于地沟油原料所处的环境较差，在收集、运输、生产和存储过程中卫生条件也较差，往往产生大量的致病菌，尤其是黄曲霉毒素等 I 类致癌物，而煎炸老油中又往往含有各种多环芳烃。地沟油不仅污染环境，一旦流入餐桌，还会对人类的健康构成严重威胁。针对这一重大课题，北京石油化工学院恩泽实验室从分析餐饮业废油、酸化油等动植物油脂原料性质、反应控制因素着手，发明了离子液体催化剂，对废弃油脂进行酯化降酸工艺处理，从而实现了用废弃油脂原料生产生物柴油，并开发出相关工业设备。

在与大兴地方的合作中，北京石油化工学院通过“彩虹工程”等科技服务平台，已经与大兴区部分政府部门、乡镇和企业开展了一些合作项目，如与大兴区农业委员会合作开展的“饲料和奶样中三聚氰胺分析”研究项目，在实践中取得了良好的社会效益。而与大兴区安定镇合作的桑叶高附加值利用项目、塑料等废旧资源的“绿色化”再利用项目等，也被吸收进来。

这些项目从生物技术、生物医药、新能源技术、生态建设等方面积极为大兴区开展科技服务，都取得了良好的经济效益和社会效益。此外，在2010年，万吨级生物可降解难燃生物质液压油产业化、共建新能源汽车检测实验室、餐饮业回收油高附加值利用与精细生物质制备等项目，也被纳入合作计划。除了科技合作项目，北京石油化工学院还在大兴区的政府决策、社会建设等方面发挥“智囊团”的作用，每年为大兴经济社会发展提出参考建议。

（三）北京建筑大学

北京建筑大学是北京市和住房城乡建设部共建高校，是“北京城市规划、建设、管理的人才培养基地和科技服务基地”“北京应对气候变化研究和人才培养基地”和“国家建筑遗产保护研究和人才培养基地”，北京地区唯一的建筑类高等学校。2016 年 5 月，学校未来城市设计高精尖创新中心获批“北京高等学校高精尖创新中心”。

学校始终强化面向国家和地区重大战略和重大工程需求，形成了建筑遗产保护、城乡规划与建筑设计、城市交通基础设施及地下工程、海绵城市建设、现代城市测绘、固体废弃物资源化技术、绿色建筑与节能技术为代表的若干在全国具有比较优势的特色学科领域、科研方向和创新团队。

学校现有北京未来城市设计高精尖创新中心，以及城市雨水系统与水环境教育部重点实验室、代表性建筑与古建筑数据库教育部工程研究中心、自然资源部城市空间信息重点实验室等 26 个省部级重点科研平台。

据统计，近年来，该校教师荣获省部级以上科技成果奖励 190 余项，其中国家科学技术奖 16 项，2010、2011、2012 连续三年以第一主持单位获得国家科技进步二等奖，2014 年获得国家技术发明二等奖（第一完成人）。特别是近五年，新增各类科技项目 2000 余项，科技服务经费连年超过 2 亿元。学校大力推动科技成果转化与协同创新，建有 40 余家产学研联合培养基地，经过多年积累，在建筑设计、建筑管理、建筑设备等方向形成了“教授工作室”等产学研用工作品牌，并实现了学生就业前、创业前的能力实操与创新检验。

作为一所建筑工程类高校，北京建筑大学也将研发的技术成果应用到了大兴国际机场的建设中。大兴国际机场的航站楼中心区屋盖钢结构单元超长超大，屋盖最大单元长度 504 米、最大跨度 125 米、最大悬挑长度 47 米，代表中国钢结构科技创新水平，屋盖为不规则自由曲面，在直立锁边金属屋面范围内采用桁架或网架结构，在玻璃采光顶范围内钢结构杆件为方钢管截面。中心区屋盖支承结构采用 C 形钢柱结构，C 形钢柱结构共 4 种结构类型 C1、C2、C3、C4，其水平投影为“C”形，均为新型复杂空间钢结构体系。

基于此，承担项目的北京建筑大学张爱林教授课题组全面研究了结构体系和节点构造，从理论、试验、监测方面相互印证，解决结构超高超限难题，满足抗震设计要求，对结构实施监控，确保结构设计经济合理、安全可靠，为世界上最大规模的机场航站楼建设提供技术支撑，成为我国钢结构科技创新的标志性工程。课题组完成了目前世界上单体跨度最大的北京大兴国际机场航站楼超大跨度钢结构模型试验，解决超长超限、C 形钢柱不对称以及纵、横向刚度不对称等关键问题。完成整体钢结构 1/10 缩尺模型抗震性能试验、C 形柱典型复杂相贯节点足尺空间加载性能试验，优化加劲肋设计方案，为北京大兴国际机场钢结构工程建设提供了研究成果支撑。

近年来，学校不断提高科技成果转化和服务社会能力，依靠校办企业、科研平台、行业企业、合作研究机构，通过技术服务、技术开发以及与大兴区相关企业联合研发等多种形式，为大兴区的城乡建设提供了智力支持。学校与大兴区的北京新奥混凝土集团有限公司、北京普析通用仪器有限责任公司、北京数动力通电子产品有限公司、中冶（北京）交通科技发展有限公司等企业开展了 20 余项落地项目。

其中，学校与大兴区的北京交科华帆公路科技有限公司进行了橡胶沥青应力吸收层在高速公路中的应用技术研究；与大兴区的北京首发公路养护工程有限公司对高速公路桥梁全寿命养护管理规划关键技术和桥梁定期检查关键技术进行系统研究和实际应用，典型的工程应用包括大兴区的南大红门桥、狼垡东桥以及昌平区、通州区、丰台区等地桥梁。

此外，针对天然气锅炉 / 炉窑和电厂等排烟温度高、高能耗、高成本、高排放问题，北京建筑大学王随林教授等攻坚克难、自主创新，攻克了低温排烟余热深度利用中，小温差、小阻力、小体积条件下，协同高效热回收与防腐国际性重大难题，发明了多领域、系列化和大型化的防腐高效小阻力低温烟气冷凝热能回收装置 / 装备与烟气余热深度利用工程优化技术，填补了国内外大中型低温烟气冷凝热能回收设备和应用的空白，取得了该领域国际领先水平的重大突破。

在与大兴区当地的合作中，北京建筑大学的北京北建大城市规划设计研究院还负责大兴全区美丽乡村规划的组织和质量控制工作，并参与大兴区 28 个镇级责任规划师的全国遴选。其中大兴礼贤镇佃子村村庄规划项目成果被树立为大兴区样板工程。

（四）中铁第五勘察设计院集团有限公司

公司是大兴辖区内为数不多的“国字号”科研院所改制而来的央企，前身是负责战备抢修任务的铁道兵专业技术机构，主要负责铁道施工技术、铁道抢修技术和装备领域的研究，在线路抢修、桥梁抢修、爆破技术、抢修设备等研究上逐步形成自己的研究特色和专长。

1984 年，该机构随铁道兵集体并入铁道部，改称铁道部工程指挥

中铁五院设计的京雄城际铁路大兴站

部科学技术研究所，逐步实现了由军队科研型向地方经营开发型转变。2000年，国家对开发类科研机构的管理体制分两批实施了改革，当时名为铁道建筑设计研究院的中铁五院，就是第二批进入企业的改制院所之一。2000年10月，中铁五院正式与铁道部脱钩，随中国铁道建筑总公司进入中央企业工委（现国资委），由科研事业单位转为科技型企业，按新的机制和管理体制运行。

2005年，由铁道建筑研究设计院更名为铁道第五勘察设计院，2008年进一步更名为中铁第五勘察设计院集团有限公司，并随母公司中国铁建股份有限公司整体上市，迎来了新的发展契机。也正是这期间，赶上国家铁路建设的大发展，中铁五院紧紧抓住这一机遇，充分发挥智力和技术密集优势，实现科研优势和勘察设计业务、施工应用技术研究与勘察设计业务的高度融合，开始向勘察设计这一工程建设的上游转移，构筑市场竞争制高点，实施主营业务转型。

除了铁路的勘察设计，中铁五院的业务领域还涉及城市轨道交通、机场、道路、港口及其他市政工程等很多方面，主营业务包括勘察设计、工程总承包、工程咨询、工程监理、工程检测、装备制造等，是一个名副其实的综合型勘察设计院。

中铁五院在服务国家建设的同时，也大力参与地方经济社会发展。比如在大兴区，从新机场连接市区的地铁线到城区的高铁站，以及其他各类基础设施，很多地方都有中铁五院的手笔。比如京雄城际铁路大兴站的设计，该站点位于大兴区黄村镇，是新机场与北京中心城区接驳的重要交通节点、大兴新城经济发展的重要门户。站房正立面采用柔和曲线造型，取自北京新机场的正立面剪影，一方面与南侧的新机场相呼应，隐喻“兴于空港，展于新城”之意，另一方面，内凹的曲线形式也代表了大兴的包容与谦和，使得整个建筑造型辨识度较高。根据周边的一体化规划，大兴站与老黄村站、地铁站之间将新建一座 20 米宽的跨既有线的城市通廊作为连接。跨线城市通廊工程完成后，将大大缩短旅客在普速、地铁与高铁之间的换乘距离，进一步方便旅客出行。京雄城际铁路大兴站还贴心预留了诸多服务旅客的细节设计，比如综合票务中心实行验检合一，既可以让旅客进站更加便捷，节省进站时间，同时还可减少旅客在进站大厅处排队拥堵的情况。

中铁五院还参与了地铁大兴机场线的设计与建设。大兴机场线全长 41.36 千米，共设 3 座车站，分别为大兴机场站、大兴新城站、草桥站，全线呈南北走向，期间要穿越众多个特、一、二级风险源——运营中的地铁区间、高速环线、高铁线，城内河道、通信高塔、高压线走廊、污水处理站、电力隧道以及南水北调干渠。其中，南水北调南干渠的底板埋深约 16 米，按环境设施重要性等级划分为“极重要”，设计团队为其设计下穿隧道埋深达到 35 米，这也是全线路最深的下穿区间节点。

要保障安全顺利施工，设计团队想出了很多办法——从明挖法到暗挖法，再到明挖 + 暗挖组合，最后创造性采用了直径 480 毫米、壁厚 22 毫米，间距 550 毫米的北京地区最大强度的支护方案，为打通最难穿越节点省下了近一年的时间，大大缩减了工期。同时，为了保证盾构机在不良地层的连续作业，设计人员按照每隔约一公里设置一组盾构检修井的原则，在中铁五院承担的线路重点设计区域“草桥—大兴新城”区间左右线共设置了 12 座检修井，以及 4 座波纹钢板装配井，高密度的设计在我国地铁施工史上尚属首次，适时保证了盾构机连续作业。2019 年 9 月 26 日，地铁大兴国际机场线按运行图发出当日首班列车，正式投入运营。

第四节 迎接拥抱“双创”时代

2015 年，国务院办公厅印发《关于发展众创空间推进大众创新创业的指导意见》。《意见》提出，为了营造良好的创新创业生态环境，激发亿万群众创造活力，打造经济发展新引擎，未来将加快发展众创空间等新型创业服务平台。

在这方面，当时的大兴区具备很多有利条件，包括：新机场的建设和投用；处于京津冀协同发展的核心地带，雄安新区建设的节点；是全国农村集体经营性建设用地的改革试点区；是北京市全国科技创新中心布局中科技成果的主要转化落地区域等。另外，大兴区正处在“疏解整治促提升”行动的后期，有很多老旧产业空间空出来，新农村建设过程中，也会腾出一些合适的空间，与创新创业结合起来，为各类企业孵化创新平台的发展创造了良好条件，也为大兴创新创业的蓬勃兴起奠定了基础。

一、创业孵化平台：雨后春笋般涌现

2018 年，大兴区出台了《大兴区推进大众创业万众创新的实施办法（试行）》，区财政设立专项发展资金，引导、鼓励和支持创新创业，为各类型企业孵化器的发展提供了强有力的政策支撑和保障。2019 年，经修订后的《大兴区推进大众创业万众创新的实施办法（2019 年修订）》发布，

在 2018 年版“双创”政策的基础上，加大了对“双创”事项的引导、鼓励和支持力度，进一步激发了区域“双创”活力，各类“双创”载体和平台迅速发展。

截至 2018 年，大兴区有区级以上科技企业孵化器、众创空间等创业平台 39 家，入驻企业达 1500 余家，孵化总面积达 28 万平方米。到 2019 年年末，大兴区区级以上科技企业孵化器、众创空间等创业平台增长至 53 家，共有在孵企业和团队 2788 家，孵育出 36 家国家级高新技术企业，同比增长率达 20%。此外，在系列政策的激励之下，一批高端科技人才聚集大兴，开展创新创业活动，截至 2019 年，大兴院士博士后工作站达到 10 家，成为区域“双创”高水平发展的重要平台。截至 2020 年 6 月底，全区还指导建立企业创新簇 10 家。

在这之前，大兴的创新创业生态体系构建其实已有雏形。进入 21 世纪，随着北京市及大兴区功能定位及产业方向的变化，大兴区启动了一系列的疏解整治行动，通过“腾笼换鸟”方式，聚焦高精尖产业。曾经密布的工业大院，林立的家具厂、灯具厂、钉子厂腾退后，在原址上建起新型高精尖产业园区；曾经的一座座老厂房，经过改造升级，成为创业热土。北京奥宇科技企业孵化器有限责任公司、鼎石天元投资（北京）有限公司、北京华商置业有限公司和鸿坤金融谷等都是较早一批在大兴落地生根，并迅速崛起的企业孵化创新平台。其中，格雷众创园是由鼎石天元投资（北京）有限公司利用兄弟单位北京威克多制衣中心资产，联合北京创谷汇融基金管理有限公司建设的众创孵化园。格雷众创园前身是威克多服装创意产业园，这家成立于 1994 年的制衣厂，是一家集高级成衣设计、生产及销售于一体的服装企业，随着疏解非首都功能，促进京津冀协同创新国家战略的推出，以及企业自身不断发展的需求，2014 年，威克多选址河北衡水建立生产基地。2015 年，威克多将原有制衣业务转移到衡水。而搬迁后的空置厂房、库房、宿舍楼、食堂以及基础设施等进行了系统改造，打造成以服装行业为主，集合文化创意产业、电子商务产业、现代服务业等产业的格雷众创园，为早期创业者搭建了一个具有共享办公、人才交流、技术

格雷众创园的办公空间

分享、市场拓展、项目对接功能的平台，入园企业近 100 家。

格雷众创园的商业模式是：建设“众创苗圃 + 孵化器 + 加速器”，建设满足大众创业的创谷咖啡、服装设计和时尚产业的创客中心，培育区域电商发展的孵化器和加速器，以此满足各类创业者的需求。它采用 ER（Element Reorganization）要素重组众创孵化模式。按照这一模式，一个企业的成长过程中所需的各种资源，分为资金、市场、项目技术、项目商业模式和核心团队几类关键要素。格雷众创园负责规划整合创业资源要素，并以股权及其他诸种可用的合作方式和利益分配方式作为纽带，将要素进行整合重组，使之相互间产生作用并产生最大限度的推动力，推进企业快速发展。

格雷众创园的创谷咖啡则采用众筹模式建设，供各类创业人才交流经验、分享创业心得，挖掘潜在资源与合作项目。比起传统咖啡馆，这里更像是创业者的集散地，搭载着年轻人的创业梦想。它提供的服务包括五大方面，比如，建立线上线下分享和交流平台，包括主题沙龙专业讲座、行业交流会投资路演；建立专业服务平台，提供工商注册等行政服务、财税服务、政策申请、法律服务、人力资源服务和社保代理的对接和直接服务；创新金融服务，提供债券融资服务、股权融资服务（创投基金、股权置换、投资人对接）和融资咨询服务；提供市场策划和拓展服务，进行人才支持资源媒体公关、营销策划、市场推广、企业管理和互联网营销推广；打造创业浮岛，每周不定期提供创业培训课程，根据企业需要提供设计资源产品和研发、商业模式。

北京奥宇科技企业孵化器有限责任公司则是大兴区最早的孵化器之一，也是市科委较早认定的北京市高新技术产业孵化基地，2007 年被科技部认定为国家级高新技术创业服务中心。该孵化器脱胎于奥宇集团，当时原企业在大兴区的业务面临转型，在大兴区政府部门的大力支持下，奥宇集团请来陈佳林等孵化器行业的顶尖人才进行规划设计和管理，将企业空置的楼宇改建成了新兴企业的孵化器，并于 2002 年成立了北京奥宇科技企业孵化器有限责任公司，成为大兴区孵化器行业的奠基者之一。经过近 20 年的发展，奥宇孵化器规模不断扩大，负责运营管理的奥宇科技英巢园区以电子信息、文化创意和节能环保为主要孵化方向，园区占地面积约 40 亩，总建筑面积约 9 万平方米，入驻企业共计 230 余家。

奥宇孵化器目前是国家科技部火炬中心认定的“国家级孵化器”和“国家级众创空间”，国家工信部认定的“国家小型微型企业创业创新示范基地”。经过不断地摸索和深化，奥宇孵化器打造了“创业辅导、投融资、科技支持”和“基础孵化”的孵化服务模式，为创业团队、初创企业和高成长企业提供有针对性的孵化服务，形成“众创空间 + 孵化器 + 加速器”科技创业孵化链条。

为了支持孵化器行业的健康有序发展，大兴区还大力推进成立北京市大兴区孵化器联合会。它由政府主管部门指导，区内 30 余家科技企业孵化器、众创空间以及创新创业服务机构等发起，旨在发挥政府和各孵化器之间的纽带作用，通过资源整合、资源共享、信息交流、优势互补、创新服务等方式，推动各类孵化器协调、创新、健康发展，开拓孵化器运营模式，促进各类服务载体专业化、产业化提升，拉动孵化器及科技创新企业的整体发展。

北京奥宇科技企业孵化器早期的规划设计者陈佳林

奥宇大厦被改建成以建筑设计等产业为主的孵化器

该联合会属于非营利性社会团体，不以营利为目的，以树立“大兴孵化”特色品牌为己任，通过搭建平台发挥社会各界力量，建立大兴区创业孵化从业者的“朋友圈”，通过政策落实、机构对接、创新创业比赛、产学研合作等活动，提升区域各创业孵化机构的孵化能力，促进科研成果转化，更好地服务区域企业，从而推动区域高新技术产业的发展，助推区域经济结构转型。

二、打造各类平台，推动区域创新创业发展

随着大兴区创新创业环境的不断改善，与创新创业相关的大赛、培训及展览展示活动也越来越多，有的已形成了较有知名度的品牌。比如2016年以来每年都举办的大兴区创新创业大赛，就为很多创业团队和项目创造了脱颖而出的机会，使他们获得了更多的关注度与合作机会。

2016年举办的大兴区首届创新创业大赛历时5个月，共有75个项目参与，涉及“互联网＋农业”、陶器设计、绿色建筑三大领域，经过初赛、复赛和决赛的激烈角逐，最终30个项目摘得大赛桂冠。大赛上，金满珠江农业有限公司用互联网众筹方式实现食用菌订单式生产，投放众筹的是一款菌干，预计筹款10万元，结果短短几天就筹集到了215万元。而在绿色建筑领域，北京工业大学的学生曲悠扬设计的作品《老宅子的中式新解》大放异彩，受到德国包豪斯设计学院院长等人的好评，被评为大赛的一等奖作品。

2018年，大兴区为创新创业大赛增加了新的环节，将大赛设计为“一赛一展”。“一赛”即“2018·智享大兴——科技创新创业大赛”，着重立足大兴，面向京津冀，以医药健康、节能环保、人工智能和文化创意四大产业为主，按行业分别举行竞赛。“一展”即“2018大兴区科技创新成果展”。大赛组委会对进入决赛的项目，统一安排参加“2018大兴区科技创新成果展”，以进一步扩大优秀项目在业界及社会上的认知度，帮助其落地转化。

2019年的大兴区科技创新创业大赛围绕医药健康、新一代信息技术、人工智能、空港产业四个板块进行，主要目标是激发“双创”活力，打造

2019 年大兴区科技创新创业大赛决赛现场

高端引领；形成资源聚合，培育新兴业态；发展共享经济，以新技术、新业态、新模式助力传统产业，增强核心竞争力，加快科技成果转化。从报名参赛的 102 个项目中，经过初筛、初赛、复赛、决赛，最终 25 个项目脱颖而出，分别获得一等奖、二等奖、优秀奖等。在此次大赛过程中，获奖项目不仅获得了荣誉和宣传，部分获奖项目更是受到了投资机构和孵化器的青睐，在颁奖仪式上，在政府、企业、媒体的见证下，双方进行投资、入驻或合作意向签约。

“樱花之约”也是大兴区近年来重要的品牌性“双创”赛事活动，着力打造大兴区文化创意产业展示交流平台。2016 年，大兴国家新媒体产业基地举办了首届“樱花之约”双创系列活动，主题为“美丽园区 · 构新媒体”，包括了“我型我秀、寻找最美、樱花微影、文化之旅、创意拍、青年委员游园、全国青年创意园授牌”7 项活动，有效提升了大兴区文化创意产业的影响力。2017 年，第二届“樱花之约”双创系列活动与首届北京 CED“互联网 +”创新创业大赛合办，据不完全统计，前后共组织活动

国家新媒体产业基地负责人介绍“樱花之约”双创系列活动

20余次，参与人员近万人。作为此次“双创”系列活动的重要内容之一，北京“互联网+”型创新创业综合示范区暨猪八戒网北京总部园区正式开园，标志着大兴区向建设全国现代服务业领域的标杆乃至全国“双创”示范基地迈出了坚实步伐。

2018年的“樱花之约”双创系列活动以“跨界共享·融合聚变”为主题，围绕“大众创业、万众创新”，在9个月的时间里举办了20余场主题系列活动，包括“明日之星”项目路演、新媒体与新媒体运营专题培训会、尊重创新知识产权宣传日等，深入挖掘和整合资源，促进产业融合发展，进一步推动大兴区的全国文化中心建设工作。

2019年的“樱花之约”双创系列活动包括了产业峰会、成果展示、合作交流、“双创”大赛等多方面内容，举办了新媒体基地动漫大赛、产业基金项目路演、融媒体产业高峰论坛、北京文创大赛大兴赛区活动、超高清产业未来发展论坛、视听产业高峰论坛等50余项活动，产生了巨大的社会影响，对于大兴区“双创”氛围的营造及“双创”环境的改善起到了重要作用。

二、整合各类资源，激发辖区高校“双创”热情

在大兴区，由于得到了来自政府等各方面的支持，高校的“双创”活动也十分活跃。辖区高校北京印刷学院把支持鼓励师生创新创业作为创新人才培养模式和教育教学改革的重要抓手和载体，创新性地提出了“一院三园”的“双创”建设模式，即以学校科研成果转化平台——北京绿色印刷包装产业技术研究院为基础，在原有大学科技园和大学生创新创业园之外，挂牌文化创意产业园。基于北京印刷学院在文化创意方面人才培养的准确定位和鲜明特色，2018 年学校主办了北京文化创意大赛中唯一由高校举办的分赛初赛。

北京建筑大学的“双创”同样精彩，2015 年，学校成立了创新创业教育学院，进一步整合学校优质资源，为学生提供集创业知识教育、创业指导、创业训练、实践教育于一体的全方位、开放式的创业生态服务系统。这个学院下设了就业指导服务中心、创新创业指导中心、工程实践创新中心、创新创业教学研究中心、创新创业孵化中心，推动成熟的创新创业项目在学校科技园区等基地落地运营。

同年，学校又成立了“金点创空间”，将创新创业教育和创新创业实践平台有机结合，从团队组建、设计思考、竞赛活动和成果推广等方面，为有志于创新创业的大学生提供良好的工作空间、网络空间、社交空间和资源共享空间，构建了一片大学生创新创业的乐土。

在学校的大力支持下，该校学生每年都参加一系列的大学生创新创业活动，曾入围中国“互联网 +”大学生创新创业大赛总决赛，并获北京赛区一等奖；连续五年入围“创青春”（全国大学生创业大赛）终审决赛；入围教育部大学生创新创业年会；获得全国青少年科技创新领域“小平科技创新团队”称号。

在各种利好因素的共同促进下，大兴区“双创”服务体系不断完善，“双创”环境持续优化，各类“双创”人才、“双创”企业加速集聚，区域“双创”活力持续增强，“双创”水平迈入新的阶段，成为大兴“新国门”建设的重要支撑。

第六章　融合创新的『蝶变效应』

进入 21 世纪，大兴区与北京经济技术开发区都获得了较快的发展，但又各自存在诸多短板。相对而言，大兴区缺乏强有力的产业龙头引领，技术、资金、人才等资源缺乏，而北京经济技术开发区又在行政、社会管理和发展空间等方面明显不足。

要突出重围，打破瓶颈，两区迎难而上，努力探寻最佳的解决之道。2009 年，北京市启动首期城南行动计划，加大了对包括大兴等在内的南城区域的扶持力度，同时提出将中心城区功能向大兴、亦庄等新城疏解。在这种形势下，大兴区和北京经济技术开发区为避免同质化竞争，更好地整合利用资源，发挥彼此长处，开始进行行政区与功能区“两区融合”的尝试。

大兴区和北京经济技术开发区行政资源整合后，大兴区全力支持开发区做大做强，当好开发区的“工兵营”“后勤部”“护卫舰”，开发区则充分发挥辐射带动大兴区发展的作用。

融合后的大兴新区，产业升级有了更强的引领和支撑，同时进一步推动了其他各区域的产城融合进程，催生了从产业到城乡建设、环境生态等各方面的“蝶变效应”，实现了区域整体的跨越式前行。

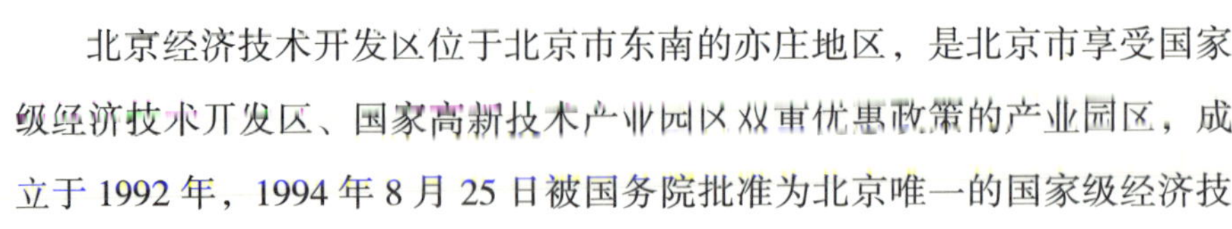

第一节 产城融合的创新脉点

北京经济技术开发区位于北京市东南的亦庄地区，是北京市享受国家级经济技术开发区、国家高新技术产业园区双重优惠政策的产业园区，成立于 1992 年，1994 年 8 月 25 日被国务院批准为北京唯一的国家级经济技术开发区。1999 年 6 月，经国务院批准，北京经济技术开发区范围内的

7 平方公里被确定为中关村科技园区亦庄科技园。2007 年 1 月 5 日，北京市人民政府批复《大兴亦庄新城规划（2005—2020 年）》，明确指出以北京经济技术开发区为核心功能区的大兴亦庄新城是北京东部发展带的重要节点和重点发展的新城之一。

北京经济技术开发区自成立以来，通过持续的发展升级，逐步成为首都北京甚至全国重要的新兴产业、前沿科技高地。但是其发展也面临一些问题，一方面，它没有独立的行政区域管理权，一些社会管理如道路管理、高级人才子女落户、上学等问题需要与属地政府协调。另一方面，空间不足一直影响着其产业发展与项目落地，而且与周边同质化竞争严重。因此，开发区的建设和发展历程，也是不断“扩区”的过程。

2009 年的中共北京市委十届七次全会上，大兴与亦庄整合发展被提上日程。从 2010 年开始，北京市开始正式推动大兴区和北京经济技术开发区行政资源整合，理顺管理体制，打造新的发展空间，建设南部现代制造业新区。在 2010 年 1 月召开的大兴区三届人大五次会议上所做的《政府工作报告》当中，也出现了扩区的表述——“牢牢抓住市委、市政府推动大兴区与北京经济技术开发区行政资源整合、理顺管理体制、打造新的发展空间的重大决策机遇，着力加强与北京经济技术开发区合作，妥善解决历史遗留问题，积极主动做好开发区扩区相关配合工作，形成发展合力，推进亦庄新城周边地区借势发展，惠及广大群众。”

当年 1 月，随着大兴区和北京经济技术开发区两区合并，开发区向大兴区瀛海镇、亦庄镇扩展了 12 平方公里，用于产业发展。同时，北京经济技术开发区的面积拓展以后也达到了 59.6 平方公里。

2010 年 6 月，扩区涉及的大兴区瀛海镇、亦庄镇 18 个村的拆迁工作正式启动。虽然征地拆迁范围只有 12 平方公里，但涉及瀛海镇和亦庄镇 18 个村近 5000 户村民，共 12000 余人，总征地面积超过 21000 亩。涉及范围之广、规模之大在两区历史上尚属首次。

这 12 平方公里的拓展区面积，其中 3.7 平方公里为居民区，8.3 平方公里为产业功能区。如今，这 3.7 平方公里居民区已经建成了北京南城最大的回迁安置房小区——南海家园，促进了亦庄和整个大兴区的职住平衡；8.3 平方公里的产业功能区主要在六环路以南，后续引进了奔驰汽车产业园、中国云计算产业园等重大项目，尤其是 2012 年入驻的奔驰汽车产业园，为南部现代制造业新区的发展奠定了坚实基础。

大兴区与北京经济技术开发区进行行政资源整合，目的是加快推进行政区划改革和重点功能区整合，突破行政区划的制约，使产业功能区与行政区相协调，提高重点产业功能区的承载力。两区行政资源整合后，大兴区能够运用自己的行政资源、社会管理、公共服务等重要的优势，为开发区的发展壮大给予强有力的支撑，同时带动大兴区的城市化进程。而两区强强联手，有利于开发区的政策优势、品牌优势与大兴区资源优势互补，同时推进国家重点高端产业功能区政策放大、空间拓展，加快建设北京南部现代制造业新区，有利于大兴区与开发区充分实现产城融合，促进区域整体的高质量发展。

经过整合后，开发区将成为大兴区产业发展的龙头，围绕着开发区，大兴区着力构建了“一区、三园、多点”的产业发展新格局，重点发展电子信息、汽车制造、生物医药、装备制造、文化创意等在内的十大产业。后来，这一设想随着新机场选址大兴等因素变化进一步扩展为“一区六园”，即以北京经济技术开发区为龙头，重点建设生物医药、新媒体、生产性服务业、新能源汽车、军民结合和新空港六大特色专业园。

在整合过程中，“两区”坚持思想、感情、发展“三个融合”；坚持有利于转变经济发展方式、加快现代制造业和战略性新兴产业聚集发展，有利于做大做强开发区，有利于促进区域经济社会协调发展，有利于推进城乡一体化进程；推进规划编制、对外招商、劳动就业、数据统计、社会管理、城市管理、公共服务、信息资源“八个对接”。

两区合并后统称为“大兴新区”（简称“新区”）。在规划编制方面，按照空间、人口、产业、土地、生态“五规合一”要求，编制新区“十二五”发展规划和各专项规划。产业促进部门建立了招商网络平台和协调沟通联动机制，整合招商信息，初步形成了以“北京亦庄”为品牌的统一对外招商体系。

北京经济技术开发区与大兴区的整合，既考虑到开发区长期以来与大兴区的历史关系，同时也为两区发展各自提供了崭新的空间。可以说，开发区有了发展的土地，有了后勤保障，大兴区有了干劲，有了政策。这是两全其美的好事，从当时的阶段和城市发展需要的标准来说，更是符合两区发展现状的决策。通过深度的融合，大兴区和北京经济技术开发区真正形成一个整体，融合后形成更为强劲和持久的发展活力，实现了新区的超常规、高水平、跨越式发展。

第二节 从“制造业新区”到“三区一门户”

从 2010 年大兴区和北京经济技术开发区开始行政资源整合起，大兴新区就被赋予了“南部现代制造业新区”“南部高技术制造业与战略性新兴产业聚集区”等定位。

按照这些定位，新区提出发展“十大高端产业”，加快“一区六园”建设，打造“四三三”产业格局，着力培育一批在全市乃至全国都具有影响力的产业集群和龙头企业。在生物医药产业方面，重点建设大兴生物医药基地。2010 年大兴区和北京经济技术开发区合并成立大兴新区以后，大兴生物医药产业基地建设提速，招商工作取得重大突破，华润集团、神威药业、康美药业等一大批知名企业相继签约入驻。除了吸引企业入驻园区，两家大型医药企业华润集团和同仁堂还在基地内建立了各自的专业园，这种模式被称为有专业特色的“园中园”模式。

经过多年的发展，基地引进集聚了高端产业要素资源，以重大平台建设作为支撑，打造了一批特色“园中园”，承接转化了一批重大创新成果，重点发展高附加值领域和高附加值环节，形成了“高端特色制造为主体、新兴研发和健康服务为两翼”的“一主两翼”产业发展格局。而园区生物医药产业链也由单一的制造环节向上下游纵向拓展延伸，产业结构也从产品的加工生产向新兴研发、高端制造、健康服务的大健康产业体系转型升级。

文化创意产业方面，以国家新媒体产业基地为依托，其北区打造以新媒体、影视制作为主要内容的产业园区，建成集产业、专业服务、配套服务于一体的高端新媒体园区；核心区位于大兴区中部的魏善庄镇，总规划面积约 304 公顷，打造以文化创意产业、现代服务业、现代制造业等为主要内容的数字化高科技产业港；北普陀影视城占地 400 余亩，园区升级后，将影视城开发建设成为一个集皇家文化、商务会展、民俗旅游、影视体验、高端酒店等功能于一体的大型休闲娱乐基地；时尚体育公园面向北京及国内外青少年和极限运动人才，依托完善的配套资源，打造以旅游、体育休闲、娱乐休闲为一体的主题公园。

2011 年，《北京市大兴区国民经济和社会发展第十二个五年规划纲要》发布。此规划具有两个特殊背景，第一个是新起点，即大兴区和北京经济技术开发区行政资源整合，高水平建设南部高技术制造业和战略性新兴产业聚集区；第二个是新机遇，即城南行动计划实施、地铁大兴线和亦庄线通车、首都新机场规划建设等。

该规划提出，大兴新区是北京市“十二五”时期重点关注和发展的地区之一，是以高技术制造业、战略性新兴产业和高端服务业集聚发展为特征的产业区域，是未来承载国家重大项目、承担首都重要功能、承接中心城区人口和功能转移、辐射并带动京津冀区域发展、具有国际影响力的战略增长极。

其总体定位则为：“战略产业新区、区域发展支点、创新驱动前沿、低碳绿色家园。”其中，战略产业新区是指从北京市赋予新区的产业功能出发，强化北京经济技术开发区的产业发展主体平台地位，提高辐射带动能力，努力发展成为高技术制造业和战略性新兴产业聚集区。区域发展支点是指从国家推进京津冀区域统筹发展出发，发挥新区“承上启下、连接两端”的区位优势，使新区成为区域发展的重要枢纽和支撑。创新驱动前沿是指从转变发展方式、转换发展动力、突破发展瓶颈、化解突出矛盾的需要出发，按照“机制新、活力大、效率高”的要求，先行先试，锐意创新，探索与促进自主创新、科技成果转化及产业化、战略性新兴产业培育、城乡一体化发展相适应的体制机制。低碳绿色家园是指从绿色经济、可持续发展理念出发，引导建立和完善绿色生产体系、绿色消费体系和绿色环境体系，以点带面，覆盖全区，建设宜居宜业的绿色家园。

对于“高技术制造业和战略性新兴产业聚集区”，实际上可分为三部分进行解读，一是东部高端制造业区，在规划中的京台高速公路以东，含经济技术开发区、亦庄、旧宫、瀛海、采育等，重点依托北京经济技术开发区，依托现有的采育汽车零部件基地，重点发展电子信息、汽车制造、装备制造以及新材料产业；二是北部都市区，以大兴新城为核心，104 国道以西，房通路以北，重点发展生物医药、现代服务业、文化创意产业以及都市工业；三是房通路以南作为南部经济区，重点发展高端制造业、体育休闲以及会展业、都市型现代农业，依托永定河绿色经济带这块生态走廊。

到了“十三五”时期，大兴区与北京经济技术开发区的发展出现新的变化，在 2016 年发布的《北京市大兴区和北京经济技术开发区国民经济和社会发展第十三个五年规划纲要》中，提出了“五区”的概念和定位。五区，即科技创新中心区、高端产业引领区、区域协同前沿区、国际交往门户区以及深化改革先行区。

科技创新中心区。从北京建设全国科技创新中心要求出发，按照全市“一北一南”的科技创新布局，围绕产业链布局创新链，打造创新要素汇聚、创新服务完备、创新能力突出、创新氛围浓厚、创新成果不断涌现的科技创新中心区。

高端产业引领区。从北京构建“高精尖”经济结构出发，突出高端化、服务化、集聚化、融合化、低碳化，聚焦高端产业、核心领域和关键环节，抢占产业发展制高点，积极参与国际竞争与合作，带动首都实体经济整体提升，打造高端产业引领区。

区域协同前沿区。从落实京津冀协同发展战略出发，发挥区位优势、产业优势和创新优势，在更高层面、更大尺度上谋划新区发展，率先在产业、生态、交通等领域协同发展中取得突破，打造区域协同前沿区。

国际交往门户区。从服务首都国际交往功能出发，依托北京大兴国际机场，大力发展临空经济，促进国际组织、国际活动聚集，提升对外交往层次，打造服务水平先进、文化魅力彰显、生态环境优美的国际交往门户区。

深化改革先行区。从落实全面深化改革要求出发，全力实施农村集体经营性建设用地入市试点，深入推进行政区与功能区一体化发展，推动经济社会全方位改革创新，打造深化改革先行区。

这“五区”的定位有多重因素。

第一，随着北京大兴国际机场建成通航，临空经济区全面建设，新区区位优势更加凸显，社会关注度显著提高，需要提升国际化发展水平，为经济平稳较快发展提供强劲动力。

第二，全市确立“一北一南”科技创新中心的空间布局，有利于大兴聚集更多科技、人才、金融要素，为新区增强创新驱动发展能力创造有利条件。

第三，京津冀协同发展战略全面实施，北京开始推动中心城区功能疏解，为新区承接优质资源提供了宝贵机遇，也为深化产业协作和调整产业结构提供了广阔腹地，为改善生态环境和优化交通条件提供了重要契机。

第四，新区“三产”发展各有特色，产业融合发展步伐加快，催生了诸多创新性强、潜力大的新兴业态，为新区产业转型升级增添了重要动力。

第五，农村集体经营性建设用地入市、两区一体发展等重点改革深入推进，将有效解决空间资源、一体发展体制机制等问题，为新区发展注入新的活力。

第三节
创建全国文明城区

全国文明城市（区）是体现一个城市核心竞争力和综合软实力的重要标志。2003 年 9 月，中央文明委正式公布“全国文明城市”评选标准，决定于 2005 年 9 月开展首届“全国文明城市”评选表彰活动。2004 年 9 月 14 日，中央文明委颁发《全国文明城市测评体系（试行）》，为全国各相关城市创建全国文明城市提供指导。

2014 年，大兴区获得“首都文明示范区”称号。该荣誉的获得，是对大兴区这些年来不断推动优化环境、秩序井然、和谐宜居城乡建设，不断改善居民的生活环境，提高居民的生活质量和幸福指数成果的认可。但大兴区还有更高的追求和梦想，也就是创建全国文明城区。

2018 年，大兴区委、区政府综合研判大兴国际机场开工建设情况及未来大兴区在京津冀一体化区域发展中的功能定位，同时结合北京市文明城区创建态势，决定开展全国文明城区创建工作，这也成为大兴“新国门”建设中的重要内容。

按照全国创城工作要求，结合自身实际，大兴区明确提出了“三年打基础，六年全争创”的工作目标，围绕加强理想信念教育、社会主义核心价值观建设、文明道德风尚培育“三个加强”，推进全面从严治党；从推进安全隐患歼灭战、疏整促攻坚战、蓝天碧水保卫战和净土治理阵地战这“四项攻坚”入手，补齐创建发展短板；同时，实施涉及市民素质提升、城市综合治理、交通秩序优化等“十大工程”，打造大兴“文明印象”。根据计划，大兴区第一个三年将着重于打牢基础（2018—2020 年），

大兴区高米店街道保利茉莉社区组织的垃圾分类科普活动

力争2020年获得全国文明城区提名资格；第二个三年全力争创（2020—2023年），力争2023年进入全国文明城区行列。具体而言：

一是要建设廉洁高效的政务环境。坚持以习近平新时代中国特色社会主义思想为指导，增强“四个意识”，坚定“四个自信”，强化党风廉政建设，推进全面从严治党；政务公开、透明、规范，依法管权用权；深化“放管服”改革，不断优化营商环境；进一步提高人民群众对党政机关行政效能、反腐倡廉的满意度。

二是要建设公平正义的法治环境。法制宣传教育进一步普及；公民合法权益得到有效保障；社区民主建设与管理得到加强，基层民主进一步夯实。

三是建设诚信守法的市场环境。社会诚信体系不断完善，市场监管坚强有力，经济秩序有序，行业服务规范高效，行业风气满意度不断提高。

四是建设健康向上的人文环境。公民道德建设深入开展，文化体制机制不断创新，文体设施更加完善，文体活动蓬勃开展，市民文化素质显著提高，良好的社会道德风尚蔚然成风。

五是建设有利于青少年健康成长的社会文化环境。以培育和践行社会主义核心价值观为根本，推进主题示范校园创建，健全完善学校、家庭、社会“三结合”教育体系，强化网吧管理，不断优化网络环境，使校园周边环境得到有效整治，营造促进未成年人健康成长的良好社会文化环境。

六是建设和谐宜居的生活环境。经济保持快速发展态势，市民生活水平不断提高，公共设施日益完善，交通出行方便快捷，社会保障和医疗卫生服务体系不断健全，公共场所秩序良好，市民对生活环境的满意度不断提高。

七是建设安全稳定的社会环境。社会治安防控体系不断完善，社会综合治理成效明显，治安防控能力不断增强，公共安全得到有效保障，各项应急机制完善，群众安全感进一步提高。

八是建设有利于可持续发展的生态环境。绿色发展全面推进，环境管理不断加强，环境质量显著提升，土地利用秩序良好，公众对城市环保的满意度进一步提升。

同时，创建任务还包括培育社会主义核心价值观与文明道德风尚、建立健全长效常态的创建工作机制。根据这一创建目标，大兴区在全区开展诸如环境整治、城市美化、志愿服务等各类创建文明城区活动，营造了良好的“创城”氛围。

在全国文明城区创建过程中，大兴区着力加大城乡基础设施建设力度，推进绿化、亮化、美化建设，以国际化的标准打造“魅力大兴”，营造整体美、区域美、特色美。

对于下一步的创建工作，大兴区也提出了明确的思路，将秉持“机场盛景、河流观景、道路掠影、社区留影、景区美景、小巷清净”等理念，不断完善河道治理，推进街道、背街小巷改造提升和老旧社区改造，系统实施城区小公园、小广场等系统基础工程的建设，营造出更加让人舒心的工作和居住环境。

作为首都对外国际交往的新门户，大兴区也将聚焦小切口，关注大民生，通过绣花般的细心、耐心、巧心，提高城市精细化管理水平，匠心独运、精准施“针”，实现“针走民心”向细微处延伸，“绣”出老百姓看得见、摸得着的幸福。

在民生服务方面，大兴区将继续加强城市教育、医疗卫生、文化、应急、养老、救助、社区服务场所建设，从细节上体现品质。加快完善公共文化服务体系，推进文化信息资源共享工程、公共电子阅览室、数字图书馆和数字博物馆工程建设。大力推进无障碍设施建设与保护，补齐公共服务功能短板。

围绕全国文化中心建设，大兴区还积极推动西山永定河文化带建设、文化创意产业发展、公共文化建设、文化内涵挖掘工作，启动《大兴区推进全国文化中心建设中长期规划（2018—2035年）》《大兴区西山永定河文化带建设保护规划》等规划编制，与中国人民大学清史研究所等单位合作成立北京南海子文化研究院，进一步推进大兴历史文脉的梳理、挖掘与提升。

随着北京大兴国际机场建成并投入运营，大兴开始以全新的姿态前行，大兴区的文明城区建设进入一个新的阶段。根据计划，未来几年，大兴区将举全区之力、聚各方之智，全面推进全国文明城区创建工作，并围绕全力保通航重点任务，开展基础设施提升行动，打造“首邑之区、腾飞之域”新大兴、新国门、新形象，力争2023年进入全国文明城区行列。

第四节 打造城乡与社会治理的“升级版”

进入新世纪以后，随着北京市的快速发展，人口规模的急剧扩大，中心城区面临着越来越大的人口和交通压力。因此，疏散中心城区人口和产

业，发展卫星城就成为自然而然的策略。也正是在这样的背景下，大兴区这些年来出现了人口和产业加速聚集的态势。

这种发展趋势一方面给大兴区的社会经济发展带来了前所未有的机遇，在另外一方面则给城市管理带来了新的挑战，大兴区的城市管理必须要跟上经济社会的发展。同时，大兴区除了有北京的城乡接合部村镇，还有其他面积广大的乡村，无论是经济发展还是环境、社会治理，也都普遍面临各种问题。因此，大兴区需要对城乡社会发展与治理进行统筹解决，加快城乡一体化步伐，打造大兴城乡与社会治理的“升级版”。

一、理顺城市管理体制

为了适应大兴区城市管理的需要，2017 年 12 月 15 日，大兴区城市管理委员会、区城乡环境建设管理办公室正式成立，进一步完善了综合管理与专业管理相结合、多部门共同履行城市管理职责的格局，这有助于“理顺城市管理体制、推进城管执法重心下移”，是深化城市管理体制改革、提升城市品质、推动区域发展的迫切需要，也是落实大兴城市功能定位、促进城市科学发展的必然选择。

根据区域城市管理需要，大兴区采取了一系列的改革举措，特别是赋予了镇、街一级执法权：一是对执法队管理体制进行了调整，镇、街城管执法队由城管执法局统一管理调整为以镇、街为主的双重管理体制，并将现有执法人员同步下沉，工勤人员、社会化人员、协管员也一并下沉；二是对条块关系、机构定位进行了明确，区城管执法局负责镇、街执法队的业务指导、专业培训和执法监督，保留跨区域调动指挥权，各镇、街则负责执法队的日常管理，统筹辖区内城管执法工作；三是对关联事项和配套政策进行了明确，建立完善的联合执法机制，对协管队伍进行了规范。

大兴区在城市管理中，还立足于解决实际问题。一是重点解决大兴区城市管理部门之间的协调配合问题，加强了对城市综合管理的统筹，将“区城乡环境建设委”调整为“区城乡环境建设管理委”。二是重点解决权限分散、多头管理等问题，在市政市容委的基础上组建城管委，作为负责全区城市管理工作的部门。同时，赋予区城管委统筹管理的功能。

为统一管理主体和工作标准，大兴区城市管理实行“三条线管理”，将分散在黄村、西红门、新媒体基地、生物医药基地等片区的、大兴新城规划范围内的市政基础设施建养、环卫清扫、园林绿化作业三方面职责，分别交由城管委、环卫、市政园林三个部门集中承担，突出专业性、一致性、规范性。新组建的区城管委，将在能源管理、地下综合管廊管理、园林绿化等方面与多个部门协调分工、合作开展工作，突出了城市管理工作的综合性、整体性和协调性。

二、探索新型基层社区管理模式

在城市管理方面，大兴区除了在区级层面进行了工作机制的创新探索，还不断推进一些基层社区管理模式的创新。比如，针对很多老旧小区的物业管理难题，大兴区就创新性地设立了“拉家常”议事会工作机制，并在16个社区进行试点。该机制按照“议事在基层、治理在基层、解难在基层”的原则，融合老社区、老居民、老邻居的生活习惯，为居民提供遛个弯儿、聚个齐儿、侃个山儿就能解决物业管理、社区治理的议事平台。这是一种可以随时随地进行的微议事方式，通过走进居民家中、小区楼门中、协商现场中促进小问题快速解决、大问题及时公示。这种机制中，还包括了社区党委、物业交叉坐班制度，社区党支部委员轮流到物业公司监督服务，物业经理到社区担任席位制副书记，打通治理执行层面壁垒，解决了居民有事两头跑、物业与社区互相推责的问题。

在这样的机制下，很多基层社区难题得到快速解决。如枣园社区的居民、物业、社区三方围坐召开“拉家常”议事会，居民代表提出小区管理设施老旧、楼道墙壁黑、小广告泛滥、15号和16号楼用电超负荷，小区内狗粪未打扫等问题。通过“拉家常”议事会，上述问题都得到了妥善解决：小区门禁通过“街道补助＋居民自筹”的方式得以安装；物业公司派人对楼道小广告进行了清理，重新粉刷了墙面；15 号和 16 号楼用电超负荷问题由物业、居民、商铺三方共同筹资进行用电增容；物业工作人员对便道、草丛中的狗粪进行了清理，在居民微信群晒出工作成果并发出文明养犬号召。

这种议事机制在社区改造中也发挥了重要作用。比如观音寺北里，本身是一个没有物业管理的老旧小区，社区通过“拉家常”议事会，将楼门改造的议事会搬到了大杨树下，变会上说为实地看、现场议，不到一小时，就通过了每户自筹 3000 多元改造款的方案，个别不支持的居民由社区党支部一对一拉家常，整个项目从开始到落地只用了一个月时间。

大兴区基层社区管理中提出的“拉家常”议事会机制以党建为引领，让居民参与社区共建共治，充分发挥社区居民自治作用，形成社会治理合力，让更多居民从冷眼旁观变为积极主动，从置身事外变为热心参与；丰富了居民自治载体，创新了社区活动方式，打造了人人有责、人人尽责、人人享有的社区治理共同体；进一步细化了社区治理单元，将自治单元从社区向小区、院落、楼门延伸，引导居民自我服务、自我管理，促进精细化治理；使社区治理更加有的放矢，切实把问题解在邻里、解在平时、解在楼门、解在身边，为解决社区“老大难”问题提供了新思路。这种机制推行后，试点小区物业管理难题得到有效化解，一些矛盾化解在了萌芽状态，12345 平台投诉率明显降低，有居民还通过 12345 热线给街道和社区居委会发送来感谢信。在总结试点的基础上，大兴区形成了《关于建立“拉家常”议事会工作机制的意见》，并由大兴区社会建设工作领导小组审议通过，进一步在全区推广。

在针对基层社区的治理方面，大兴区还有一些创新思路。比如推行的“党建引领众选众议众筹”的物业管理新模式——党建物业联合体，简单地说就是通过社区党组织的统筹整合，把社区、居民、产权单位与物业管理有关的各方统领起来，共同参与小区治理。这一模式主要在黄村西里社区进行了试点。该社区建于 20 世纪 80 年代，有居民楼 16 栋，分别隶属 6 家产权单位，居民 1038 户 3000 余人。其中产权单位最多的 579 户，最少的

42户。因产权单位较多，且公司分散且远，还有占比55.78%的政府直管公房，物业管理失能严重，造成社区物业服务以街道托底维护为主。产权单位、社区居民的物业责任意识淡薄，使社区物业管理一直处在权责不清的状态，继而引发出乱堆乱放、私搭乱建、环境维护等一系列问题。通过近一年的实践，街道、社区、物业、产权单位、居民最终确定了“一核两翼多节点，探索构建党建引领社区治理大格局”的思路。“一核”即坚持党组织核心，“两翼”即党建物业联合体和党建协调委员会，“多节点”即群众诉求、社区环境、居民素质、社区秩序、治安防范、社区服务等多项服务管理工作，探索出物业管理的新模式。

社区成立党建物业联合体后，立即讨论协商制定了《黄村西里社区党建物业联合体议事规则》，其中，社区党组织牵头，6家产权单位、街道分管部门都是成员单位。党建物业联合体下设工作组，各成员明确职责，负责联络协调各项事宜。另外，社区党委还请来专业的物业公司进行指导，

大兴区基层社区的周末大扫除活动

为联合体制定了相应的章程，定岗定人，明确了物业、产权单位主要职能及居民缴费等义务，包括当前时期在政府主管部门指导下，学习宣传落实《北京市物业管理条例》、垃圾分类等政策法规，了解和掌握小区的基本情况，协助解决小区疫情期间以及今后管理中出现的各类问题等。

为推动小区事务共商、服务共抓、矛盾共解，黄村西里社区还建立了党建协调会机制，围绕居民需求，在培训、政策支撑等方面发挥主要作用，并通过制订计划、完成任务的形式，明确了这个机制的服务职责，确立服务任务，整合资源，引领驻区单位发挥优势参与社区治理。

从党建物业联合体，到党建协调会机制，社区居民都在全程监督和参与，这让大家有了沟通和提意见建议的平台。对于物业公司来说，协调会让以前的“无事不见面，见面无好事”，变成现在的“事先多沟通，遇事多协商，难事共解决”，大幅提高了协商解决问题的效率。这种党建引领之下的物业管理新模式，围绕服务居民群众，充分整合资源，优化服务力量，不但有效改善物业服务质量，增强社区居民的归属感、幸福感，而且营造了党组织联系服务群众的浓厚氛围，实现了党领导下的政府治理、社会调解与居民自治良性互动，形成了共建、共治、共享、共赢的区域大党建新格局。

三、推动智慧城市建设

近几年，智慧城市的概念受到全国很多地方的青睐。智慧城市是在新一代信息技术快速发展的背景下，充分运用云计算、物联网、移动互联网等技术手段，实现信息的全面感知、互联、计算和融合应用，从而满足公众服务、社会管理、产业运作等各种行为活动的需求，构建出全新的信息化城市形态。这是以人脑智慧、计算机网络和物理设备为物理要素，以智能政府、智能经济、智能社会为基本内容的一种城市结构，是一种完全现代化的城市管理和发展模式。

建设智慧城市的目的是把城市的各种资源有序地集约起来，提高城市的管理水准、运营效率。近年来，大兴区致力于智慧城市的探索与建设，在“十二五”期间，大兴区的智慧城市建设就已经取得了很大的进展。譬如，建成大兴区政务办公云平台、移动政务办公管理系统、行政电子监察平台，有效推动了政务办公的便捷化，提高了政务服务效率。到 2018 年，大兴区已经实现了数据资源汇聚和大数据应用水平的提升，初步形成了对民生服务、城市治理、经济发展的信息支撑能力。

2018 年，大兴区发布《大兴区新型智慧城市总体规划》。该规划提出，到 2020 年，实现全程全时便捷多元的公共服务体验之城，建立平战结合精细共治的城市治理之城，打造绿色低碳环保的高品质宜居之城，形成智慧引领的高端制造与产业服务之城，绿色集约安全智能的感知之城。具体而言有以下五方面：

其一，要打造全程全时便捷多元的公共服务体验之城，依托已建成的区、镇（街）、村（社区）三级政务服务中心和服务站，深化行政审批制度改革和事项梳理优化，打造“一号、一窗、一网”服务新模式；全面推广“北京通”，提供政府门户网站、手机端、自助机等多渠道的信息公开和政务服务渠道；整合生活缴费、出行、医疗、教育等公共服务，提供“一门式”的市民服务；提升医疗卫计信息化共享水平，到 2020 年实现居民电子健康档案规范化建档率超过 80%，区卫生计生综合信息平台与系统内机构互联互通率大于 90%；推进多元化社区服务体系建设，实现智慧社区建成率 80% 以上。

其二，要打造平战结合精细共治的城市治理之城。结合感知设备自动监测、网格员采集和市民主动参与治理等方式，打造城市多维监测和综合治理平台，逐步实现对城市运行态势的全面感知、自动预测预警、协同高效处置，使问题及隐患“第一时间发现、最短时间响应、最快时间处置、第一时间反馈”，使得“平”时能够满足各部门的日常事件管理工作的需要，“战”时能够满足应急值守、应急评估、应急决策和应急指挥等工作的需要，以做到应急事件的事前、事中和事后的全流程管理，形成平战结合的治理新模式。到 2019 年底，形成事件“接入—分析—分拨—处置—评价—归集”全流程闭环，切实提高社会综合治理能力。

其三，打造绿色低碳环保的高品质宜居之城。促进“智慧 + 绿色”提升，加快建设绿色生态城市。到 2020 年，空气质量、水环境、噪声等在线监控实现全区 80% 覆盖，水污染、大气污染、噪声污染发现能力显著增强。

其四，打造智慧引领的高端制造与产业服务之城。到 2020 年，将智慧农业、智慧制造、智慧跨境商务、智慧国际会展、智慧园区打造成全区产业发展的新名片。区内企业利用政府开放数据的创新应用和创新服务不断涌现，实现全区产业向优质、高端、个性化方向发展。

其五，打造绿色集约安全智能的感知之城。构建大数据储存、共享、利用、开放平台和安全信任机制，增强全区大数据中心安全韧性，建立统一共性支撑平台，各职能部门网站、相关业务系统等按需纳入全区统一平台进行管理运维。到 2018 年底，实现数据资源汇聚和大数据应用水平的提升，初步形成对民生服务、城市治理、经济发展的信息支撑能力。政务网络、社区和商务楼宇网络宽带接入能力达到万兆级；到 2020 年，全区光纤入户率达到 100%，城乡家庭用户网络宽带接入能力达到千兆级，所有重点公共区域、重点场所实现高速 wifi 全覆盖。

大兴区的新型智慧城市建设将按照“打牢共用、整合通用、开放应用”的思路开展。结合大兴区信息化建设现状，构建起符合大兴区建设特色的“1 云 +2 平台 +N 应用”的新型智慧城市总体框架。1 云即大兴区智慧云，实现数据的采集、传输、计算存储、分析和应用服务，主要包括传感、网络、计算存储资源、数据资源和共性应用支撑云服务；2 平台分别指面向公众服务的公共服务平台和面向政府管理的城市运行管理平台；N 应用则涵盖智慧医疗、智慧教育、智慧交通等行业领域。

根据这个新型智慧城市框架设计，大兴区通过政府购买服务的方式实现了政务云的统一管理、集中采购付费，全面保障了政务、综治、公安等业务系统的平稳运行。同时，大兴区已初步完成大数据、时空信息、物联网等基础平台建设，具备为全区各单位提供数据采集、汇聚共享、治理等数据全流程处理服务的能力，且能够提供统一的二维和三维地图服务，实现了基础工具和能力的集约统一建设，为智慧城市建设打牢基础。

在此基础上，融合党群平台、养老平台、劳动者港湾、扶贫爱心和阳光村务等多个特色平台应用的“北京大兴”App已于2019年9月上线运行，实现了上千项区级事项的在线办理和查询，同时对接各项镇街政务事项，上线了大兴公共自行车、健康大兴、大兴就业、充电桩、停车场、空中课堂等热门公共服务事项，使其成为大兴区一个涉及众多领域与覆盖众多人群的综合性服务平台。与此同时，大兴区还建成了区级“城市运行管理平台”，完善监测预警、辅助决策、协同分转、指挥调度四大子平台，接入网格、气象、环保、视频监控、物联网设备等实时数据以及相关单位的各个业务系统，初步实现了城市运行态势感知和实时监测，为区域治理现代化、精准化发展保驾护航。2021年1月，《大兴区新型智慧城市总体规划（修订版）》出台，提出“逐步打造全程全时便捷多元的公共服务体验之城、平急结合精细共治的城市治理之城、绿色低碳环保的高品质宜居之城、智慧引领的高端制造与产业服务之城、绿色集约安全智能的感知之城。”

四、探索城市的精细化管理

2012年，北京市举行了全市网格化社会服务管理体系建设推进大会，大兴区也于同年开始推广实施网格化管理模式，短短几年时间，就实现了管理区域上从新城地区到城市农村全区域覆盖，管理内容上从城市管理到社会治理全业务融合，管理方式上从被动接收办理百姓诉求到政府主动出击化解基层矛盾，社会治理水平不断提升。

网格化管理是改革社会治理方式的一种新型管理手段，重在利用现代信息技术和现代城市管理理念，通过不断发现问题和解决问题，提高群众对政府工作满意度，推动政府管理工作更加规范化、标准化和精细化。其工作特点主要是通过网格主动发现渠道和12345热线群众参与渠道，收集社会治理的各类问题，实现管理辖区全面覆盖、社会动态及时掌握和社会问题快速解决。而工作重点则在于从“定位、定物、定人”为切入点，实现问题及时发现、快速派遣、有效处置。其中，“定位”指明确村庄、社区或园区四至范围，确定网格内人、地、事、物、组织等基础数据，织好行政管理区域“电子网”；“定人”指明确网络发现、管理和执法力量，织好行政管理的“人网”；“定责”指依据网格和人员，明确工作职责、任务及要求，确保履职到位。

大兴区推进网格化管理工作的过程中，摸索建立了“一二三五五”的工作模式：

“一”，是指建立一套网格，即建立全区统一的电子网格地图。按照一个村庄、一个社区、一个园区划分一个基本网格，在基本网格内细分单元网格，全区的各项社会服务管理工作都运行到一套网格体系，实现一网覆盖。

“二”，是指明确两种模式。结合大兴区实际特点，根据城市和农村地区特点，分为两种模式，实现城乡统筹。工作各有侧重展开，城市地区侧重城市管理和社会服务，农村地区侧重社会治理，产业园区根据所在区域划入相应属地，实行属地化管理。

“三”，是指搭建三级平台，即搭建区、镇（街）、村（社区）三级工作平台。一是区级层面，成立网格化社会服务领导小组，成员单位共涉及90余家，全面统筹网格化社会服务管理工作。二是镇（街）级层面，依托属地综合维稳中心，建立网格化社会服务管理分中心，负责辖区内各网格社会服务管理综合协调和指挥工作，解决或者监督职能部门处理网格上报的各类案件。三是村（社区）级层面，村（社区）以服务管理站为平台，对网格内城市管理、社会服务、社会治理、安全管理、信息服务五项职能进行统筹管理。

第一个“五”，指建立五大指挥系统。大兴区网格化管理工作建立两轴工作机制，明确以“城市管理、社会服务、综治维稳和安全生产”为主要职责，建立网格化管理的五大指挥系统，即形成以区市政市容委牵头的城市管理指挥系统、以区委社会工委牵头的社会服务管理指挥系统、以区综治办牵头的村庄社区化管理指挥系统、以区安监局牵头的安全管理指挥系统和以属地牵头的社会管理综合指挥系统。

第二个“五”，指实行五级管理。实行区、镇（街）、片、基本网格

（村、社区）、单元网格五级管理的方式。区级由区网格办指导和协调全区网格系统的运行；镇、街道统筹属地网格系统运行；村（社区）党组织重点做好人、地、物、情、组织等各类信息和群众诉求的收集，并承担宣传劝诫、问题上报和协助处置等工作；单元网格格长具体负责网格中各类信息的收集、统计和上报。

大兴区网格化管理模式推广自2012年起，先后经历工作试点、集中推进、全面推广三个阶段，现已基本实现大兴各街道、镇、社区、村、产业园区等的全覆盖，管理内容已从最初的城市管理扩展到社会服务、村庄综合治理、安全生产和环境监管等领域。2015年，大兴区还创新了网格化管理推广方式，出台了《大兴区网格化管理业务融合方案》，可根据行业或属地管理需要实现网格化管理与社会服务管理业务的灵活融合，利用网格化管理、社会服务管理平台，推动政府管理工作水平进一步提升。

在城市网格化管理的基础上，大兴区城市精细化管理与社会服务进一步推向深入。比如从2015年起，大兴区对新城大中型路口进行“秩序化改造”，路口被分成5块，通过设置导流安全岛、彩色铺装、隔离桩等措施，让人车各行其道。改造后经测算，路口通行效率提高20%以上。到2018年，大兴已有93个路口完成了改造。为加快便民服务体系建设，大兴区还积极推进13个“一刻钟社区服务圈”示范点建设，提升生活性服务业品质，切实办好群众“家门口”的事。大兴区还建设了街道养老照料中心和社区养老服务驿站，构建了区级统筹、镇街落实、社区参与的居家服务三级网络，提升了区域养老的服务管理水平。近年来，大兴区也在加大公共服务供给，进一步加大资金、资源倾斜力度，让群众有更直接的获得感，比如启动黄村西里等老旧小区加装电梯工作试点，得到了居民的认可。在推进教育和医疗资源均衡化方面，大兴区还积极加快实施一中西校区等项目，完成永华实验学校等8所学校建设，新增学位5640个。

同时，在北京市“接诉即办”相关要求与指导下，2019年7月，大兴区在全市第一个成立“接诉即办”调度指挥中心，同时在各镇街设立了分中心。依托这个“接诉即办”调度指挥中心，大兴区能够全面协调全区

22 个属地部门、50 余个职能部门，进一步提升疑难诉求的响应速度和解决力度。大兴区“接诉即办”调度指挥中心与大兴区城市管理指挥中心联合办公，实现了将市民服务热线与网格化管理相结合。“接诉即办”作为全区工作主线，充分发挥基层党组织和网格员作用，快速解决疑难诉求。

五、建设美丽新农村

近年来，大兴区在新农村的建设中，除了结合大兴区在首都的功能定位，推进农村土地制度改革，发展现代都市农业及其他相关产业外，也把建设重点放在了打造优美的乡村环境，建设智慧型、环保型乡村，传承传统历史文化等方面，为新农村建设探索新的道路。

特别是实施乡村振兴战略，大兴区委托了在城乡规划和遗产保护等方面具有较强专业优势和人才资源的北京建筑大学团队，依托大兴区美丽乡村建设工程（规划），高质量推进了大兴区榆垡镇 10 个村庄规划、大兴区北臧村镇 15 个村庄规划、大兴区美丽乡村规划建设整治导则研究、亦庄小羊坊路景观提升工程、亦庄贵园景观提升工程、亦庄亦新公园景观提升工程、大兴区礼贤镇佃子村、大兴区青云店镇泥营村美丽乡村规划等项目，挖掘乡村的非物质文化、历史遗迹和遗存，从整体上为大兴的“美丽乡村”建设作出规划，保证了建设的高质量、高水平。

近年来，大兴区深化农村人居环境整治工作，重点围绕“清脏、治乱”展开，整治内容主要有垃圾日产日清、私搭乱建和侵街占道现象、生活污水直排等，使村庄的农村人居环境质量大幅提升。在改造农村人居环境的同时，大兴区还大尺度打造绿色空间。永定河北京段下游，北臧村镇地界内曾经 4000 多亩的大沙坑，经过多年建设，被打造成为健康休闲绿地，还建成了京南首个 10 公里闭环式骑行道路。至 2018 年，大兴区森林面积达 45.86 万亩，森林覆盖率达到 29.5%，城市绿化覆盖率达到 45.6%。

优美的环境也为大兴区新农村的产业升级带来了机遇。比如在北臧村，已连续两年举办郁金香花展和北京市自行车联赛，最高峰的时候日均游客

大兴区每年举办的“三下乡”活动，有力支持了地方的乡村振兴

将近3万人，绿色生态的优势和资源变成了产业的优势和资源，成为乡村振兴战略中产业兴旺的一个重要支撑。紧邻北京大兴国际机场的礼贤镇龙头村，以大兴国际机场的建设投运为契机，积极发展特色民宿，建设“幽篁里”“眠石居”“十亩之间”“荷塘月色”等30间特色民宿，还深入挖掘民俗文化，成立北京龙头盛世民俗文化发展有限公司，制作传统灯笼工艺品。此外，龙头村还积极发展采摘园等特色产业，因地制宜发展乡村旅游业，让老百姓在宜居的环境中享受生活，切实感受到经济发展带来的生态效益。

第七章　独领风骚的创新样态

百舸争流千帆竞，乘风破浪正当时。大兴区的创新发展，既没有固定的参照模式，也没有统一的标准，而是在多年的探索中，创造出了诸多独具特色的创新样式。

从大兴西瓜节到中国设计节、世界月季洲际大会，大兴区在创新中摸索出一套成熟的节日经济模式，一些节庆品牌享誉海内外，成为大兴的一张张金名片；以国家新媒体产业基地为依托，星光影视园等企业为龙头，大兴区文化创意产业从无到有，从弱到强，形成了有巨大影响力的文化创意产业聚集地；利用集体用地改革以及疏解、整治腾退出的土地空间，大兴区引进培育电子商务、生物医药、文化创意、互联网服务等新兴产业，推动其不断做大做强，实现了产业升级的“弯道超车”。

企业和高校院所是创新的主体。在大兴区，有的企业从乡镇企业中崛起，又在北京市及大兴区产业定位的调整中不断创新，实现了华丽的转型；有的企业坚持科技立企的初心，不断研发新产品、新技术，做大做强，在市场竞争的大潮中勇立潮头。

新“两区”，即国家服务业扩大开放综合示范区和中国（北京）自由贸易试验区已经启动建设，给大兴区带来新的机遇；大兴国际机场也带来了临空经济区、综合保税区、自由贸易区等机遇，大兴区充分利用这些机遇，依托大兴生物医药产业基地、国家新媒体产业基地等高新产业园区，提出了“四个一批”的建设方案，为大兴“十四五”及更长远时间的腾飞奠定了坚实的基础。

第一节
节点、节日经济的品牌效应

在大兴区近年来的创新发展中，借助一些重要时间、事件节点、节日、重要的大赛、活动，搭建平台，聚集资源要素，产生“化学反应”，推动产业经济的发展成为一种重要形式。经过多年的深耕积淀，目前，在大兴区举办的一些重要活动或大赛、节庆已成为享誉国内外的知名品牌，成为大兴向全世界展示发展成果和新气象的一张张亮丽名片。

一、大兴西瓜节

在相当长一段时期内，西瓜都是大兴最知名的品牌产品。大兴的西瓜种植，据文献记载可远溯至元代。

为了将大兴西瓜打出更大的影响力，1988 年，当时的大兴县将每年 6 月 28 日定为西瓜节（2001 年后改为 5 月 28 日）。首届西瓜节以“以瓜为媒，广交朋友，宣传大兴，发展经济”为主题，大幅提升了西瓜文化内涵，成为大兴农业发展升级的重要平台。

此后，大兴西瓜节并不局限于展示本地西瓜，而是逐渐发展成为全国从西瓜种植、西瓜产品展示到西瓜经济、西瓜文化的综合性节庆活动，成为国内最为知名的西瓜节之一。

到 2021 年，大兴西瓜节已成功举办 33 届，成为展示农业科技发展水平、推动全国西甜瓜产业发展的平台。北京大兴区庞各庄以质量兴农、绿色兴农、品牌强农为目标，优化农业产业结构，强化现代农业“两带”支撑（东赵路现代农业产业带和庞安路休闲旅游产业带），推行绿色生产方式，围绕农业主导产业和资源优势，坚持科技创新驱动，引领现代农业高质量发展。

2020 年 5 月 28 日，尽管受到新冠肺炎疫情的影响，但第 32 届大兴西瓜节仍如期举行。本届西瓜节首次开展覆盖大兴全域、线上全景直播，为市民献上新鲜、热闹、参与互动感强的疫情常态化下的文旅大餐。

作为西瓜节的重头戏，全国西甜瓜擂台邀请赛采取邀请赛的形式，特别邀请来自京津冀、山东、上海等地区的 268 组参赛者携 1146 个参赛瓜品参加，决出大型西瓜重量组、中型西瓜综合组、小型西瓜综合组、甜瓜综合组、新品种奖 5 个奖项，最终最大西瓜重 86.3 公斤，获得今年"瓜王"称号，品种为京欣 8 号。

近年来，随着大兴国际机场的建设运营以及生物医药、影视制作、创意设计等产业的快速崛起，以西瓜为代表的农业经济在大兴经济版图中的占比有所下降，但以大兴西瓜为代表的都市型农业却有了长足的发展。近几年，大兴区引进、试验示范西瓜新品种 80 余个，2019 年，在北京市农林科学院蔬菜研究中心、中国农业科学院郑州果树研究所的技术支持下，具有早熟、耐裂、高糖、丰产、瓜味浓、色彩新奇等特点的新品种试验成功，其中 4 种还被冠上了"独具大兴特质"的名字，分别为世同京美、凤春京嘉、老宋京彩和乐平兴彩 1 号，为大兴瓜农增收致富奠定了基础。

二、世界月季洲际大会

2016 年 5 月 20 日，2016 世界月季洲际大会在大兴区魏善庄镇拉开帷幕。来自 40 余个国家的 800 余位月季专家、行业人士、月季爱好者展开交流。大会开幕式举办地是占地 670 亩的月季主题园，也是目前北京市最大的月季主题公园，园内栽植月季品种 1770 个。

月季主题园位于大兴区魏善庄镇大龙河畔，紧挨着南中轴路。园子由芳香月季园、五洲月季园、七彩月季园、月季城市园、和平月季园等 13 个专类园区组成。世界上首座月季博物馆也坐落在园中。这次举办月季大会，大兴区引进了2300多个月季品种，这座园子里就有1770个。一些中国自主培育的优新品种，如最耐寒月季“火焰山”、最香月季“甜蜜的梦”、最美月季“怡红院”等，都会向公众集中展示。

建设月季主题文化公园，举办世界月季洲季大会并不是大兴区单纯的一次花卉节庆活动，发展旅游休闲产业，并在此基础上推进乡村振兴，推动新型城镇化才是举办此次大会的长远目标。在“后月季大会时代”，大兴区通过旅游产业的发展，打造地区品牌，并且把农业短板变为发展优势，推动农业园区的转型升级，同时希望通过活动支撑，让地区产业的转型与新机场、新航城结合，融入“都市休闲农业”的概念。

申办2016世界月季洲季大会成功后，大兴区又进行了整体顶层设计，内容包括办会方案、区域发展规划、专项规划等，具体到产业如何发展、体验馆和公园建设、产业基地建设等问题，都请专门公司对接，进行了从整体到细节的规划。在2017年5月20日，“2017首届都市休闲高峰论坛”在月季主题园边开幕，成功接力“月季大会”，上百位专家、学者，以魏善庄为样本，围绕现代生活与都市休闲共融共享的目标，从顶层设计发展战略的角度思考，为探索一条新型城镇化建设的发展之路碰撞智慧，为特色小镇在观念、理念、治理方式、配套政策等方面的创新发展献计献策。

三、中国设计节

2013年，大兴区举办了第十届中国设计节，该设计节是由北京光华设计发展基金会发起，自2006年起连续举办的全国性、行业性年度盛会，旨在推动设计产业发展，促进设计人才成长，鼓励自主创新与原创设计。作为2013年中国设计节的落地项目，中国设计瑰谷落户大兴，它包括西曼国际设计园、服装文化创意产业园、博洛尼都市设计园等几个园区，成为带动大兴区设计产业发展的重要基础。

2016年，大兴区又举办了第十一届中国设计节。2017年8月，北京市委书记蔡奇同志做出批示，“这样的节（中国设计节）、展要培育支持”。

大兴区举办的 2018 中国设计节

此后，中国设计节永久落户大兴。2017 年 9 月 8 日—10 日，第十二届中国设计节在北京亦庄的亦创国际会展中心拉开帷幕，来自北京、上海、广州、深圳、杭州等地的 110 多家知名设计企业参与展览。在本届设计节开幕式上，来自京津冀地区和粤浙沪地区的设计机构代表共同签署了《京津冀·粤浙沪创新设计合作机制协议》，双方将共同搭建设计服务与设计需求的对接平台，共同营造设计创新、创业良好环境，共同促进区域间设计组织合作交流，以京津冀绿色创新发展为起点，推动中国设计走向世界等。

2018 年的中国设计节以“创新设计助力大兴腾飞跨越”为主题，有以“被动式超低能耗建筑发展”“美丽乡村与绿色创意发展”等为主题的论坛，还有以绿色新能源、环保技术、创新设计项目、设计公益项目及园区路演为主要内容的中国设计交易会。本届设计节上的中国设计节大展，共展出来自京、津、冀、粤、浙、沪、川、陕等十余个省、市近80多个企业、高校的200多件作品，行业涉及节能环保、大健康、新能源汽车、生物医药、航空航天、人工智能、建筑设计等十多个领域，以及代表传统文化艺术的陶艺、古琴等。

2019年的中国设计节适逢新中国成立70周年，因此本届设计节在行业论坛、展览展示等传统内容的基础之上，增加了《2019中国设计大典》发布仪式、新中国成立70年70人设计成果大展开幕启动仪式等板块的内容。同时，由于大兴区与挪威斯塔万格市结为友好城市，中挪绿色创新中心落户大兴，本届设计节进一步增加了相关合作交流的内容，包括中挪绿色创新中心揭牌仪式、北京市大兴区与挪威斯塔万格市友好城市签约仪式、中挪绿色创新论坛等。作为科技服务业的落地成果，大兴区后续又引入北欧中国智慧城市峰会，并带来20余家挪威科技项目，推动中挪交往与科技创新合作。

大兴区举办中国设计节，目的在于打造服务平台，共建设计瑰谷，集聚国内外设计力量，整合资源、集中智慧、共谋发展，将中国设计瑰谷打造成“设计之都”的重要支撑点、设计大师的创意乐园、设计组织的聚集高地、设计企业的服务平台，并促进以云计算、物联网、大数据为代表的新一代信息技术与现代制造业、生产性服务业等的融合创新，发展壮大新兴业态，打造新的产业增长点，为大众创业、万众创新提供环境，为产业智能化提供支撑，增强新的经济发展动力，实现设计专家、设计组织、行业创新、区域发展等多方共赢。

自2013中国设计节以来，大兴区设计产业不断发展壮大，在推动区域产业转型升级、设计资源落地、解决政府和企业创新等方面发挥了重要作用。2013年，大兴区共有各类设计企业1100多家，截至2017年6月底，大兴区各类设计企业已达15530家，比2013年增长了14倍。

第二节 文化创意的内在魅力

大力发展文化创意产业，提升文化软实力，是大兴新区实施文化产业战略的重要途径之一。大兴区的文化创意产业起步于21世纪初，特别是星光影视园等大兴本土文化企业的崛起，带动了一批相关产业链上的企业前来大兴落户。

同时，2005年，国家新媒体产业基地落户大兴，为大兴区文化创意企业的发展提供了巨大的平台支撑。而大兴区西红门镇等区域大规模的城乡改造，集体土地上市改革，低端及“三高”产业的疏解，都为大兴区包括文化创意在内的新兴产业发展提供了大量的空间支持。

近年来，大兴区兼顾国家政策、区域特点、项目自身的经济效益和市场前景，充分发挥自有资金的杠杆作用，引导和撬动包括政府资金和社会资金在内的一切资金形式，促进新区文化创意产业支柱地位进一步确立，集聚效应进一步凸显。

2018年，为了更好地整合产业链上下游资源，大兴区成立了第一支文创产业的政府引导基金，基金总规模10亿元，支持文创企业做大做强。该基金通过股权投资方式导入优质项目，实现话语权招商；通过扶持重点企业，加快优质文创项目成长，实现对园区文创产业的精准扶持，加速资本、产业、人才等要素聚集，丰富大兴全国文化中心建设产业内容，推动大兴区文创产业跨越式发展。

该基金还以新媒体文创产业链为主线，形成主业突出、龙头带动的全国标杆性示范产业园区；围绕园区产业打造商业、服务、金融配套的基地

翼德（北京）科技有限公司负责人向媒体介绍公司用 3D 打印技术生产的皮影产品

孵化模式；将新媒体产业基地打造成为国家文化中心示范区。

2019 年 1 月，北京市首批认定的 33 个文化创意产业园中，大兴区的国家新媒体产业基地、星光影视园和北京城乡文化科技园位列其中，是唯一有三个园区入围的非核心城区。随着文化创意产业在区域的发展，大兴区一系列文化创意的赛事也逐步兴盛起来。对于文创赛事，大兴区还专门出台了支持措施，比如针对 2020 北京文创大赛大兴赛场决赛，大兴区就在《大兴区促进文化创意产业发展暂行办法》等区级专项政策的基础上，梳理了文创赛事专项支持政策，依托北京市文化创意产业促进中心、北京文化产业投融资协会等市级单位的支持，打造“政策 + 资本 + 项目”互动平台，实现文创项目从赛场到市场、从创意到生意，进一步促进文化交流、交融、交易。对于在北京文化创意大赛获奖的文创项目，大兴区给予了资金奖励补贴、办公租赁优惠、投融资支持、培训活动支持、人才政策优待等一系列的奖励措施，获得大赛一等奖的项目还与兴投集团签订投资意向协议，获得了实实在在的资金支持。

目前，大兴区已经汇聚了全国唯一的以新媒体产业为主的专业集聚区——国家新媒体产业基地，首个国家级视听产业基地——中国（北京）星光视听产业基地，6家北京市级文化产业园区，北京印刷学院等多所高校以及数千家文化企业，规模以上文化企业68家。

以国家新媒体产业基地为例，目前入驻企业超过5000家，文创类企业占比达80%。“十四五”时期，新媒体产业基地将以产业促进为核心，以转型升级为抓手，以“科技创新、文化创意、数字经济”为重点，以新一代信息技术、科技服务业、数字创意与设计和新一代视听产业为内容，全力构建“高精尖”经济结构，打造千亿级新型特色产业园区，为建设“新国门·新大兴”做出新的贡献。

据统计，2017—2019年，大兴区规模以上文化企业总收入达到280亿元，每年增速超过4.5%。国家新媒体产业基地作为大兴区文化产业的主阵地，现有文化企业1493家，2019年总收入实现360亿元，新增企业600家，其中文化企业占比80%，大兴区正在形成产业结构优化、高端人才聚集的特色文化发展新引擎。

第三节 产业升级的“弯道超车”

大兴区在进行城乡接合部改造，集体经营性建设用地市以及“疏解整治促提升”行动中，通过多种方式腾退传统低端产业，为新兴产业发展腾出空间，为区域产业升级“弯道超车”创造了良好的条件。

在这个过程中，大兴区通过合理利用腾退空间，完成“留白增绿”，打造了多条“最美街巷”，城乡环境大幅改善。同时，大兴区在拆除一些工业大院以及腾退一些老旧工业厂房后，土地或厂区闲置了下来。这时，大兴区采取因地制宜策略，盘活各类存量土地资源，形成了一批特色鲜明的改造模式，改造模式具有以下三种。

一是政府主导模式。以新媒体产业基地供热厂改造为代表，通过实施煤改气工程，腾出老旧厂房面积近7000平方米，财政投入7000万元进行升级改造，拓展出1.2万平方米产业空间。

二是企业自主模式。以新媒体产业基地格雷众创园为代表，威克多制衣作为北京首家疏解企业，将生产环节整体搬迁至河北，原有厂址组建总部及研发设计中心，对原有近8万平方米厂房进行改造，重新构建了孵化器+加速器于一体的众创空间，重点孵化服装设计、文化创意等新兴产业。目前，与京东时尚板块和北京时尚集团达成合作意向，依托中国设计节品牌影响力和大兴高端服饰产业设计基础，打造时尚设计瑰谷。

三是市场化运作模式。以联东U谷为代表，在庞各庄、大兴生物医药产业基地，盘活老旧闲置厂房，建立园中园，按照区域产业定位，借助企业资本和招商能力，整体改造运营，实现政府主导下的园区转型升级。

在大兴区旧宫镇，为了加快产业转型升级的步伐，该镇开展镇级统筹下农村集体建设用地利用模式试点探索时，将拆除腾退的宝贵土地资源优先用于建设电子商务聚集区。比如在旧宫镇的南街地区，以前共有4个村，历史上形成了占地近4000亩、近千家小企业聚集的工业大院，经腾退后由北京中科电商谷投资有限公司投资40亿元开发建设了电商谷，总建筑面积约110万平方米，形成了一个以电商体验店为主体的、为电商及消费者服务的集电子商务、现代物流、会展贸易、技术支持、人才培养等为一体的电子商务综合产业平台。

在此基础上，2012年5月，大兴区获得商务部首批“国家电子商务示范基地”称号。2013年，北京市推出“北京电子商务中心区”（下称CED）的区域品牌，打造智慧型综合产业园区，落户大兴。大兴区组建了北京电子商务中心区建设办公室，是北京市首个专门服务电子商务发展的综合协调管理部门。2014 年 1 月，北京市商务委、经信委、发改委、工商管理局四部门正式授予新区“北京电子商务中心区”称号。

依托电商区的成立，大兴以物流资源因地制宜吸引了许多电商企业落户，物流企业也逐渐摆脱低端业态，完成向电商“派”的转型。CED 成立后，北京电子商务中心区建设办公室利用所处大兴的物流产业优势，将物流与电商紧密、有机地结合在了一起。

经过一年的努力，CED 吸引到了腾讯电子商务华北运营总部项目、阿里巴巴集团菜鸟网络智能物流骨干网项目、中国云计算创新中心项目、聚美优品项目、亚马逊（大兴）电子商务项目、上海 E3131 电子商务创新园项目等落户大兴。

还有一批专业领域的电商交易平台注册落地，如全球优质食品领域的本来生活网、国际家居领域的美兹网等。电商区内地电商企业也纷纷扩产，如京东商城二期、酒仙网二期等。2014 年，CED 电子商务企业营业收入 792.6 亿元，同比增幅 15.3%；电商网络零售额 584 亿元，同比增长 31%，占全市的 40.1%，连续三年位居各个区县之首。

据不完全统计，到 2015 年 5 月，大兴区共有电商交易服务企业 17 家，电商支撑服务和衍生服务企业上千家。前三季度，电子商务企业营业收入 620.29 亿元，同比增幅 27.6%；电商网络零售额 378.52 亿元，同比增长 42%，相当于全市的 40.73%，在各区县中排名第一。

西红门镇也是大兴区产业转型升级的典型区域。该镇完成工业大院的拆除腾退后，决定集约利用 20% 的土地建设发展金融、文化创意等符合首都功能定位的现代服务业，并打造了一条“创业大街”，形成了一条“U”字形的创业街，以文化、金融、互联网为方向，并鼓励多种创业模式共存；剩下的 80% 地块则用于建设城市绿地，为南城地区增加 8 平方公里的大绿肺。

2012 年，西红门镇将寿保庄工业大院作为拆除腾退试点，历时 10 个月拆除 400 多个院落，清退低端企业 368 家，清理废品回收大院 82 个。2014 年，鸿坤金融谷在寿保庄拆除腾退区域破土，建筑规模为 68 万平方米，是鸿坤集团斥资 30 亿元打造的首个产业地产项目，也是北京首个农村集体经营性建设用地流转试点项目。

作为国家级示范园区，鸿坤金融谷以构建高附加值、高贡献率、高成长性的金融新平台为核心，以资本投融资为杠杆，以金融服务为纽带，吸引创新金融、电子商务、影视动漫、文化创意等企业入驻，打造京南首个“双生态”创新金融产业聚集区。大兴新区金融投资商会还授牌鸿坤金融谷成为大兴区金融服务超市，寄望鸿坤金融谷充分发挥“互联网 +”优势，打造金融服务平台的窗口效应，通过线上线下合力服务新区企业。2015 年 11 月 5 日，北京股权交易中心正式签约入驻鸿坤金融谷，并授牌鸿坤金融谷成为北京四板市场企业孵化培育基地，这也是北京股权交易中心在区县设立的首个分中心。

而在鸿坤金融谷的西侧，腾退出来的土地空间被用于建设星光影视园北区，总投资 11 亿元的星光影视园北区是国内唯一国家级电视综艺节目制作基地。

随着大兴国际机场的建成运营以及大兴区分区规划的发布，大兴区为推动实现高质量发展，加快塑造产业强区新格局，将紧紧围绕“三区一门户”功能定位，以保障北京大兴国际机场通航为牵引，大兴区继续大力引进高精尖产业项目，打造北京经济发展新高地。

大兴区还将积极调整集中现状工业和仓储用地，统一纳入中关村大兴园政策范围，与临空经济区构成“一园一区”产业布局，从“疏解腾退”为主线、为重点，转型为促进高质量发展的“提升与承接”新阶段。

生物医药是大兴区的支柱型产业。大兴区将以生物医药和医疗器械为重点，培育千亿级生物医药产业园，大力推动精准医疗、干细胞、高端医疗耗材等领域发展，与“三城一区”、科研院所和专业高校建立成果转化长效机制，打造生物医药世界级前沿转化高地。目前，大兴区正在集中力量推进高精尖产业项目，引进了中国医学科学院医药生物技术研究所和动物所、九芝堂美科、天科合达、均大制药等一批优质项目。同时，突出发展生物医药主导产业，推动大兴生物医药产业基地扩区 9.1 平方公里规划落地，推行项目承诺制和全生命周期管理。加快推进新媒体产业基地提档升级，推动老旧工业厂房改造再利用，积极引进广播电视科学研究院高清视频实验室。

此外，大兴区还积极推进落实北京经济技术开发区 225 平方公里产业规划，创新土地腾退政策，推进青云店、长子营、采育三镇工业园 2.9 平方公里土地腾退，探索国企收购、整体腾退、鼓励自主转型升级等多种方式，统筹推进低效产业用地“腾笼换鸟”，在实现高质量发展方面迈出了坚实有力的新步伐。

据悉，近年来，大兴区采用政府回购收储、园区主导平台合作、行业龙头整体开发、对接企业“腾笼换鸟”等路径实现了产业转型升级。其中，大兴生物医药产业基地整合 12 家企业厂房资源，腾出可利用厂房 37.5 万平方米，已出租 31.1 万平方米，引入项目 110 个；国家新媒体产业基地 13 家老旧工业厂房已完成或正在进行转型升级，累计改造 90 万平方米，同步打造了道境运动中心、平客集等一批园区服务配套场地和众创空间。

第四节 新“两区”注入的动力

2020 年下半年，国务院先后批复、印发国家服务业扩大开放综合示范区、中国（北京）自由贸易试验区相关方案。“两区”即国家服务业扩大开放综合示范区和中国（北京）自由贸易试验区。“十三五”时期，北京“两区”建设全面启动，开展服务业扩大开放综合试点，实施了 403 项新举措，服务贸易占全国 1/5 左右。

北京市委书记蔡奇强调，建设国家服务业扩大开放综合示范区和中国（北京）自由贸易试验区为新阶段北京高质量发展注入了强大动力。“两区”建设，就是园区开放和产业开放，都属自主开放，核心任务是制度创新，推动贸易、投资和人才流动自由化便利化，营造国际一流营商环境；特色是科技创新、服务业开放、数字经济、区域协同开放；目的是以开放促改革、促发展，形成可视化成果。“两区”建设有利于集聚资源要素，促进产业向价值链高端跃升，有利于国内国际双循环相促进，构建新发展格局。要大胆探索创新，坚持先行先试，做到对外与对内相结合，制度创新与引进项目相促进，服务业与制造业相融合，开放与安全相统筹。越是开放越要注意防范风险，实施负面清单后监管要跟上。要借鉴其他省市先进自贸区做法，加强京津冀三地自贸区合作，推动区域更高水平开放发展。各级各部门要进一步提高认识，按照一盘棋统筹、清单化管理、项目化推进的要求，只争朝夕，抓实抓紧，力求早日见效。

根据安排，北京市要狠抓“两区”建设任务，围绕“三个片区、七个组团”功能定位，加强政策清单、空间资源清单和目标企业清单管理，用好“一库四机制”，引进落地一批标志性、引领性、首创性项目。其中，科技创新片区高端产业片区亦庄组团重点瞄准高端制造、硬核科技产业化，积极发展优势产业，打造智能制造应用示范及标杆工厂，申报设立亦庄综保区。大兴组团发挥临空经济区、综保区、自贸区三区叠加优势，建设国际消费枢纽，积极发展生物医药、航空物流、会展等产业。

为高标准推进北京“两区”建设，北京市 16 区和北京经济技术开发区，以及科技、商务、金融、教育、信息、医疗健康等 9 个重点领域牵头部门分别制订了推进“两区”建设的工作方案，同时，中国（北京）自由贸易试验区涵盖的组团（区）分别制订了自贸试验区实施方案。

一、“四个一批”推动“两区”建设

2020 年 12 月 31 日《大兴区“两区”建设工作方案》发布。

（一）“两区”建设总体目标

力争通过 2~3 年的探索和实践，使得大兴区与国际接轨的开放政策体系基本健全，重点行业领域和功能区域的开放集聚效应充分显现，外向型经济的发展活力和能量全面释放，成为首都南部发展和京津冀协同发展的“风生水起”之地，为北京“两区”建设贡献大兴智慧和力量。

加快集聚一批高端市场主体。新增注册外商独资和中外合资合作企业100家左右，其中大兴自贸试验区落户企业占比达到20%左右。对接引进外资金融机构1~2家，经营性外资文化主体3~5家，外资和中外合资研发机构2~3家，落地2~3家国际学校、1~2个国际性医疗机构。

加速实施一批重大功能项目。按照“建设一批、开工一批、储备一批”的思路，全力保障28个大兴自贸试验区项目建设，集中推动21个具有重大影响力的项目落地，重点打造5~8个通用型平台和10~15个具有集聚带动效应的空间载体，力争总投资额达到1000亿元以上，其中外商投资额占比达到60%以上。

重点培育一批新兴发展业态。服务业增加值年均增速保持在8%以上，到2021年占GDP比重超过72%，到2023年达到75%左右。金融、科技、信息、商务、文化等现代服务业占GDP比重超过40%。数字贸易、医药健康、航空服务等新兴产业竞争力提升。数字经济规模迅速扩大，位居全市前列。

大幅提升一批重点经贸指标。实际利用外资年均增速保持在30%左右，到2020年底达到1.27亿美元左右，2021年底达到1.5亿美元左右，2022年底达到2亿美元左右，2023年底达到3亿美元左右。到2023年底，全区进出口贸易总额力争突破30亿美元，大兴自贸试验区占比达到5%以上。

（二）“两区”建设重点任务

1. 构建“1+4+6”开放发展新格局

按照“产业开放+区域开放”“先进制造+现代服务”并行突破的思路，发挥大兴国际机场临空经济区“主阵地”的开放引领作用，强化北京中日创新合作示范区、生物医药产业基地、国家新媒体产业基地、北京电子商务中心区“四大特色平台”的协同支撑，推动医药健康、新能源智能汽车、航空服务、数字经济、离岸金融、国际消费“六大重点产业”的开放改革，提升科技、文化、教育、专业服务等领域的开放发展水平，集中推进 128 项清单任务实施（其中大兴自贸试验区 73 项），大力推动 73 个清单项目落地（其中大兴自贸试验区 28 个），总投资额达 670 亿元人民币，加速形成开放创新的新格局。

2. 拓展“1+4”高水平开放承载空间

（1）构筑大兴国际机场临空经济区开放主阵地

对标世界一流航空枢纽，突出“港产城”融合理念，发挥自贸试验区、综合保税区的政策叠加优势，构建先进制造引领和现代服务集聚“双轮驱动”的临空产业体系，推动国际会展中心、国际消费枢纽、国际航空社区等重点功能板块建设，打造国际交往中心功能承载区、国家航空科技创新引领区、京津冀协同发展示范区。

落实“三个更好一点”要求，高标准高质量建设大兴自贸试验区，聚焦生命健康、数字贸易、国际金融、航空枢纽服务、国际会展等重点领域，推动建设项目和土地利用改革，探索政务、投资、贸易等领域的制度创新，力争建成高度开放、政策最优的空港型自由贸易试验区。

加快河北自贸区大兴机场片区大兴区域制度创新实施，以医药研发、科技会展、航空物流、航空维修等领域为核心，探索京津冀区域产业合作模式，推动形成统一的开放市场，实现两大自贸试验片区的协同联动、优势互补。

加紧打造综合保税区“港区一体化”监管模式，推动智慧物流、跨境电商、数字贸易等重点产业项目建设，培育“保税 + 研发”“保税 + 维修”“保税 + 展示”等新业态，强化保税服务功能。

探索推动大兴国际机场“无关化商务区”建设，便利国际商务活动开展。

（2）强化四大特色平台开放协同支撑作用

北京中日创新合作示范区。落实中日跨境产业投资促进部署，聚焦医药健康、先进智造、数字经济等重点方向，吸引高精尖领域的日资隐形冠军、小巨人企业入驻，集聚一批科技创新领域的高附加值、高效益的企业总部和研发中心，培育新兴服务业态，打造国际科技协同创新与产业合作发展示范区。建设大兴国际氢能示范区，推动新型高性能稀土功能材料研究中心（中日合作）、日本科技企业展示服务交流大厅等一批重大项目落地，打造全球氢能产学研用一体化发展新高地。探索在东京都建设日中示范区，以“双城双区”模式推动双边技术、资金、项目流动，放大中日双方产业和创新优势。

生物医药产业基地。统筹利用新扩区域、延伸政策区空间资源，以检定研发为主导，生物制药、医疗器械、现代中药、创新化药为主体，推动国际领先技术成果转化，打造千亿级生物医药产业集群。完成创新中心、医疗器械园二期等产业空间建设，推动首都医科大学、研究型医院和科学研究中心落地，引进中国中医科学院青蒿素研究中心、新型疫苗产业基地、费森尤斯卡比医药工厂等一批高端研发和制造项目，搭建专业技术服务平台，打造具有国际影响力的“中国药谷”。

国家新媒体产业基地。依托大型文化企业集聚发展基础，以数字文化为核心，以信息技术、数字创意、新一代视听等领域为主导，提升中国（北京）星光视听产业基地品牌带动效应，推动中挪绿色创新中心、中国长城信创产业基地等载体建设，规划5G+视听创新应用场景，加快中日、中挪国际合作项目落户，争取外资文化机构政策突破，探索文化开放发展新模式、新路径，力争建设国内一流的数字文化产业示范区。

北京电子商务中心区。发挥产业基础和贸易开放优势，重点引进一批垂直领域的跨境电商企业、专业机构，大力发展跨境电子交易、跨境电子支付、跨境产品定制等跨境服务业态，规划建设1~2个跨境电商特色园区，推动商品通北京供应链金融电子商务总部基地项目落地。推动跨境电商公共服务平台建设，争取跨境数据、支付、物流等先行试点落地，探索跨境信息的有序开放共享，促进跨境电商创新发展。

3. 释放六大重点领域开放新动能

（1）医药健康

以生物医药产业基地和临空经济区为依托，聚焦生命健康、高端医疗器械、创新药物等重点方向，推动凯普区域检验中心、北京细胞综合体等重大项目建设，完善技术创新、企业孵化、智能制造全链条产业功能，打造具有国际竞争力的医药健康集群。推动北京生命健康创新示范区建设，鼓励生物医药、医疗器械研发和高端医疗服务等重点领域发展，营造高端产业集群生态。加快推进综保区生命健康口岸建设，争取跨境远程医疗、国际合作研发审批、急需医疗器械和研发用材料试剂设备通关等突破性政策在大兴自贸试验区落地。争取在大兴自贸试验区设立医疗器械创新服务站，加快医药产业转化速度。

（2）新能源智能汽车

加快大兴国际氢能示范区建设，布局氢能研发创新和产业化功能，借助北京大兴国际机场和京东“亚洲一号”物流基地等应用场景，推动氢燃料电池汽车在机场巴士、城市物流等领域的商业化应用，引领和带动新能源汽车跨越式发展。落实新时期全市新能源智能汽车发展部署，坚持差异化定位，重点突破智能网联、智能驾驶、智能终端等关键核心技术，培育新能源智能汽车产业大数据、检验检测、“互联网 +”运营等新兴业态，加快形成协同化、链条化发展格局。

（3）航空服务

积极配合对外区域通道的统筹规划建设，推动北京大兴国际机场和北京首都国际机场联动发展，完善高品质航空保障。坚持全产业链布局，规划建设国际航空总部园、临空科技创新园，大力发展航空科技、航空物流、航空维修、航空租赁等服务领域，支持外商独资飞机维修企业在临空经济区落地并承揽境外航空器材包修转包修理业务，吸引航空公司、国际知名航空教育培训机构设立航空培训中心，推动航材保税、航空口岸功能提升等改革试点实施，加快京东智能航港、南航复合材料维修基地等重大项目落地，打造航空服务产业集群。研究制定促进北京航空货运发展政策，推动扩大包括第五航权在内的航权安排，争取增设更多国内外货运航线以及货运航班班次，建设多式联运中心，完善邮包、快件等货运服务体系，力争成为全球航空货运转运中心、分拨中心。

（4）数字经济

发挥临空产业资源优势，规划建设数字产业园，培育数字医疗、跨境电商、智慧物流等数字经济新业态，开发数字贸易、跨境贸易、在线零售等数字融合应用场景，加快推进北京市数据交易所落地，争取超算中心、国际互联网数据专用通道等数据基础设施建设，成为全市数字经济孵化的重要承载地。依托重要数据基础设施，连接上下游以及多元化市场参与者、中介服务机构的数字经济发展新业态，带动数字经济产业链快速发展。推动贸易数字化赋能中心建设，利用数字技术搭建数据运营监管、产品展示交易等贸易综合服务平台，探索创新贸易模式、贸易结算方式，推动贸易数字化发展。探索在大兴自贸试验区建立数字贸易特殊监管区，推动开展离岸数据中心服务试点，分阶段、分类别探索数据跨境流动安全管理，推进北京数字贸易试验区建设。依托中国（北京）星光视听产业基地建设，聚焦专业视听、网络视听、移动视听等新兴领域，支持联合共建创新应用实验室，培育数字文化产业生态。

（5）离岸金融

以大兴国际机场综合保税区为核心，积极研究和争取发展离岸金融业务，鼓励人民币在国际清算和贸易结算中使用，分阶段逐步建设新兴离岸金融中心。支持在大兴自贸试验区探索开展本外币合一跨境资金池试点，争取开展本外币一体化试点，鼓励符合条件的中资银行开展跨境金融服务，切实保障真实合规离岸转手买卖业务办理，推动重点行业跨境人民币业务和外汇业务便利化。积极争取人民银行数字货币试点在自贸试验区落地，布局城市生活、跨境支付等应用场景。落实市级金融改革部署，推动“证照分离”改革、合格境外有限合伙人试点、外商独资财务公司等政策在全区落地，促进金融业开放创新发展。

（6）国际消费

加快超大型国际消费枢纽项目建设，重点引进国内外知名品牌旗舰店、新品首发体验店、高级定制店，打造集“功能＋场景＋体验”于一体的沉浸式消费模式，培育临空型国际消费集聚区。探索建立自贸试验区、综合保税区与机场免税店联动机制，支持王府井免税店全牌照运营，落实好免税店相关政策，打造国际免税商业品牌。探索消费、预办登机一体化试点，优化购物离境退税服务，提升国际消费便利化水平。按照“会展＋商业＋商务”融合思路，高水平建设国际会展中心，以高端展、国际展、特色展为重点，吸引国内外大展、国际展览集团入驻，制定具有临空特色的国际展览项目指导目录，探索允许展会展品提前备案等国际高标准会展政策和制度，做大国际会展经济规模。

二、“三单”体系为“两区”建设保驾护航

为了更好地完成大兴“两区”建设的目标任务，大兴区提出一系列保障措施，包括：

完善组织实施机制。参照市级组织架构，成立由区委书记任组长、区长任第一副组长、8 位相关区级领导担任副组长的“两区”建设工作领导小组，成员涵盖 44 个相关职能部门、重点园区。领导小组下设 13 个协调工作组，由区级主管领导任组长，各部门负责人任副组长。从区属各部门抽调工作人员，组建实体化办公的工作专班。

建立“三单”管理体系。按照“三单”管理要求，制定出台“两区”建设政策清单、空间资源清单、目标企业清单。到 2021 年 1 月中旬，大兴区已研究拟定 23 项政策清单，包括高精尖产业、科技成果转化、新兴金融、高层次人才、文化创意等领域现有政策，以及外商投资、研发总部、航空服务等领域拟出台和争取落地政策。74 个空间资源项目清单，总建筑面积 2385 万平方米，可利用面积 1098 万平方米。162 家目标企业清单，近期拟重点对接 10~20 家 GaWC 清单、CBInsights 榜单、胡润全球独角兽榜、PREQIN Top100 等国际权威榜单企业。

推动京津冀协同开放。以大兴自贸试验区为核心，探索跨区域产业合作、技术市场融通合作、政务服务“同事同标”、公共服务共建共享、联合授信机制等具有突破性的改革举措，一体化推进两个自贸试验区建设，打

通各项政策及制度创新试点，强化联动创新和复制应用。与河北自贸试验区协同推进综合保税区建设，在全国率先打造“一个系统、一次理货、一次查验、一次提离”港区一体化监管模式。推进大兴机场片区大兴区域和廊坊区域建立人才跨区域资质互认、双向聘任，建立统一的技术市场，实行高新技术企业与成果资质互认，积极探索人才、资金、技术等生产要素跨区域流动。依托京津冀协同发展工作机制，推动自贸试验区与京津冀优势园区产业化合作，共同打造协同开放载体。积极推动大兴国际机场和天津港口合作，快速提升京津冀区域多式联运服务能力。

加强要素制度保障。瞄准全过程、全链条开放创新需求，提高资金跨境流动效率，推动数据安全有序开放，强化高端人才服务保障，创新土地资源供给模式，提升对国际要素和市场主体的承载力。发挥临空区、自贸区、综保区的改革优势，积极争取和推动土地资源配置、建设项目审批、投资贸易制度等领域的试点政策落地，营造与国际接轨的开放政策和制度环境，加快形成高端资源集聚引导效应。

加强政策宣传解读。落实市级要求，成立区级宣传协调工作组，制订“两区”建设宣传解读工作方案、计划表，分领域、分区域抓好传达部署，开展专家政策宣讲、干部培训，组织召开“两区”政策落地、项目落地等重要节点的新闻发布会、集中签约仪式、海外推介会、公益广告展示。

强化外资项目招商。成立“两区”建设招商引资协调工作组，筹建联合招商专班，建立智慧招商信息平台，绘制招商地图，对照 GaWC 企业、世界 500 强、国际权威榜单拟定招商目标企业长短名单，制定外资招商任务计划表、动态项目库，制定重点外资项目“一对一”管家服务制度，主动对接头部外资企业管理团队，面向具备条件的海外地区“走出去”招商。

三、加大招商引资力度，“两区”建设快马加鞭

2020 年 12 月 30 日，在生物医药产业基地创新中心召开大兴区“两区”建设集中签约系列活动——生物医药产业基地专场。在当日的专场

活动中，有 30 个重点项目签约落地大兴生物医药产业基地（即“中国药谷”）。这些新落地的项目，将为医药基地培育大健康服务集群，加速高端医疗设备国产化替代，实现传统中药转型升级，做优“1+4+2”产业板块，为打造北京医药健康世界级前沿转化高地注入新优势、增添新动力。

此次参加签约的企业，既有科兴中维、基因启明等生物制药项目代表，华洋奎龙中药项目代表，谊安和兴、巴瑞等医疗器械项目代表，还有千乘镜像、康妍葆等服务平台项目代表。其中，科兴中维百日建成新冠疫苗车间，年产量目前已达 10 亿剂；中科基因建设第三方兽医检测检验独立实验室，高标准搭建智慧兽医诊断体系；谊安医疗是国内领先的麻醉和呼吸医疗设备研发制造龙头企业，产品覆盖麻醉、机械通气和呼吸病管理；千乘镜像引进先进的显微成像采集实验室和大数据分析中心，弥补了园区产业链条的短板。

近年来，大兴生物医药产业基地始终把引进高精尖产业、加快项目建设作为推动高质量发展、扩大投资、融入新发展格局的第一抓手，持续引项目、扩投资、增后劲，一批重大项目相继签约开工投产，对稳增长、优结构、惠民生发挥了重要作用。特别是 2020 年以来，医药基地统筹推进常态化疫情防控和经济社会发展，“两手抓，两手硬”，持续优化营商环境，强化要素保障，项目建设呈现出梯次推进、滚动开发的良好态势。

下一步，大兴生物医药产业基地还将结合“两区”建设要求，从加强清单管理着手，梳理政策清单、空间资源清单、目标企业清单，结合辖区企业不同特点和需求，抓好精细化政策配套，为企业提供保姆式服务，打造更具吸引力的产业生态，为全方位推动“两区”建设高质量发展提供有力支撑。

为了服务好“两区”建设，到 2021 年 1 月中旬，大兴区已累计梳理“两区”建设项目 84 个，其中外资项目 25 个。目前已落地项目 15 个，其中外资项目 5 个。同时，已连续举办 6 场项目签约仪式，累计签约项目 78 个。

这背后，是大兴区为做好“两区”建设而建立的“三单”管理体系：“政策清单”包括大兴区涉及产业、人才的政策 23 项，统称为“1+N”政策体系和“新国门”领军人才体系，涵盖高精尖产业、科技成果转化、新兴金融、高层次人才、文化创意等领域现有政策，以及外商投资、研发总部、航空服务等领域拟出台和争取落地政策；“目标企业清单”列出了准备对接的目标企业 162 家，主要为国内国际相关行业领军企业，比如胡润全球独角兽榜等国际权威榜单企业；“空间资源清单”显示，大兴区目前初步梳理空间资源总建筑面积约 2385 万平方米，其中可利用面积约 1098 万平方米，可以充分满足项目落地和企业入驻需求。同时，大兴区还有大量尚待入市的农村集体经营性建设用地，可供项目落地。

第五节
璀璨群星：争先的弄潮儿

当今时代是一个创新的时代，创新的载体很多，包括每个个体、企业、高校、科研院所，以及其他各类团体、机构。但总的来说，一个区域或一个城市的创新，其创新的主体都是企业。

自改革开放以来，随着大兴乡镇企业及其他各类性质企业的繁荣，以企业等组织形式推动的技术、管理、制度以及产业的创新成为大兴区域创新的主流；同时，大兴辖区内一些专业机构、社会组织等也都如璀璨群星，结合着各自特点进行着创新，探索出了各式各样独领风骚的创新模式，成为区域创新大潮的重要组成部分，共同推动着大兴社会、经济、产业等的快速前行。

一、主动适应区域发展需求，传统生产制造跨行业转型

在 20 世纪 80、90 年代，大兴区大力发展乡镇企业等各类性质的工业企业，同时发展出一大批工业开发区、工业大院。其中部分企业在发展中，

积极根据行业发展形势以及北京市、大兴区功能定位、产业政策的调整，对自身业务类型及布局进行了创新探索，由不符合北京市及大兴区产业定位的一般性传统制造逐步向科技投资等行业转型。

典型案例1：希玛保龄（民银国际）——从乡镇企业到科技投资巨人

20 世纪 80 年代末，安徽山村的小木匠何帮喜身揣几十元钱来到北京，想凭借自己精湛的木工手艺打出一片天。1990 年，北京亚运会的举办给何帮喜带来了一个难得的机遇，当年兴起的体育热让很多人看好体育用品行业，于是有人出资、他出技术共同组建了星伟体育用品公司。

当时，国内比赛用的台球设备大多从国外进口，一套要花 6 万多元。何帮喜想不明白，中国人能造故宫、天坛那么雄伟的建筑，可是小小的台球设备却要进口？他开始刻苦钻研台球生产工艺，先后获得 4 项国家专利。1995 年，何帮喜了解到我国每年要花费 60 亿元从国外购买保龄设备，于是产生了要造中国的保龄球的念头。但制造保龄设备，需要大量的资金和较高的技术支持，何帮喜的想法没有得到支持，于是他毅然决定离开星伟公司，接手了大兴区一家倒闭的生产席梦思床垫的乡镇企业，为筹建保龄设备生产厂做前期准备。

为筹集资金，何帮喜迅速恢复席梦思床垫厂的生产，两年时间，27 万件床垫一销而光，盈利近千万元。1996 年，何帮喜投资 4000 万元，在大兴区工业园建设占地 5 万平方米的保龄球全套设备研究、开发、生产基地，成立北京希玛保龄设备制造有限公司。他从全国各地招募了 20 多名下岗和退休的工程师，关起门来钻研保龄球技术。何帮喜花 50 万元从英国买来两套保龄球设备，让工程师们研究。拆了装，装了拆，经过无数个不眠之夜，无数次山重水复，9 个月后，中国第一台保龄球设备的排瓶系统终于在希玛保龄诞生。但在演示时，这台自制的系统却没什么反应，公司上下都很失望。随后的几个月，在何帮喜的带领下，公司技术人员团结一心，共同拼搏，大家纷纷献计献策，技术难关一个个被攻克。1996 年 9 月，第一批希玛保龄球设备面世，并以进口产品的半价销售到全国。这之后，随着产品的不断升级换代，希玛保龄设备渐渐成了行业中的代表性品牌。

随后，何帮喜开始逐步在全国布局希玛保龄产品的生产，2002 年，他在安徽无为县二坝经济开发区投资兴建了世界上最大规模的专业保龄球道板生产基地希玛南方工业园，投产后改写了中国不能生产国际标准的 3.6 米保龄复合材料道板的历史。到 2006 年，希玛保龄公司的保龄设备已占据了 75% 的国内市场和 30% 的国际市场。

进入 21 世纪，随着北京市城市功能定位、产业定位的调整，一般加工制造业被要求疏解转移到其他地方。而且，各类前景广阔的新兴产业不断涌现，这让何帮喜有了新的打算，他一方面寻求企业的业务转型，将希玛保龄的相关生产加工业务布局到全国其他地方，另一方面也在探索投资国内的科技创新行业。2008 年，何帮喜在大兴原来企业的产业园区成立了专业化投资管理公司——民银国际，专注于科技创新领域的投资，涉及智能制造、工控网络安全、智慧油田、大数据、云计算、物联网等很多方面。近年来的投资项目中，包括了新华 CNC 网络电视台、今日头条、奇虎 360、徽商银行、杉树岭工控安全、十荟团新零售、智云安管道机器人检测系统、科莱斯电热科技、易往智能制造、红茶移动 ESIM 智能通讯、360 度全景摄像头、美国安保机器人、海拓跨境平台、易微行共享汽车等几十家股权投资企业，在推动我国科技创新发展，助力“大众创业、万众创新”方面发挥着重要作用。

典型案例2：伟豪铝业（伟豪控股）——从生产电子铝箔到转型投资科技项目

1995 年，张正喜从工作的国企辞职，举债在大兴黄村租了一间办公室，创立了伟豪公司的前身北京南辰铝品有限责任公司，生产电子铝箔。电子铝箔是生产铝电解电容器的主体材料，这种材料广泛被运用于电视机、电脑、电冰箱、空调、控制系统等，张正喜创办企业，正是因为掌握这方面的一个专利——2301负极箔，但由于资金有限，张正喜很难自己完成生产、加工到销售的各个环节。头脑灵活的张正喜决定采用“外包”模式，自己控制专利产品、销售渠道和客户，将中间的生产、加工环节委托给生产能力过剩的国有企业来做。短短一年，公司的“南辰”牌2301负极箔就占领了全国负极箔市场的20%，三年后市场占有率达到80%。该产品先后被评为大兴县级新产品一等奖、北京“高新技术产品”、国家级“重点新产品”，先后被纳入“北京市星火计划”“国家火炬计划”。

1997年4月，南辰公司和东辰铝业共同出资1050万元，组建了新的企业——北京伟豪铝业有限责任公司，其中南辰公司出资546万元，占股份52%，专利产品进入伟豪公司，采取销售收入提成的方式；东辰铝业出资504万元，占股份48%。伟豪公司再去租赁东辰铝业的厂房、设备，第一年交租赁费500万元，以后每年递加5%，伟豪公司使用东辰铝业电力设备和热动力设备等，按照实际使用情况支付费用。通过这种合作，南辰公司的生产规模迅速扩大，通过优良资源整合而成的伟豪公司也充满了活力和市场竞争力。此后，伟豪公司又通过与辽宁电子铝箔厂合作，成立了丹东伟豪铝业有限公司，以作为自己升级产品的生产基地，从而拥有了一条比较完整的铝箔生产线。进入21世纪，伟豪公司又经历了一系列的资产重组，在解决了债务及人员安置等问题之后，正式收购了原属国企的东辰铝业，完成了一次重要的转型。

2008年前后，国家金融政策适度从紧，银行大力压缩贷款，对企业经营产生了较大影响。同时，由于伟豪公司所从事的铝箔行业中的一些工艺属“三高”（高污染、高能耗、高耗水）类型，不符合北京市的产业政策，需要退出，导致伟豪公司面临再一次的转型。这时，张正喜找到了之前的一个上游供应商——山西霍煤集团，他们正好想做铝产品深加工，于是双方一拍即合，签约进行了资产重组，北京伟豪铝业以设备入股，并将技术等轻资产也进行了转让，成立了内蒙古霍煤伟豪电子铝箔股份有限公司，新公司主要由霍煤集团负责经营管理，伟豪公司完全退出。

当时，北京伟豪铝业在大兴的厂区被纳入了新的产业规划用地，厂区拆迁后获得了一笔数目不菲的补偿。那时候，中国的私募基金开始发展起来，这给了张正喜启发，于是他决定转行做投资，瞄准科技创新项目，做创业者们背后的支持者。2009年，张正喜开始酝酿小额贷款，并于2012年成立了丹东伟豪小额贷款公司。2012年11月16日，北京伟豪控股（集团）有限公司正式挂牌成立，业务涉及制造、教育、投资、食品、金融等行业。2013年，按照集团战略转型布局，经过近两年的积极筹备，北京汇富小额贷款股份有限公司正式成立。至此，北京伟豪集团的转型圆满完成。此时的张正喜也正式从制造业退出，成为行业中知名的"天使"投资人，持续支持着包括大兴区科技产业在内的科技创新事业的发展。

二、以市场为导向，从单一产品生产到提供综合性解决方案

企业的发展离不开市场，大兴区的一些代表性企业在创新发展中，不断地依据市场变化和自身优势，调整发展方向，从一个提供单一产品的企业发展成为了提供综合性、一揽子解决方案的"总包商"。

典型案例：天普新能源——持续创造国内新能源行业多项第一

1989年，山东的程翠英夫妇结合在老家创办太阳能企业的经历，带着2000元和十几个人来到北京大兴，在一间简陋的地下室开始了新的"冒险"，生产太阳能热水器产品，并在同年成立了中国最早的太阳能开发、制造、服务一体化专业企业——北京天普太阳能工业有限公司，后来发展成为天普新能源集团。

天普太阳能成立之初就明白：创新是立企之本。20世纪90年代，太阳能利用虽然发展很快，但还存在诸多技术障碍，国家标准也没有出台。是按部就班生产原有产品，保证市场份额稳定，还是冒险搞科技创新，带动行业整体技术水平的提升？对此，程翠英和公司高层毅然选择了后者。在这之前，太阳能热水器的水箱是方形的，生产、安装、使用都不方便，而且不美

充分应用了新能源系统的天普新能源集团办公大楼

观。针对这一点，天普公司组织科技攻关，最早发明了圆桶形的保温水箱，这种水箱成为之后所有太阳能热水器的标准配置。

天普太阳能创造的行业“标配”不只这一件，当时市场主流的太阳能热水器真空管都是 Φ47mm × 1200mm 的配置，在实际应用中并不如意。程翠英看准了这一点，大力推进企业搞科技创新，顶着“非标准”的帽子，推出了 Φ47mm × 1500mm、Φ58mm × 1800mm 真空管，经过市场检验，最终被行业企业接受，成为又一个“标配”。1996 年，天普太阳能公司设计建造了一栋 370 平方米的太阳能采暖建筑，成为全国首家涉足这一领域的企业，实现了太阳能与建筑的一体化。此后，随着产品技术的持续创新和业务领域的拓展，越来越多的“第一”涌现了出来：建造第一座奥运新能源示范大楼，第一个创建中国太阳能营销服务模式，打造北京第一个无煤村——刘家铺……

进入 21 世纪，国家“家电下乡”等政策的实施，让太阳能热水器的国内消费快速增长。但由于过度透支市场，该类产品全行业销售大幅回落，近三分之二的行业企业被淘汰。天普新太阳能热水器尽管还保持着较亮眼的市场表现，但鉴于行业发展的大趋势，已发展为企业集团的天普新能源还是决定进行整体业务的转型升级。简单说，就是要从较单一的太阳能产品销售升级为做“新能源的综合服务商”，为客户提供一揽子的新能源综合解决方案。这个解决方案，简单说就是将新能源技术整体化应用在一栋建筑、一个社区或一个村庄，诸如发电、采暖、制冷、热水、垃圾处理、干燥、蒸汽等，都采用新能源。这些新能源中，不仅有太阳的光能，还包括空气能、地热能、水能、土壤能等。

这种综合解决方案通过模块把各种能源技术集成在一起。它有一个显而易见的好处，就是可根据用户的实际需求配置相应模块，从而降低使用成本。比如一个单独的农户只想解决热水和取暖问题，那么配备这两种模块就可以了；如果是一栋大楼，要求用新能源技术全面解决用电、取暖、供热、制冷等问题，那么就需要再增加相应的模块，满足需求，同时不增加多余支出。

按照天普新能源的说法，这是一种“太阳能 +”，即通过太阳能和其他能源相辅助来解决能源供应等问题。公司最开始开展的是太阳能 + 热水器的业务方向，只是用于单个家庭的洗澡等，后来又提出了“家庭新能源中心”的概念，不仅为家庭提供热水洗澡，还提供热泵空调用于取暖或制冷。再后来通过太阳能的集中采集，天普新能源又提出了“太阳能 + 采暖”的业务方向，不再只是针对一家一户，而是形成一个综合性的新能源解决方案，又称作“分布式新能源站”。客户对象也变成了地产开发商、宾馆饭店、学校、医院，以及其他一些公用建筑，或者整个村庄、社区等，服务模式也由单一的产品销售变成了综合性的工程服务。

在这种“太阳能 + 采暖”“太阳能 + 热泵”技术基础上，天普新能源配合很多地区实施了煤改电工程，同时在农村自住房、低层建筑、公用建筑方面推广集纳了各种新能源技术和产品的快装式、标准化建筑。目前，天普新能源的这些工程服务项目遍及全国，在大兴区的部分村镇也都有较为成功的应用，深受客户好评。

三、发现新商机，及时转型开拓新兴行业

大兴区以前遍布各种生产加工型工业企业，后来其中一部分在发展过程中凭借敏锐的市场眼光，发现了潜在的新商机，于是当机立断进行转型升级，投身于新的行业，成为行业中的拓荒者。

典型案例：星光影视园——从照相器材生产地到顶级视听内容制作服务基地

星光影视园的前身是“星光照相器材厂”，由改革开放初期，在大兴西红门生产照相器材的乡镇企业发展而来，创办者为土生土长的大兴人陈瑞福。20 世纪 70 年代末，他带领当地村民从编大筐、做保温瓦、开铁皮作坊开始探索致富道路。后来，陈瑞福发现了照相灯光器材的商机，于是往这方面转产，并把小作坊起名为“北京大兴西红门九村照相器材厂”，不久，为了让人听起来更响亮，又改名为“星光照相器材厂”。

在产品有了一定销路后，器材厂投资研发了一种可以使用 30 个小时的 650 高色温冷光灯，但并没受到照相馆的青睐。陈瑞福决定找搞电影灯光器材的人来看一看，结果对方很满意，给了很多订单。在积累了一定的业务资源后，陈瑞福又将灯具的配套设备如撑杆、灯架、卡具也纳入了生产范畴，星光器材开始全面向影视设备领域进军。后来，陈瑞福抓住机会，通过提高企业自身技术实力，自主研发了更适用于演播室、舞台、剧院等场所的各类器材产品，企业的角色也从单一产品供应商转变为演播室等工程的承包商。

随着业务的进一步发展，星光照相器材厂的转型提上了日程，并成立了北京星光科技股份有限公司，后来发展成一个大型影视产业集团，建了办公大楼，并且设计了一个演播室作为展厅，配备了自己生产和代理的灯

星光影视园外景

光、视音频控制设备，从而可以让客户更为直观地了解产品。出人意料的是，这个展厅成了很多省级电视台眼中的“香饽饽”，湖南卫视还提出要租用展厅制作节目。

此后，星光公司又陆续建设了几个大型演播厅。但陈瑞福想得更远，他想建立一个大型的影视基地，从事灯光和视音频设备租赁、舞美化妆设计和制作、节目包装与制作、艺术院校实习、节目传输、电视台记者站设立等业务，为合作方提供全产业链的服务，打造一个影视的生态园区。在这里，各地卫视和节目组可以将自己的节目从前期到后期一站式完成。2005 年，国家新媒体产业基地落户大兴，星光影视基地（星光影视园）也被纳入了新媒体产业的范畴，成为“十一五”时期国家重点建设的国家新媒体产业基地中的重要组成部分。

2009年，“中国北京星光电视节目制作基地”在星光影视园挂牌，这也是当时国家广电总局唯一批复的国家级电视节目制作基地。此后短短的几年时间，星光影视园就成功聚集了产业链近千家相关企业入驻经营，形成了以节目制作产业链为核心，延伸至产业链上下游的特色产业环境。2019年，基地更名为“中国（北京）星光视听产业基地”。

星光影视园以视听内容制作服务为核心，为央视、地方卫视以及爱奇艺、优酷、腾讯、快手、B站等新媒体平台提供一站式节目制作服务，十余年来，在这里制作出《星光大道》《我要上春晚》《中国诗词大会》《北京春晚》《欢乐喜剧人》《奇葩说》《中国新说唱》《机器人争霸赛》《bilibili跨年晚会》《快手大年夜》等诸多现象级高质量视听节目，同时不仅吸纳了新华网、央广购物、黑龙江广播电视台、星拓视联、航天建筑设计研究院等领军型企业共建共赢，更孵化培育出数百家专业服务类中小微创新创业型企业集聚发展。

四、以科技创新谋发展，传统企业获得新生

大兴区有一批“老字号”国有企业，曾是北京市甚至全国的知名品牌，在新的发展时期，这些“老字号”不沉迷于过往的辉煌，通过大力度的科技创新，开发新品、新技术，始终屹立于改革开放的最前沿，成为行业市场中的排头兵。

典型案例1：三元食品——创新铸就一流乳品企业

北京三元食品股份有限公司是我国食品行业的知名企业，地处大兴区瀛海镇，前身是成立于1956年的北京市牛奶总站，1968年更名为北京市牛奶公司，1997年成立北京三元食品有限公司，2001年公司改制成为北京三元食品股份有限公司，于2003年在上海证券交易所成功上市，2006年4月经商务部批准完成股权分置改革。

作为我国著名奶业企业，三元食品的产品涵盖屋型包装鲜奶系列、超高温灭菌奶系列、酸奶系列、袋装鲜奶系列、奶粉系列、干酪系列及各种乳饮料、冷食、宫廷乳制品等百余品种，拥有“三元”“燕山”等著名商标。销售网络覆盖北京各城区及上海、深圳、福州、天津、太原等50多个地区；已建成了与国际接轨、在国内处于领先地位的液态奶、发酵奶、固态奶、科研培训中心四大基地。2004年7月，公司成为获得“QS”标志的乳品企业；同年产品被指定为“人民大会堂”宴会专用牛奶。2005年10月，公司再次被国家质量监督检验检疫总局授予“中国名牌产品”称号。2007年1月，公司顺利通过了ISO 9000、ISO 14000、ISO 22000、OHSAS 18000四大管理体系的审核，成为最早通过四合一管理体系整合的食品企业。2009年，公司获得“中国驰名商标”称号，成为当时国内唯一同时拥有“中国名牌产品”“中国驰名商标”两项称号的乳品企业。

创新是企业生存的根本，三元食品也不例外。在竞争激烈的奶业市场，三元食品坚持进行产品的升级创新，比如婴幼儿配方乳粉。2014年，三元食品在国家科技部和北京市科委的大力支持下，横跨6省市，收集了2万余个生物样本，首次对我国母乳中的500多种功能成分做出定量分析，全面推进中国母乳队列研究。2016年7月，“三元爱力优母乳模拟与临床验证项目”顺利通过北京市科委验收，成为行业内率先通过母乳研究与临床验证的企业。同年10月，三元食品发布中国母乳数据库，为细分化和功能化婴幼儿配方产品提供了科学依据，并在此基础上研发出了更适合中国宝宝健康成长的配方乳粉。2017年，三元食品集全产业链协同创新，研发出了三元极致A2β－酪蛋白超高端纯牛奶，改变了以往对奶源的细分方式，实现了从源头开始的创新升级，带动了我国乳制品的消费升级。

典型案例2：北汽新能源——新能源汽车行业代表

北京新能源汽车股份有限公司创立于2009年，由世界500强企业北京汽车集团有限公司发起并控股，是我国首家独立运营、首个获得新能源汽车生产资质、首家进行混合所有制改革、首批试点国有企业员工持股改革的新能源汽车企业。

公司成立以来，即定下了“技术为核心”的发展路线，专注耕耘纯电动汽车领域，凭借掌握的新能源核心技术，已经推出 EX、EV、EC 等系列车型十余款纯电动乘用车，成为中国新能源市场上产品谱系最长的新能源车企。

2013—2016 年，北汽新能源连续四年蝉联中国纯电动汽车市场销量冠军，累计市场保有量已近 10 万辆，居全国第一位。同时，北汽新能源还是中国第一个具有完整的服务链、产业链和生态链的新能源车企。截至 2017 年 6 月，北汽新能源建公共桩 9845 个，通过合资合作建公共桩 4.29 万个，建私人桩 24688 个。

北汽新能源不仅是一家汽车制造和销售企业，更是一个涵盖充电、运营、置换、服务、分时租赁在内的绿色出行完整解决方案的供应商，致力于推动新能源及纯电动汽车的普及与发展。2018 年 3 月 1 日，由北汽新能源作为建设主体单位，牵头组建的国家新能源汽车技术创新中心正式成立，将在北京市政府统筹协调和组织推动下，协同相关新能源企业，为国内新能源汽车创新、前沿技术研发提供支撑和保障。

五、走“高精尖”道路，凭技术创新赢得行业地位

在大兴区近年来迅速崛起的许多品牌中，相当一部分属于具有较高科技含量的“高精尖”企业。它们通过持续的研发投入，开发具有国内外行业领先水平的产品或技术，赢得了市场，占据了行业中的前沿地位，成为区域科技发展水平的主要支撑力量。

典型案例1：民海生物——科技创新引领国内疫苗行业

在我国疫苗行业，北京民海生物科技有限公司可谓行业翘楚。这家位于大兴生物医药产业基地的企业创立于2004年，2008年与深圳康泰生物制品股份有限公司实施战略重组，成为其全资子公司。民海生物是一家以生物疫苗产品研发、生产和销售为主营业务的上市企业，拥有一个国内新型疫苗研发中心，以及由十几个GMP生产车间组成的现代化疫苗生产基地。

由于技术力量雄厚，且处于行业前沿，公司分别被国家发改委、国家人保部、北京市评定为“新型疫苗研制技术国家地方联合工程实验室”“结合疫苗新技术研究北京市重点实验室”“北京市新型联合疫苗工程技术研究中心”“北京市工程技术研究中心”“院士工作站”和“博士后工作站”。2017年公司在创业板上市，当时市值达400多亿元。

这些成绩并非轻易得来，生物医药行业有着投资巨大、周期长、风险高等特点，民海生物成立后就开始摸索产品技术创新的路径，为了先求得生存，公司选择了一条“曲线救国”道路，一方面积极开发原创性疫苗新产品，另一方面制订了产品升级的路线图，即先仿制国内，再仿制国外，再全球创新。2011年，公司自主研发的国内首款无细胞百白破b型流感嗜血杆菌联合疫苗诞生，荣获北京市科学技术奖三等奖。此后几年，麻疹风疹联合减毒活疫苗、b型流感嗜血杆菌结合疫苗、23价肺炎球菌多糖疫苗等新的疫苗产品也陆续被开发上市，在国内占据了很高比例的市场份额。

但民海生物在产品的创新方面并没有停止脚步，第二梯队在研疫苗产品达33个，是国内所有疫苗企业中品种数量最多的。这些在研产品中，有4个品种属于全球首创，10个品种填补了国内空白。目前，民海生物每年用于产品技术研发的投入达2亿元，占年销售额的比例达10%。根据预测，公司在未来几年内，单品种年销售额超过10亿的将有10个，超20亿的有4个，超50亿的有2个。到2022年，公司年销售额预计将超过100亿元，到 2026 年可望超过 300 亿元，成为具有全球领先水平的疫苗研发、生产与销售企业。

典型案例2：三元基因——创造中国首个基因工程一类新药

北京三元基因药业股份有限公司是成立于大兴区的一家现代生物医药技术企业，主要从事研制、开发、生产和销售生物医药技术产品，包括基因工程药物、基因工程疫苗和诊断试剂，并从事与之相关的技术贸易与技术咨询服务业务。20 世纪 80 年代末，三元基因创始人之一、现任总经理程永庆在中国协和医科大学（现北京协和医学院）读研究生，有一次他去看望侯云德院士，侯云德院士当时在领导国家病毒基因工程重点实验室，这个实验室也是中国最富成果的重点实验室。程永庆进了侯云德院士的办公室，看到了一大堆论文和获奖证书。侯院士说："看看，这么多科研成果和文章，如果能变成药，变成疫苗，那就好了。"

毕业之后，程永庆走进了中国第一家中外合资的风险投资公司，拿到了钱。1992 年，程永庆和侯云德院士共同创建了三元基因。当时，侯院士在科研小楼，重点实验室在楼上，他们把三元基因建在了地下室。侯院士在楼上做小试研究，其他人员就在地下室做中试研究并规模化生产。经过努力，他们先后研发出了十几个产品，包括干扰素、乙肝疫苗、乙肝诊断试剂等，通过技术开发和转让给了华北制药厂、上海生物制品所等，推动了中国生物制药产业的进步。不过，三元基因最重要的成果，就是独创了中国第一个具有自主知识产权的基因工程一类新药——重组人干扰素 α1b。这是侯云德院士在国际上首次从健康中国人脐带血白细胞中克隆出的干扰素 α1b 基因，经实验室和临床研究成功后，广泛用于病毒性疾病和恶性肿瘤疾病的治疗。三元基因在全球引领着通过雾化吸入治疗病毒性肺炎的新方向，2020 年，新型冠状病毒肺炎疫情在全球暴发，为应对此次新型冠状病毒，国家卫健委的诊疗方案将该干扰素雾化吸入列为抗病毒药物。

成立近30年来，三元基因作为中国第一家以基因工程专业技术命名的企业，开发了中国第一个具有独立知识产权的基因工程一类新药，建立了中国第一个通过国家GIP认证的基因工程生产线。

典型案例3：五和博澳——开发国内首个降血糖原创天然药物

位于大兴生物医药产业基地的北京五和博澳药业股份有限公司的主打产品是中药降糖药物。公司围绕“现代天然药物”与“高端创新制剂”，立足临床价值导向和同类最优的差异化创新，不仅坚持做创新药，还敢于挑战全球独家、高技术壁垒的原创新药。2009年起，五和博澳通过产、学、研方式与中国医学科学院、北京协和医学院药物研究所联合研发中药创新药“桑枝总生物碱片”。这是我国10年来首个获批的糖尿病中药新药，也是国内首个降血糖原创天然药物，各类生化指标优于国际医药巨头的同类产品。

此项新药课题在20世纪末由中国医学科学院立项，历经两代科学家的研发努力，至2008年才获得临床批文。2009年，公司与中国医学科学院及北京协和医学院药物研究所签约，承接此项研究成果的产业化落地，并开始为这个项目量身定制生产线，组织团队，一起开展临床研究。但产业化过程并不容易，也可以说是这个项目的一大难点。因为这个产品的工艺创新性，只能量身定制生产线，这样的生产线在国内外没有现成的，要自己根据产品的特性、工艺去找相应的设备、供应商，然后集成到一起，再对每一个过程详细分析，进行优化。

不过，经过企业、院所及研发团队的共同努力，他们最终还是攻克了桑枝总生物碱项目成果转化和系统集成的高技术壁垒，从药材进厂、粉碎、提取，到分离、纯化、精制和干燥，实现了全过程自动化和精细化的控制，提取率和产品质量稳定，生产规模可满足年产5亿片的要求。2017年，公司将此新药向国家药监局药品审评中心（CDE）正式提交上市申请，于2020年3月正式上市。根据五和博澳公司预测，桑枝总生物碱片前景广阔，上市后经3~5年培育，销售额有望突破30亿元，成为降糖药市场的一匹“黑马”。

正是因为在各方面所具有的重大意义，桑枝总生物碱项目获得“重大新药创制”国家科技重大专项、国家中医药管理局开发专项、北京市“十病十药”专项、大兴科技成果转化专项等支持。作为院企产学研合作的产物，该项目树立了国家级院所科研成果在北京落地转化的典范，被纳入中关村重大前沿原创高精尖项目。

典型案例4：合创三众——让能源管理走上智能化道路

北京合创三众能源科技股份有限公司成立于2004年。作为国家高新技术企业、中关村高新技术企业，公司以清洁能源系统建设、建筑节能、云计算为核心，集研发、设计、生产制造、解决方案、市场推广为一体，于

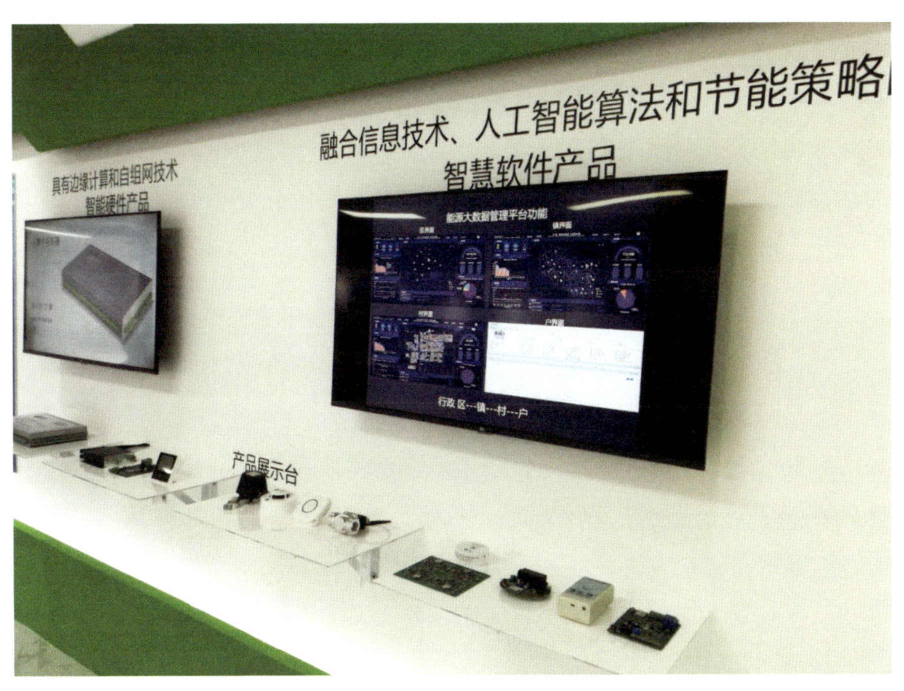

合创三众能源公司展示的智慧能源管理系统及硬件产品

2012年登陆新三板，拥有多项国际发明和国内发明专利。该公司是全球首家提出“AI智慧能源流体管理”概念的能源软件和信息化技术企业，即通过改变电、水、气、冷、暖这些能源的流量、流速、方向，建设城市能源大脑，助力各产业升级，实现社会经济的绿色可持续发展。此种“AI智慧能源流体管理”系统彻底改变了传统自控系统的预编程固定控制模式，以人工智能技术应用在能源控制领域，让人们在保证享受舒适的前提下，降低能源消耗。

“AI智慧能源流体管理”系统在全国多地广泛应用，比如在大兴区建设的智慧能源管控平台，是一个大兴区公共建筑能源管理系统，服务于大兴区各个公共建筑，包括行政中心、医院、学校、酒店、办公楼等，实现能源统计及节能量化的功能，以促进建筑能源信息化与节能管理在区域内的发展。以大兴区行政服务中心清城办公区的应用为例，其综合节能率达到了32.57%。

此外，作为大兴区重点支持企业，合创三众能源公司利用自身技术优势，在大兴区农村“煤改清洁能源”工程中发挥了重要的科技支撑作用。大兴区供电部门从“煤改清洁能源”用户中随机抽取了11个村10020户已实现节能控制功能的空气热源泵用户进行比较，测算发现这部分用户平均每年每户可节约电量1762.03度，节省电费528.31元，平均可实现节能率19.74%，为大兴区走绿色发展之路提供了有力保障。

典型案例5：大凤太好——危化品安全处理行业尖兵

很多行业都要用到石油及其炼化产品汽油、柴油等，这些油品需要用特制的油罐运输、储存，但油品往往又会对罐体存在强烈的腐蚀性，因此需要定期对油罐体内进行清洗、检测，以防发生油品泄漏或爆炸事故。在以前，这些工作需要人工进入罐内去完成，但罐内存在大量油化氢等有毒有害物质，会危害清洗或检查人员的生命安全；另外，油罐体量巨大，完成一个油罐（储存罐）的清洗检测需要耗时9个月，淘洗出来的残油废水对空气和地下水都存在污染。

这些问题长期困扰着石油工业的发展，但也因此存在巨大的商机。1996 年，北京大凤太好环保工程有限公司的创始人刘战平从日本引进了一套 COWS（Crude Oil Washer System）石油储罐机械化清洗技术，可在完全封闭状态下进行机械化、自动循环的物理性、低压射流清洗，达到“安全、环保、节能、高效、规范”的标准，其清洗检测一个油品储存罐仅需要 25 天，解决了传统人工清洗方式中的诸多问题，填补了中国石油储罐机械化清洗行业的空白。

鉴于行业市场广大，刘战平后来决定自主研发不同种类的危化品储罐清洗检测技术和设备，包括原油、汽油、酒精、强酸、强碱、苯、氰化钾等，后来又决定研发危化品的应急抢险设备，提供相关的工程技术培训。经过持续的技术创新，北京大凤太好环保工程有限公司的自主研发产品也得到了客户的认可，在行业市场声名鹊起。

通过技术创新，公司发明了一种专利产品，可按储油量的比例用设备加到油罐里“以油洗油”，成功地分解掉那些沉积物，长年保持油品品质。他们还成功开发出一种在全世界都处于领先地位的储罐“封边”产品，一次“封边”就可让油罐延长很多年的使用期限。经过多年的技术积累与创新，大凤太好公司在行业内赢得了较高的声誉，其服务对象包括了国内的中石油、中石化、中海油、国家石油储备库、国家商业储备库及美国、日本、英国、德国、加拿大等国的海外客户，成为国内危化品安全处理方面的代表性企业之一。

六、以互联网为依托，创造大兴高质量发展的新兴业态

互联网的快速发展带动了以此为基础的众多行业及产业链的形成。在大兴区，无论是本土诞生的，还是外面引进的，在这里落户的互联网企业都坚持创新中发展，以丰富而高质量的服务赢得了口碑，成为业界的代表。

典型案例1：小笨鸟——做最好的跨境电商平台

小笨鸟跨境电商平台于2014年在大兴成立，当年9月1日正式上线，目前已发展成为在国内外有广泛影响力的跨境电商平台。在这个平台上，通过注册账号，上传商品，就能把商家的商品发布和销售到全球数十个国家和地区的eBay、Amazon、Newegg等网购平台上。小笨鸟是北京电子商务中心区（CED）的电子商务企业，在美国、欧洲、澳洲都建立起自己的海外分支机构和海外仓，形成了现在的特色——“平台中的平台”，即小笨鸟平台与eBay、Amazon、Pixmania等海外知名电商平台达成合作协议，通过技术手段整合，让中国的供应商利用小笨鸟平台的“一键发布”，实现同一种商品向全球各站点和平台同时发布，并用一个中文界面实现管理上传图片、处理订单、发货、收款等繁杂的流程。

小笨鸟覆盖语言包括英语、法语、德语、西班牙语、葡萄牙语等，其平台工作原理是利用网络技术，让国内企业与国外跨境电商平台实现对接。同时，为保障平台上的商品质量，小笨鸟在加强平台企业信用、产品质量等审核把关的基础上，还建立了一套担保信用体制。

小笨鸟跨境电商平台是CED的骨干企业，2015年5月被评为商务部2015—2016年度电子商务示范企业。小笨鸟通过技术创新及模式创新，为国内传统中小企业创造了全新的发展机会。目前，在原来跨境电商服务以及跨境电商平台基础上，小笨鸟将业务定位升级为全球贸易综合服务商，为中国卖家提供全流程、一站式外贸服务，打造出完整的跨境电子商务服务产业链和生态服务圈。

典型案例2：猪八戒网——从众包平台向全产业链服务挺进

猪八戒网2006年成立，2013年入驻国家新媒体产业基地。成立之初，猪八戒网是被定位成一种为初创企业和soho族提供各类专业服务的网站，称作“威客”型公司。简单来讲，就是谁需要为自己的公司设计logo，或者搭建简单的网站，都可以在猪八戒网搭建的平台发布需求。而在该网注册的供应商或个人则可在线“竞标”，随后进行交易。这种商业模式主要借鉴的是淘宝，只不过猪八戒网这样的“威客”公司搭建的互联网平台，着重卖的是设计和创意。不过，无论是淘宝卖实物产品，还是58同城卖生活服务，都属于生活消费性的互联网平台交易，主要体现的是C to C或B to C。猪八戒网所搭建的平台，则主要是企业与企业之间的产业性交易，着重体现的是一种“B to B”的特征。在猪八戒网创业初期，有一些soho族来接单，最后由买家择优录用，支付报酬，而网站则在其中提取大约20%的佣金。

不过这种模式并非猪八戒网独创，也没有特别的优势，后来公司决策层决定对业务模式进行创新：在线交易停收佣金。这样，平台上的雇主和服务商没有了“跳单”的动力，更愿意在线上进行交易，平台的吸引力与凝聚力也增加了。没有了交易佣金这笔收入，就得通过提供其他专业服务找补回来。猪八戒网经过精心准备，推出了知识产权保护服务作为替代性收入来源，网站也很快发展成为中国最大的知识产权交易平台。

目前，猪八戒网以众包平台的形式服务于各类创新创业型中小微企业，对于推动“双创”以及解决就业问题作用明显，因此受到了来自各地政府的高度关注，一些地方纷纷要求与猪八戒网开展合作，希望通过猪八戒网的大平台以及全方位的专业性服务，带动区域“双创”水平提高。

在大兴区发展的这些年，猪八戒网不仅将其业务服务于大兴区及北京市的中小微企业、个体创业者，同时辐射到了全国很多地区，通过在线“服务交易”的形式，有效克服了地理距离等客观因素带来的合作障碍，为大兴区及北京市新兴业态增添了丰富的内容。

七、社会团体结合自身职责，探索服务新形式与新内容

随着大兴区科技、教育、文化和社会的发展，各种专业门类的社团组织如雨后春笋般涌现，发展势头迅猛。在创新大潮中，这些社团组织结合

自身职能特色，进行了一系列的实践探索，有效地推动了大兴区创新文化的培育。

典型案例1：科学技术协会——结合大兴发展需求提供智力支持

大兴区科学技术协会是大兴区最具代表性的科技社团。在大兴，协会充分发挥自身在科技人才枢纽组织的作用，探索多种形式，服务大兴的经济社会发展。自2009年开始，北京市科学技术协会在企业和科研单位中建立院士专家工作站，动员组织广大科技人员深入基层服务企业，引导创新要素向企业集聚。2010年12月，在大兴区科协的牵头协调下，大兴生物医药产业基地院士专家工作站在北京以岭药业有限公司成立，这是北京市第一个以科技园区为平台建立的院士专家工作站，也是大兴区首个获批建立的院士专家工作站。

院士专家工作站对于推动科技人员深入基层、服务企业创新发展需求，促进产学研结合具有积极意义，同时也有助于满足企业对高层次人才支持、实现跨越发展的迫切需求，对于推动企业成为技术创新主体具有重要作用。多年来，大兴区科协不断在企业、工业园区中加强院士专家工作站建设，截至2020年6月，全区共指导建立院士专家工作站10家，合作院士有吴以岭、王永炎、程书钧、侯云德、陈勇、郭应禄、侯德培、Mikos等，通过合作开展项目研发，逐步实现了企业创新发展，部分企业已成为业内领军型企业。

自2016年起，北京市科协又在全市启动了“创新簇”计划，为区域创新驱动发展服务。大兴区科协牵头、协调建设的“创新簇”主要针对企业，有利于激活各类科技人才服务大兴企业，增强区域科技创新能力，更好地推动区域创新发展。

所谓“创新簇”，就是用创新链将创新要素聚拢起来，形成有利交流创新的生态，引导企业竞相建立企业科协组织，把科技工作者制度化地吸引到企业创新实践中，服务创新驱动发展。“创新簇”这种面向企业需求，由企业“点菜”，科协组织专家精准对接的“保姆式”科技创新服务是科协助力创新发展的新探索。2018 年，大兴区科协、大兴区科协企业创新服务中心以“创新簇”建设为主线，大力整合各方科技资源，聚焦企业创新发展转型升级，积极服务企业培育发展新动能、拓展发展新空间、打造发展新引擎。为配合做好此项工作，推进“创新簇”在园区广泛实践，经过充分调研和积极争取，国家新媒体产业基地被大兴区科协设立为区首家“企业创新服务分中心”，逐步构建起上下联动的工作网络，形成推动企业创新的强大合力。

截至 2020 年 6 月底，全区已指导建立企业创新簇 10 家，分别为：2018 年在国家新媒体产业基地建立的北京实力伟业环保科技有限公司、北京正开科技有限公司、北京港震科技股份有限公司、北京航天常兴科技发展股份有限公司、北京人民电器厂有限公司 5 家企业创新簇；2019 年在大兴生物医药产业基地建立的北京阿迈特医疗器械有限公司、北京恒福思特科技发展有限责任公司、华科精准（北京）医疗科技有限公司、北京联众泰克科技有限公司、北京万洁天元医疗器械股份有限公司 5 家企业创新簇。

为了发挥专家的智力支持作用，2010 年，大兴区科协结合职能定位，创办了全区第一个区域综合性建言献策刊物《科技专家论大兴》。该刊物围绕大兴区功能定位和发展战略，聚焦经济社会发展中的重点问题和民生领域的热点问题，借力首都专家智力资源，针对特定选题开展调研，提出前瞻性决策建议。近年来，大兴区科协立足大兴区区情，围绕全区经济、科技、社会发展的重点难点问题，组织科技行业专家提出了一系列有价值的建议意见。自《科技专家论大兴》创编以来，先后数次得到大兴区相关领导的批示，为大兴区相关科学决策提供了有力的智力支撑。

典型案例2：大兴区农村实用人才协会——在乡村振兴中发挥示范引领作用

该协会由大兴区部分农村实用人才自愿联合发起成立，旨在广泛联合大兴区各类农村优秀人才，发挥协调、咨询、服务、培养的作用，维护会员的合法权益，为大兴区农业农村经济与社会创新、协调、绿色、开放、共享发展服务。农村实用人才协会在成立后，在多方面进行了创新探索，比如优化人才结构，开展分类培养，逐年提高社会文化类、经营管理类等新型农村实用人才比重，降减生产类人才比重，重点抓好农村管理、休闲旅游、民俗文化、农产品电商等领域高端复合型农村实用人才的开发培养，大力提升人才的村务管理能力、营销带动能力、农业生产能力、文化活动能力和职业技术能力；积极为农村实用人才搭建平台，积极探索创新农村金融体制机制，为人才创业发展提供资金保障。到2020年，协会共评选资助区级农村实用人才创业创新23个，推荐并获评市级农村实用人才创业创新项目奖励10个，推荐北京市农村妇女创新创业项目10个。

协会搭建了一系列农村实用人才交易展示平台，至2020年7月，已实现7家专业合作社与沃尔玛、家乐福、华联等大型商超企业实现对接，进入全国范围内的265家门店；4家农业企业及合作社在全市69家社区建立了农产品直营直销点；5家带动能力突出、组织化程度高的农民专业合作社，与海底捞、呷哺呷哺等餐饮企业和高校、医院、机关等食堂实现对接，带动合作社蔬菜等农产品进入本市餐饮领域销售；在电商对接平台方面，则有5家农民专业合作社在京东、天猫、微信等网络平台推广销售农产品。

农村实用人才是生产一线的佼佼者，在协会的组织带动下，大兴区的农村实用人才通过接受培训，及时掌握较先进的生产技术，通过示范带动，充分发挥技术"二传手"的作用，带动周围农民的生产技术水平也有了明显提高。如礼贤镇东段家务村实用人才张月强，将雄蜂授粉、生物有机肥等新技术积极应用在自己种植的越冬番茄棚内，通过选取适宜本地种植的品种，番茄的产量和品质得到了明显的提高，示范带动周边农户的蔬菜种植，推动了礼贤镇农业产业发展。

近年来，大兴区的农村实用人才示范引领作用明显增强，带动周边农民更多的增收就业机会。如北京市京采兴农产品专业合作社理事长郭宝旺，依托采育万亩葡萄基地开展标准化种植，积极吸纳葡萄种植户入社，带动农户 80 户，每户年收入增加近万元；北京进伟草莓专业合作社李桂侠，通过开展种植示范、技术培训、联合开发等方式，帮扶周边农户发展生产，吸收周边 260 户农民加入合作社，入社农户亩均增收 2500 余元；礼贤镇益农蔬菜专业合作社张海峰，打造“礼贤益农”品牌，带动近 2200 家农户共同发展，蔬菜种植面达到 8000 余亩，年销售蔬菜达到 4000 余万斤。大兴区农村实用人才在推进产业发展中也发挥了较好的人才支撑作用，如北京纳波湾园艺有限公司董事长王波，是中国月季推广大使，2019 年北京市“有突出贡献的农村实用人才”，她以北京纳波湾园艺有限公司为中心，通过切花、插花、月季品种种植技术等培训，辐射吸纳周边月季种植专业户上百家，推广优良月季品种 500 余亩，带动了区域经济发展，助推魏善庄镇成功创建月季小镇；北京老宋瓜果专业合作社理事长宋绍堂，也是 2019 年北京市“有突出贡献的农村实用人才”，父子三代致力于西甜瓜产业发展，攻克了西瓜不能重茬种植的技术难题，总结了一整套实用的高产、高质的种瓜技术，组建的“北京老宋瓜果专业合作社”，执行绿色、无公害西瓜生产标准，吸纳入社社员 472 户，土地受益面积达 2200 多亩，为大兴区西甜瓜产业发展做出巨大贡献。

在“美丽乡村”建设过程中，大兴区农村实用人才依托当地特色优势资源，发展文化创意产业，实现了历史的传承和文化的推广。如礼贤镇易拉罐金属艺术发明创始人李敏、北京市非物质文化遗产诗赋弦传承人刘彦荣等文化名人，为大兴文化品牌的推广做出了贡献。王鹏创办的北京钧天坊古琴技术研发中心在国内外古琴界享有极高的声誉，其以推广古琴制作及古琴文化为主旨开办培训班多期，为传承古琴文化做出卓有成效的工作；北京金宇黑陶制品有限公司创始人迟雪宇，免费培训农民 1500 余人次，让黑陶制作技术、黑陶文化在农民、农村中广泛传播。

作为农业结构调整的主力军，大兴区农村实用人才在推广节水农作物以及节水灌溉技术等方面也发挥着重要作用。如礼贤镇率先在农村实用人才中推广节水农作物，继而带动全镇农户退出高耗水的粮食作物生产，同时发展需水量较低的生态林 1.5 万余亩，推广喷灌、滴灌以及农艺节水种植业 10000 余亩。

典型案例3：大兴区青年致富带头人协会——带动农村青年创业致富

该协会 2015 年成立，主要宗旨是充分发挥组织协调优势，围绕“大众创业、万众创新”，通过搭建金融政策解读、供需对接、建言献策的互动交流平台，争取各类培训资源，对农村青年致富带头人进行网格化、订单式和有针对性的金融培训，促进更多农村青年创业致富。大兴区青年致富带头人协会是大兴团区委培育的创业型社会组织，成立之初协会会员 50 人，均来自大兴区杰出创业企业。协会的成立，有助于整合帮扶青年创业企业的优质资源，方便对接政府及社会等其他资源。同时，该协会突出“致富带头人”的重要作用，以成功创业者的优势，帮助处于预创业、创业初期、创业瓶颈期的青年创业者们，培养已成功创业青年们的社会责任意识，为地方经济社会发展做贡献。

典型案例4：大兴区绿色企业联盟——引导企业承担更多社会责任

大兴区绿色企业联盟成立于 2017 年，由大兴区 10 家企业自主筹建，着重引导企业履行环保主体责任和社会责任，通过不断加强企业间的沟通、协作，以环境保护为契机，促进企业间的协作与发展，共同为大兴区的环境保护工作贡献企业力量。同时，联盟还建立完善的联盟章程及奖惩制度，入驻企业每年都会根据企业规模缴纳一定比例的活动基金，用于公益环保活动与奖惩。联盟对申请加入的企业进行严格把关，且要求企业间相互监督，自查与互查，以高于国家标准的要求联盟成员，若有联盟成员没有达到相关指标，则需缴纳更多的会费或者被劝退。联盟成员主要是一些涉及排污的企业，如化工、制药、食品类，成员入驻没有行业与资本规模的门槛。绿色企业联盟是企业与环保部门之间的纽带，有助于企业学习最新的环保法规与技术改造。

典型案例5：大兴区学雷锋志愿服务协会——汇聚爱心人士服务社会

大兴区学雷锋志愿服务协会是由复员军人、部队学雷锋标兵、共产党员、锁匠宋薛宣发起成立的。1987 年，宋薛宣组织了六七位个体工匠，成立了“大兴县个体户学雷锋义务服务队”，深入部队、残疾人工厂、学校、农村提供修锁等义务服务。2003 年，非典肆虐，服务队为大兴区 300 部公用电话清洁消毒，每日两次，一直坚持了 77 天，志愿者行程达到了 8000 多公里，共计消毒 30000 余次。每年的春节除夕之夜，服务队都会放弃与家人欢聚，驾车夜巡，监督鞭炮燃放，防止火灾和恶性事件发生。30 多年来，每个春节，服务队的志愿者都坚持义务清扫路面纸屑，为营造安全清洁的节日环境贡献一份力量。随着志愿服务需求的不断拓展和延伸，宋薛宣发起成立的“大兴县个体户学雷锋义务服务队”逐渐发展成为“北京市大兴区学雷锋志愿服务协会”，陆续有教授、主任医师、私企老板、健康咨询师、盲人按摩师等不同职业的人群加入志愿者队伍。与此同时，协会志愿服务项目也逐渐增加，除保留原先的修锁配钥匙、修手表、理发、修车、修鞋、按摩、电器维修之外，还陆续开展了环保、健康、教育咨询等志愿服务。2014 年起，随着志愿服务的不断扩大，大兴区学雷锋志愿服务协会与另外 9 家志愿者服务队结成十大志愿者联盟，共同开展志愿服务，在大兴区形成了志愿服务的强大“正能量”。

典型案例6：北京市大兴区朗润社会工作事务所——专注百姓心理健康

事务所发起人为心理咨询师任力欣。他毕业于北京大学法学专业，却对社会工作特别是心理咨询服务产生了浓厚兴趣。2009 年初，一个偶然的机会，任力欣在天宫院街道办事处给社区的工作人员做了一次工作压力管理的讲座，得到了街道工作者的好评，从此他开始了在天宫院街道的心理咨询工作，面对社区居民开展心理咨询，建立了大兴区第一家从事心理咨询服务的社会工作事务所“北京市大兴区朗润社会工作事务所”。社区心理咨询和普通商业心理咨询区别在于，普通商业心理咨询有严格的费用和时间约束，然而面对社区心理咨询，任力欣根据咨询家庭的需要调整咨询费用以及时间，把心理咨询真正当作了社区服务的一部分。

任力欣作为关心下一代工作委员会的成员，还格外关心未成年人的心理健康。2013 年 5 月，任力欣通过与北京市未成年犯管教所以及北京市团市委的领导接触后，了解到未管所的孩子们对于心理健康教育方面的需求，于是与未管所共同合作，成立了朗润社工事务所驻未管所工作站，定期为那里的孩子进行心理疏导，让他们在监区也能保持健康的心态。朗润社工事务所驻未管所工作站也是全国第一个进驻监狱的社工工作站，是全国第一个运用专业社工技术参与服刑人员改造的社工机构。

第八章　频频东风唤『春潮』

大兴的发展离不开人才和其他各类智力支持。但要引进人才，让其扎根，发挥专长，需要创造优良的环境。近年来，大兴区从顶层设计开始，不断推进体制机制创新，出台人才激励政策，兴利除弊，优化营商环境，打造出了高水平的人才聚集区，为大兴区经济社会的发展提供了有力的人才支撑。

在大兴，有针对高端人才的“兴十条”，有针对青年人才的“青年人才十四条”，有针对领军人才的“新国门”人才政策，还有中关村系列人才政策产生的辐射效应，再加上大兴区良好的区位优势，大兴国际机场、国家新媒体产业基地、大兴生物医药产业基地等所带来的产业吸引力，使得大兴筑巢引凤，汇天下英才的底气更足。

2020 年 10 月 18 日，大兴区魏善庄启动博士后创业小镇项目，成为大兴高端人才引进的典型。未来的大兴，随着生活、居住及工作环境的进一步改善，产业的进一步升级换代，必将成为首都北京一个新的人才高地。

第一节 战略高度的顶层设计

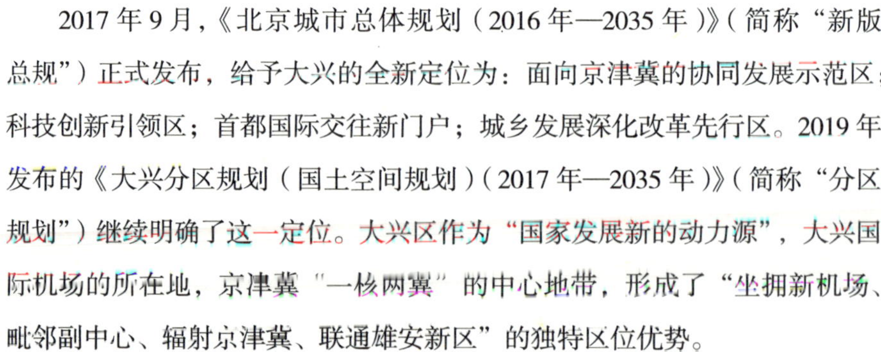

2017 年 9 月，《北京城市总体规划（2016 年—2035 年）》（简称“新版总规”）正式发布，给予大兴的全新定位为：面向京津冀的协同发展示范区；科技创新引领区；首都国际交往新门户；城乡发展深化改革先行区。2019 年发布的《大兴分区规划（国土空间规划）（2017 年—2035 年）》（简称“分区规划”）继续明确了这一定位。大兴区作为“国家发展新的动力源”，大兴国际机场的所在地，京津冀“一核两翼”的中心地带，形成了“坐拥新机场、毗邻副中心、辐射京津冀、联通雄安新区”的独特区位优势。

2020年1月，大兴区相关负责人做客“新京千龙访谈间”时表示，大兴区将坚持首善标准，按照面向京津冀的协同发展示范区、科技创新引领区、首都国际交往新门户、城乡发展深化改革先行区功能定位，进一步加强区域协同，大力推进科技创新，全面提升国际交往能力，积极探索城乡发展各项制度改革，建设北京南部地区的首都“新国门”、京津冀地区资源要素集聚流通的新动脉、国家科技成果创新转化的科创新高地、城乡土地制度的改革先行区。

随着北京大兴国际机场的建成运营，大兴打造“新国门”的重点放在北京大兴国际机场临空经济区，并围绕“建设什么样的临空区”，突出落实城市规划，搭建了“3+3+N”规划体系；围绕“怎样建设临空区”，推行标准化建设，创建全国第一套针对临空区的综合指标体系，并集成和创新政策机制，着力打造政策高地；围绕“如何保持临空区健康可持续发展”，积极借助外脑，联合机场集团、基地航空公司、园区重点企业等主体成立理事会，建立国际化专业招商团队，形成了一整套产业促进体系。

2020年大兴区政府工作报告提出，高标准推进北京大兴国际机场临空经济区、自贸试验区、综合保税区“三区”建设。通过这三个区域的发展，大兴“三区一门户”的功能定位更加凸显。这“三区”当中，大兴将以临空经济区为节点，通过重点交通枢纽建设，不断提升协同发展示范区的协同发展态势；通过临空经济区的产业承载力、自贸试验区的政策优势，增加临空、生物医药等重点产业协调发展能力；通过加快“三区”建设，推进先行先试，持续擦亮首都国际交往新门户的“大兴名片”。

随着北京市及大兴区“两区”，即国家服务业扩大开放综合示范区和中国（北京）自由贸易试验区建设的启动，大兴区的各项建设也步入了新的阶段，进一步强调扩大对外开放，构建国内国际双循环的产业发展新格局；大力推动科技创新，打造新兴技术和产业发展新高地；大兴区将持续深化改革，建立对标国际的一流营商环境，以更开放的姿态、更优惠的政策、更优越的环境。

特别是在打造优良营商环境方面，大兴区建立了“三单”管理体系，其中一个清单就是政策清单，涉及产业、人才等23项政策。这些政策包括高精尖产业、科技成果转化、新兴金融、高层次人才、文化创意等领域现有政策，以及外商投资、研发总部、航空服务等领域拟出台和争取落地政策。通过联系服务、住房、医疗、教育、金融服务以及实打实的资金支持等形式，支持产业发展和创新创业人才。

此外，大兴区还致力于让企业"心无旁骛谋发展"的发展环境，不断深化审批改革，减少审批环节，推行"不见面审批"和"告知承诺"，配备"全程代办"项目经理，提供"不打烊"的政务服务，由特事特办向固定机制转变，让企业一次不用跑，跑一次是例外，真正把服务做到企业家心坎上。

同时，大兴区还在一些政策兑现过程尝试"未申即奖"方式，为企业提供更细致服务。所谓未申即奖，即指利用市、区政府主管部门后台数据资源，精准挖掘创新型企业，政府予以支持兑现，企业则不用按照传统流程进行填报验证等一系列复杂操作。此做法充分发挥了政府行政信息资源作用，提升了服务效能，减少了企业申报负担，有利于营造政企高效率、高亲和力的营商环境。

第二节 以创新环境"筑巢引凤"

党的十八大以来，大兴区社会经济飞速发展，城乡面貌日新月异。2019年9月25日，大兴国际机场投入运营，临空经济区、综合保税区、自贸试验区以及蓬勃发展的大兴生物医药产业基地、国家新媒体产业基地、中关村科技园亦庄园等都为各类人才施展"拳脚"创造了巨大的空间，而大兴也面临着引进全球各类人才，实现"分区规划"以及"两区"建设等系列目标的迫切要求。

推出好政策，汇天下英才

大兴区长期以来十分注重“筑巢引凤”，吸引人才。早在“十二五”时期，大兴区就制定了《大兴区、北京经济技术开发区“十二五”时期人才发展规划》，以“服务发展、引领创新，高端带动、整体开发，创新机制、服务人才”为总体定位，确定了“十二五”时期大兴新区人才事业发展的主要目标，提出包含产业人才聚集、创新人才推进、海外人才引进在内的十项人才重点工程，要求广泛招募产业高端人才、创新型科技领军人才、海外人才、青年人才、党政人才、高技能人才、优秀企业管理人才、教育卫生人才、农村实用人才以及社会工作人才十大类重点优秀人才，并为此制定了详细且全面的保障措施。

与此同时，大兴新区按照“走一体化、高端化、国际化道路，建设宜居宜业和谐新大兴”的要求，制定了《大兴区、北京经济技术开发区中长期人才发展规划纲要（2010—2020 年）》，进一步完善了大兴区的人才强区战略。2015 年，大兴区又出台了《新区推进高端产业领军人才发展示范区建设的实施办法（试行）》，为大兴新区打造一支高层次、高技能、高素质的人才队伍提供了更全面更翔实的保障，也为今后大兴区、北京经济技术开发区人才工作协调发展奠定了扎实的基础。

2017 年，为更好地落实《中共北京市委关于深化首都人才发展体制机制改革的实施意见》和《大兴区、北京经济技术开发区“十三五”时期人才发展规划》，进一步优化首都人才创新创业环境，鼓励高层次人才创新创业发展，建设首都南部发展新高地，《大兴区高层次人才服务办法》（“兴十条”）在万众期待中出台。

具体来说，“兴十条”旨在为包括诺贝尔奖获得者、国家自然科学奖、中央“千人计划”人才以及百千万人才工程省（部）级人选在内的五大类高层次人才，从联系服务、住房、医疗、教育、金融服务等十个方面提供政策支持，鼓励高层次人才聚集大兴、扎根大兴，营造更好的产业发展环境。筹集专项房源并设立购房补贴，鼓励人才在大兴区内购房安家、就地扎根；提供金融定点服务机构，并建立高新企业与银行的直接对接平台；结合人才在大兴区创新创业的实际情况，为其子女提供学前教育和义务教育入学帮助……“兴十条”的出台，正是大兴区通过落实人才服务办法、免除人才各类后顾之忧的创新之果，能使人才将主要精力用于创新创业，创造出更多有利于推动社会发展进步的新技术、新成果。

随着引进外部高层次人才工作的深入开展，大兴区也日渐认识到，除了要增加地区对高水平人才的吸引力外，更需要培养一批高水平的青年人才，使之既能够成为高层次人才创新创业团队的重要组成部分，又能够成为大兴区高层次人才队伍的储备力量，从而在地区构建更加科学合理的人才梯队。

为此，大兴区进一步优化人才队伍梯队结构，在2018年底出台了《关于进一步加强青年人才队伍建设的意见》，其目的就是从助力人才成长、激发创新创业活力、强化服务保障等方面加大人才支持力度，储备一批有成长潜力的优秀青年人才和人才团队，以期能构建数量充足、结构合理的高素质青年人才队伍，集聚培养一批与区域发展需要相契合的专业化优秀青年人才，为建设首都南部发展新高地夯实中坚力量。

为了更好地支持经营管理、专业技术和技能等领域人才加速成长，该意见提出一方面当地用人单位要强化主体意识，激发青年人才成长动力；另一方面还应大力拓展创新创业支持渠道，加速青年人才事业发展，同时还要尽可能多地为广大青年才俊提供更加多样化的生活服务，进而帮助青年人才免除后顾之忧，全身心地将更多的精力投入创新研发与建设之中。除了三项主要措施，意见也从机制角度为大兴区的人才计划提供了保障，要求建立培养青年人才责任机制，探索青年人才动态管理机制，在完善培养青年人才投入机制的同时，还要进一步强化青年人才宣传引导机制。

随着京津冀协同发展的不断深入和北京大兴国际机场临空经济区的建设，大兴区又不断延展了对人才支持的广度，陆续出台了《大兴区优势产业和公共服务领域人才队伍建设三年行动计划》等文件，重点针对生物医药、电子商务、文化创意、临空经济及教育、卫生等行业人才进行专项扶持。在这一阶段，大兴区人才政策服务范围已经将临空经济相关领域囊括其中，打破行业限制，提供更加广泛的人才支撑。

为进一步落实《关于进一步加强青年人才队伍建设的意见》相关要求，加速推动区域重点产业和公共服务等领域优秀青年人才培养，夯实地区人才储备，大兴区2019年又出台了《大兴区优秀青年人才培养支持办法》（“青年人才十四条”）。专门针对区内优秀青年人才制定了一系列更加全面的辅助政策，为全方位支持和培养青年人才夯实基础，更为新区人才营造“引得进、留得住、用得好”的创新创业环境铺平了道路。

“青年人才十四条”内容涵盖了引进与成长政策、创新创业扶持政策、生活服务政策以及人才管理措施等多个方面。在支持人才引进与成长方面，“青年人才十四条”设立了诸如“人才伯乐奖”“导师奖”“成长进步奖”和“助学奖学金”，要求建立青年人才培训学院，构建处级领导干部联系优秀青年人才机制；在支持人才创新创业方面，该政策要求设立优秀人才培养资助项目，支持开展产学研合作，支持企事业单位承办全国性、国际性活动，组织开展学习考察，为优秀青年人才创办企业提供资金支持；在生活服务方面，对优秀青年人才实行动态跟踪培养，并进行定期评价评估，建立人才诚信档案。

这一系列的人才政策，为大兴区构建起了良好的人才支撑体系，也为“新国门·新大兴”的发展建设提供了大批质量优秀、数量喜人的人才队伍。

这些人才中，包括了大兴土生土长的王书香，她是北京师范大学大兴附属中学特级教师。因为工作能力突出、教学质量过硬，王书香1989年就被评为全国优秀教师、北京市优秀教师，并荣获优秀教师奖章，而此时距她参加工作才不过3年时间。此后几十年间，桃李满天下的王书香荣誉傍身：1992年当选北京市人大代表，1992年、1995年两次作为大兴区教育系统的唯一代表被评为北京市优秀青年知识分子，2003年被评为大兴区唯一的北京市首届市级学科带头人，2004年被授予“大兴区有突出贡献的专业技术人才”称号，2005年被评为北京市中学特级教师。2006年，王书香作为全北京市仅有的两名中学教师之一，被选为北京市新世纪百千万人才工程市级人选。

1995年，大兴区政府专门为王书香解决了住房问题，王书香也时刻感受到了大兴区为引进人才、培养青年人才队伍所做出的努力。从2002年开始，大兴区就从外省市招聘了许多优秀的大学毕业生，其中很多都是硕士研究生、博士研究生。此后区里还陆续引进了很多高级和特级教师，为了能让他们安心工作，区里还在家属就业和孩子入学等多方面给他们提供了帮助，为这些教育领域的人才提供满意的就业和生活环境。

行业领域中的领军人才一直是大兴人才工作的重点，也是大兴人才高地建设的标志性成果。对于这一点，三元基因董事长兼总经理程永庆最有感触。1991年，他从中国协和医科大学研究生院毕业，和老师侯云德院士共同创建了三元基因，正式将三元基因的根扎在了大兴这片土地，三元基因成为当时大兴工业区第一家入区的企业。

“当时建厂的时候，四下望去周围全是荒野，可就算是这样，我们还是选择了大兴，因为在那时我们就对这里的发展前景充满了信心”，谈及当初为何义无反顾地选择大兴，程永庆至今都没有丝毫犹豫。而如今30年过去了，大兴的发展的确没有辜负任何人的坚守和期待。三元基因已经成为中国基因工程药物研究和临床开发的先锋企业，其全球独家产品——重组人干扰素 α1b注射液作为我国第一个基因工程创新药物，不仅是具有中国自主知识产权的基因工程I类新药，它的问世更实现了中国基因工程药物零的突破，放之全球市场都有着重要的影响。

对于企业的成长，程永庆一直强调，三元基因的发展离不开一直都在发展的大兴。在他看来，一个企业的健康发展离不开政府部门的大力支持。“大兴近几年的人才政策就很好，‘兴十条，青年人才十四条’等众多利好政策为我们吸引了大批优秀人才。”程永庆说。

他还表示，为响应市、区人才政策，三元基因近年来格外重视人才队伍的建设和培养：从2015年开始，该公司开始全面引进中欧国际工商学院的在线MBA课程，前后为近70位公司骨干人才提供了全面的工商管理培训。为积极响应大兴区人才战略，同时也为更好推动企业未来发展，三元基因招聘了大批高等人才，目前公司本科以上学历的员工占66.22%，研究生以上学历的占19.86%，均毕业于国内985、211院校，另有多名海外著名院校留学归来的博士、博士后人才。

如今，越来越多像三元基因一样的企业正在扎根大兴——据悉，仅2018年，大兴区获得国家科学技术进步奖和国家特聘专家荣誉的有26人，北京市级专家19人，“新创工程”领军人才136名，较2015年分别提升了14倍、0.8倍和1.6倍。

第三节 “新国门”政策的人才战略

2019年，北京大兴国际机场临空经济区总体规划正式获批，中国（河北）自由贸易试验区大兴机场片区挂牌，综合保税区（一期）全面开工，临空经济区规划建设实质性启动……随着大兴国际机场的运营，大兴区的功能定位、居住及创新创业环境也有了新的变化，为各类人才的汇聚创造了较好的条件。

为更好打造首都“新国门”，充分发挥人才对大兴区经济和民生事业发展的支撑保障作用，2020年，大兴区发布《大兴区“新国门”领军人才和团队支持办法》（以下简称“新国门政策”）。

该政策旨在为领军人才——即在大兴区内创新创业或从事公共服务工作，并取得显著成绩，为地区经济社会发展和京津冀协同创新共同体建设做出突出贡献的境内外人才，提供更科学更全面更优良的政策支持与服务，鼓励高层次人才在京津冀地区内拓展产业链条，强化人才工作经费保障，统筹区内产业基金，持续加大对领军人才创办企业投资力度。

相比于以往其他政策，“新国门政策”进一步明确了领军人才的评选标准，对申请人和申请人所在单位给出了更加清晰明了、更加科学规范的评选依据，除了要求实行名额管理，在保量的同时也要保证领军人才的人才质量，还率先建立了退出机制，要求相关机构定期对领军人才及创办企业资格进行校验，对不再符合政策规定的人才及企业进行退出管理。

在具体政策方面，“新国门政策”则主要从人才引聚政策、人才生态圈政策、人才服务政策、组织实施四方面入手，为大兴区的人才工作提供了坚实的政策基础。在人才引聚政策方面，为了更好地引聚国内外高层次人才，该政策要求加速引进科学家和创新型企业家、产业投资家等科技创新创业领军人才，加速引进名师、名医和文化名家，加速引进高水平技能工匠；除了支持领军人才持续成长，大兴区同时也希望助力领军人才创办企业加速成长，以期进一步支持领军人才所在企业打造核心团队。与此同时，该政策还鼓励实施灵活的市场化人才聘任方式，支持政府机关、事业单位寻聘高层次人才，支持符合条件的国有企业聘任职业经理人，并设立大兴区政府特聘岗，实施市场化薪酬机制。

在人才生态圈政策方面，“新国门政策”支持全球科研机构在大兴转化科技成果，例如，对区内领军人才所在单位获得高校、科研院所有效发明专利转让或许可的，给予职务发明人补贴。除了支持开展高水平专业交流活动、支持高端科研创新平台在大兴集群，该政策还支持领军人才所在企业拓展海外市场，对诸如在国（境）外设立分支机构，开展跨国经营、技术研发且运营情况良好的企业，积极参与国际竞争且取得较大成绩的企业，给予财政奖励，并设立市场化人才引进“求贤奖”，继续鼓励引进区外优秀人才。同时，政策还支持京津冀协同创新共同体建设，规定领军人才创办企业将总部或主要研发机构设在大兴区、生产环节落地在津冀两地的，只要符合一定条件，就可给予产业协同发展奖励。

在人才服务政策方面，“新国门政策”提出要从机场服务、住房服务以及其他多方面入手，为领军人才提供更全面、更便捷的服务，诸如统筹北京大兴国际机场及周边资源，为领军人才提供候机休息、快捷登机、停车过夜等服务。

第四节
从博士后创业小镇说开去

为深入实施创新驱动发展战略，促进“双创”发展，优化营商环境，加速镇域产业升级，吸引、培养和造就高水平文化科技创新人才，打造“新国门”创新产业发展新高地，2020年10月18日，博士后创业小镇建设项目在北京市大兴区魏善庄镇月季文化交流中心正式启动，以新一代信息技术、生命健康产业为主的30余家博士后创业企业落户京南。

建设博士后创业小镇是魏善庄镇落实国家创新驱动发展战略的重要举措，旨在吸引更多的国内外博士后精英到魏善庄创新创业、安居生活，从而打通人才流动新态势，实现环境好、人才聚、事业兴。

博士后创业小镇是服务于博士后创新创业的全新载体，将搭建招才引资服务平台、企业管理服务平台、物业管理服务平台、科研成果转化服务平台、合作交流服务平台“五位一体”的平台运营与服务模式，贯通服务高层次人才创新创业的总体需求，解决创新创业的痛点和难点问题，为企业发展、人才发展消除后顾之忧。同时，博士后创业小镇还将通过引进优质博士后创新企业、引进博士后智库、引进区域经济研究院、合作引进或申请设立博士后科研工作站，增强平台的活力和持续发展能力。

魏善庄镇与北京博后科技有限公司共同设立平台，做博士后人才创业创新的践行者。博士后创业小镇致力于促进政、企、产、学、研、创的有机结合，围绕大兴区产业发展需求，聚焦生命健康产业、新一代信息技术、新能源智能汽车、科技服务等现代产业发展体系，通过对研发、产业、人才、资金等资源的整合与重组，将博士后创业小镇建设成为国内博士后创新企业自主核心技术水平高、产业规模大、人才队伍强的创新型产业集群和示范基地。

博士后创业小镇发展战略分为“三步走”。一是吸引博士后人才入驻，引进中安联合投资集团有限公司博士后工作站，建立博后人才智库，为镇域发展储备科技人才资源；二是搭建产学研用平台，通过引进高端人才，加速技术创新和成果转化，推动企业高质量发展，拓宽博士后研究成果转化的前沿阵地；三是建成博士后人才创新创业孵化器，促成博士后人才在镇域内创业，实现产业结构转型升级。

为了实现筑巢引凤，魏善庄镇将充分发挥毗邻北京大兴国际机场临空经济区的独特区位优势，通过企业税收优惠政策、博士后出站政策、住房政策、子女入学政策等一系列优惠举措，吸引博士后研究人员落户创业及科研成果转化。

近年来，大兴区为引进各类高端人才，加大了“筑巢引凤”的力度，在魏善庄镇创建博士后创业小镇就是探索的方式之一。为确保人才能够安居乐业，无后顾之忧，大兴区将持续加大政府资金投入，大力解决人才住房、医药、教育等问题，实现人才引领助力经济社会快速发展。

第九章　大兴迎来新国门时代

2014年末，大兴国际机场开工建设。2019年9月25日，大兴国际机场正式建成并投入运营。至此，大兴迎来了新国门时代。

“新国门”为大兴创造了难得的发展机遇，但也提出了更高的要求，倒逼大兴必须在机制体制、城乡发展、产业构建、生态建设等各个方面推进改革创新，适应新的形势。

2017年，《北京城市总体规划（2016年—2035年）》发布，大兴区作为首都5个平原地区之一，被赋予了“三区一门户”的定位。随后大兴区发布的《大兴分区规划（国土空间规划）（2017年—2035年）》进一步明确了这个定位，同时制定了三个阶段的发展目标，提出到2050年，要实现“全面建成首都国际交往新门户和高质量发展的示范引领区，城市功能成熟完善、空间布局合理、人居环境和谐宜居”的目标。

而在现阶段，大兴正全力推进“两区”建设，将依托大兴国际机场及临空经济区、综合保税区、自由贸易试验区“三区”叠加的优势，结合大兴“十四五”任务目标，引进符合新国门时代要求的人才、项目等资源要素，创新驱动，抓住机遇大力建设“新国门·新大兴”。

第一节
北京“新版总规”下的大兴视域

2017年9月，《北京城市总体规划（2016年—2035年）》（简称“新版总规”）正式发布，提出了“一核一主一副、两轴多点一区”的城市空间结构，明确了核心区功能重组、中心城区疏解提升、北京城市副中心和河北雄安新区形成北京新的两翼、平原地区疏解承接、新城多点支撑、山区生态涵养的规划任务。

大兴区结合此新版总规，于2019年12月发布了《大兴分区规划（国土空间规划）（2017年—2035年）》（简称“分区规划”），明确了“三区一门户”新的功能定位，提出了大兴“新国门”建设的任务和方向。“一轴、一心、三城、三带、多点”的城市空间布局，“三城”协同发展的产业支撑，临空经济区以及自贸试验区、综合保税区的规划建设，为大兴“新国门”的建设奠定了坚实的基础，也为大兴区未来的飞跃发展创造了条件。

一、“三区一门户”功能定位

“三区一门户”的功能定位，即面向京津冀的协同发展示范区、科技创新引领区、首都国际交往新门户、城乡发展深化改革先行区。

建设面向京津冀的协同发展示范区，就是要求充分发挥大兴区“一核两翼”的桥梁作用，在大兴新城和重点功能区合理承接北京中心城区功能疏解；构建轨道交通为骨干、高速公路为支撑的网络化区域交通格局，重点依托高速铁路、城际铁路以及大兴国际机场等重要交通枢纽的建设，强化与北京城市副中心、河北雄安新区及津冀地区的高效衔接，实现公共服务、产业、生态、基础设施等方面的协作共享。

建设科技创新引领区，要求充分依托科技创新产业基础，紧密对接国际标准，通过着力创新产业升级改造及完善配套政策体系，培育健康且具有地域优势的制度环境，激发科创企业创新动力。重点依托中关村大兴园、亦庄园推动全区产业优化升级，逐步将大兴区打造成为高精尖科创企业聚集之区。

建设首都国际交往新门户，要求牢牢把握北京大兴国际机场及临空经济区建设机遇，服务国家开放大局，持续优化为国际交往服务的软硬件环境，不断拓展对外开放的广度和深度，增强国际合作竞争新优势。在南中轴及其延长线、交通廊道沿线的重要节点布局国家文化展示及国际交往功能，建设具有大国风范的国家门户。

建设城乡发展深化改革先行区，要求深化农村土地制度改革，按照政府引导、农民主体、联营联建、收益共享原则，探索集体经营性建设用地多种入市方式；逐步缩小征地范围，规范征地程序；开展宅基地改革，全面探索符合地区特点的新型城镇化模式，切实有效推进乡村振兴战略的逐步落实。

围绕“三区一门户”，大兴区将努力打造首都南部发展新高地。通过规划引领优化布局，按照“双控”“三限”量化指标的要求，优化既有空间布局，突出区域之间在交通、产业、承载功能方面的联系，促进新城之间、城与镇之间、产业区与配套区之间的联动发展；通过产城融合推进城乡一体，统筹推进新城、小城镇和美丽乡村建设，发挥疏解与承接非首都功能重要枢纽的作用，承接好中心城区的适宜功能和人口，努力提高城乡规划建设管理水平。

二、“三步走”发展目标

立足于北京新版总规对大兴区的功能定位，大兴分区规划确定了“建设成为北京南部地区的首都新国门、京津冀地区资源要素集聚流通的区域新动脉、国家科技成果创新转化的科创新高地、城乡土地制度改革领域的改革先行区”的目标。

首都新国门：服务大兴国际机场建设、培育临空产业发展，形成特色鲜明的大地景观和国门印象，体现大国首都门户形象。

区域新动脉：作为京津冀协同发展的核心区域和连接北京中心城区及雄安新区的交通枢纽。利用好突出的区位优势，建立起资金流、人才流汇集的区域发展新动脉。

科创新高地：维护公平公正的法治环境，保障公开透明的市场环境，建立高效的政府环境，打造高品质的人居环境，加强中关村科技创新成果转化，加大科技创新支持力度，吸引科技创新人才，形成独特的创新文化和示范引领作用。

改革先行区：加强自然生态环境建设，实现国土空间全要素综合治理，全面推进农村土地制度三项改革，实现乡村振兴。

分区规划在提出四大目标的基础上，又提出了阶段性发展目标，即：

到 2035 年，将实现“首都国际交往门户基本形成，承接中心城区适宜功能和减量提质发展取得明显成效，具有全球影响力的科创新高地基本建成，城乡一体化新格局基本实现”。

到 2050 年，则要实现“全面建成首都国际交往新门户和高质量发展的示范引领区，城市功能成熟完善、空间布局合理、人居环境和谐宜居”。

三、“一轴、一心、三城、三带、多点”城市空间布局

根据分区规划，大兴区将优化城市空间布局，打造“一轴、一心、三城、三带、多点”的城市空间布局。

“一轴”就是南中轴及其延长线，是体现大国首都文化自信的重点地区，大兴区未来发展的统领。这里将注重生态景观塑造与文化、国际交往等功能的引入，并为重大项目做好空间预留。该区域将依托北京大兴国际机场，丰富国际交往功能内涵，重点发展与首都文化中心及国际交往中心

相匹配的数字创意、文化艺术、国际商务、高端生活服务业等产业。

“一心”就是生态绿心，是塑造大兴区及北京南部地区生态景观的核心要素。主要涵盖区域为大兴区中部的生态新都苑，以大地景观、田园风貌为特色。将探索优化空间管控制度，整合现有资源，通过南中轴森林公园、团河行宫遗址公园、南海子公园等绿色空间建设，塑造疏朗有致的京南生态新都苑。

“三城”则是大兴新城、亦庄新城（大兴部分）、北京大兴国际机场临空经济区（北京部分）。这是大兴区在北京独一无二的空间结构特色所在。三大区域要重点落实综合服务保障、科技创新引领、国际交往门户的发展定位，同步实施好以城带镇的特色化发展。

“三带”为西山永定河文化带、京津冀高端产业带、京雄协同发展带，基本与永定河、京沪高速和京雄城际铁路走向相同。

其中，西山永定河文化带主要涵盖永定河大兴段及沿线区域，涉及大兴新城、北臧村镇、庞各庄镇、榆垡镇。此文化带以生态保护与文化传承为前提，重点修复永定河生态功能，打造森林公园、湿地景观等大型生态空间，加强重点地区生态环境建设，提升环境品质，恢复重要文化景观，形成和谐宜居的文化生态休闲之所和京南重要的生态廊道。

京津冀高端产业带涵盖北京经济技术开发区至天津的京津冀区域引领型高端产业带。此产业带将以北京经济技术开发区的高端产业基础为核心，最大限度发挥与北京大兴国际机场和天津港便捷联系的区位交通优势，引导形成沿京津高速、京台高速为主的产业联动发展带，打造功能协同、分工高效、港城融合、资本便捷流通的高端产业带。

京雄协同发展带涵盖京雄高铁及京开高速沿线地区，是北京市对接服务河北雄安新区的重要发展带。该发展带将以大兴新城、北京大兴国际机场临空经济区（北京部分）轨道交通枢纽为重点，开展交通和土地一体化建设，集中承载高标准多样化的生活配套服务、科技成果转化和国际交往功能，形成北京与河北雄安新区资源要素集聚与流通的活力带。

“多点”则为三城外围的各镇，将构建大兴新城、亦庄新城（大兴部分）、北京大兴国际机场临空经济区（北京部分）三大区域发展板块，实施以城带镇的特色化发展。包括西红门镇、黄村镇、北臧村镇在内的区域，将依托大兴新城形成综合服务保障板块，未来重点在公共服务设施建设、城乡统筹发展、生态修复、产城融合等方面提升强化；包括亦庄镇、旧宫镇、瀛海镇、青云店镇、长子营镇、采育镇在内的区域，将依托亦庄新城（大兴部分）形成北京经济技术开发区配套服务板块，未来重点在存量化产业用地优化升级、促进职住平衡等方面提升强化；包括庞各庄镇、魏善庄镇、安定镇、榆垡镇、礼贤镇在内的区域，未来重点在航空服务、生态环境保护、乡村振兴等方面提升强化。

四、"三城"协同发展

大兴区"三区一门户"功能定位的实现，有赖于大兴"三城"的协同发展。分区规划依托"三城"自身特点，制定差异化发展方向，提出具有针对性的实施重点，形成彼此协同、相互融合、引领大兴区及京津冀区域协同发展的新增长极。

大兴新城：规划范围约 159.7 平方公里，包含清源街道、高米店街道、林校路街道、兴丰街道、观音寺街道、天宫院街道，黄村镇、西红门镇、北臧村镇部分地区。按照分区规划，大兴新城要建设生态宜居、民生完善的综合服务保障中心，其功能定位是承接中心城区人口及功能疏解的重点地区，全区公共服务保障、生态环境建设、高端产业聚集、城乡统筹发展的集中承载区。

在大兴新城，将构建"一心、一环、多组团"的城市空间结构。其中，"一心"为生态服务核心，主要为大兴新城核心区及周边绿色空间，以交通和公共服务为主导功能。"一环"为生态绿环，着力开展集体建设用地减量还绿，打造以郊野公园为主的新城生态游憩地区。"多组团"为新城 9 个相对独立的组团，包括东组团、东北组团（国家新媒体产业基地）、西片区组团、生物医药基地组团、东南组团（物流园区）、狼垡组团、西红门组团、孙村组团、团河组团，是大兴新城未来重点发展与更新的地区。

大兴新城的新建地区作为承接中心城区功能疏解的主要地区，重点推进大兴新城西片区、黄村火车站地区及轨道交通新机场线大兴新城站地区建设。强化与北京大兴国际机场统筹协调发展；做大生物医药基地，做强生物健康产业；完善高品质民生设施配套，打造舒适宜居的生态人居环境。

其建成区则重点开展存量低效用地更新、城市双修、特殊用地搬迁改造等工作，提升京开高速公路以东地区的整体发展水平，实现东西均衡发展。

大兴新城的城乡接合部地区将重点加大集体建设用地减量腾退力度，加快黄村镇、西红门镇、北臧村镇集体经营性建设用地入市，探索并完善跨单元统筹实施相关政策机制。结合宅基地改革试点及美丽乡村建设，有序推进集中建设区内村庄城镇化及提升改造工作。

北京大兴国际机场临空经济区（北京部分）：规划范围约 50 平方公里，包含榆垡片区和礼贤片区，因为临近大兴国际机场，外界又把这里称作“空港新城”。按照分区规划，临空经济区将建设对外交往、区域协同的国际交往新门户。其功能定位则是以综合服务保障、科技创新、航空物流、商务金融、会展商贸等功能为主，预留大事件的功能承载空间。

临空经济区将结合功能定位，成为承接中心城区功能疏解的重要地区。近期着力推进保障机场建设运营的规划建设；探索回迁安置空间的多元高效利用模式；与河北省共同推动综合保税区、自贸区等的规划建设；有序开展启动区、起步区的规划建设；强化临空经济区（北京部分）的辐射带动作用，做好庞各庄镇、魏善庄镇、安定镇的城乡统筹；重点开展机场周边景观风貌提升，加强机场起降区域的第五立面管控及空中俯瞰视角下的大地景观塑造，形成具有高度可识别性的城市意象。

亦庄新城（大兴部分）：规范划范围约 131.5 平方公里，包含荣华街道、博兴街道、亦庄镇、旧宫镇、瀛海镇、青云店镇原工业区、长子营镇原工业区、采育镇原工业区。将重点承担科技创新、区域协同功能，打造产城融合、宜居宜业、政策创新、产业升级的科技创新引领区，做好青云店镇、采育镇、长子营镇3个镇城乡统筹，实现地区均衡发展，保障农民长远收益。未来重点在存量产业用地优化升级、促进职住平衡等方面提升强化，形成北京经济技术开发区配套服务板块。

五、产业与科技的创新

科技创新是区域创新发展的核心动力。从大兴分区规划的具体实施来看，对接北京全国科技创新中心“三城一区”，借力大兴国际机场实现科技创新与成果转化，也是实现“三区一门户”功能定位的重要方法和手段。

分区规划提出，聚焦科技创新研发转化环节，弥补创新服务短板，打通创新链和产业链，将大兴区建设成为首都创新驱动发展的实体经济前沿阵地。在产业方面，则要大力发展“1+3”高精尖产业体系，以医药健康产业为核心，培育新能源智能汽车、新一代信息技术和科技服务三大产业，持续优化高精尖产业收入占比。并对接“三城一区”主平台，以大工程、大项目为牵引，实现前沿科技创新成果产业化。突出门户效应，创新国际科技合作模式，搭建国际科技合作交流平台。全面提高创新支撑能力，围绕创新链构建服务链，加强与国内外知名教育科研机构及企业合作，搭建一批开放式科技创新平台。

分区规划还提出，要借助重点功能区建设，推动全区产业集约高效发展。具体而言，则是要将北京大兴国际机场临空经济区（北京部分）打造为全球临空经济发展标杆，将北京经济技术开发区打造为世界一流的产业综合新城，将中关村大兴园（生物医药产业基地）、亦庄园打造为首都南部战略性新兴产业策源地。借助国家级政策区对产业发展的引领带动，推动园区内低效产业用地的转型升级，引导符合产业引入标准的非园区工业企业入园发展。

大兴新城、亦庄新城（大兴部分）、临空经济区（北京部分）是大兴产业与科技创新的主要支撑点。因此，分区规划强调，要统筹规划大兴三大板块，实现错位发展。其中，大兴新城板块是高精尖产业和现代服务业的主要承载区，是全区创新核心引擎，要立足生物医药基地和国家新媒体产业基地，重点发展医药健康、新一代信息技术及科技服务业，促进金融、文化、商务服务等现代服务业创新发展。

就生物医药基地而言，则要求紧抓“健康中国”战略和国际产业前沿机遇，做大生物医药基地和做强生物健康产业，以现有园区为核心，促进产、学、研一体化发展，带动周边区域产业提升，建设具有国际竞争力的医药健康产业基地。深入实施北京生物医药产业跨越发展工程，大幅提升新药研发创制能力，加快新型医药器械研发，推动产业发展模式由“跟跑”向“领跑”升级；创新发展融合型产业，推进医药健康与人工智能、材料科学等的交叉融合和协同攻关，在生物信息、基因诊疗、中医药现代化等产业前沿方向进行技术探索；推动生产性服务和服务型制造的发展，加快建设一批研发创新中心、企业技术中心、高精尖设计中心等创新载体。

对于国家新媒体产业基地，则要依托现有新媒体产业基础，加快推进数字技术创新与各产业领域的有效衔接，聚焦数字技术装备和数字创意软件两个关键环节，做大做强数字内容、媒体融合、创意设计、智能硬件、数据应用等产业，拓展数字经济新空间。

临空经济区板块是京津冀进一步改革开放和机制创新的示范区，将优先发展航空保障产业和枢纽高端服务产业，全面提升国际交往综合服务能力。集聚全球创新资源，以合作研发与转化环节为特色，培育科技创新产业，打造京津冀地区国际化高端生产性服务业集聚高地。鼓励引导庞各庄镇、魏善庄镇与安定镇适度承接临空配套服务功能，对接优质国际资源，大力推动北京大兴国际机场临空经济区（北京部分）外溢的总部经济、国际商务、健康服务等业态发展。

根据分区规划，北京大兴国际机场临空经济区（北京部分）要高质量发展航空物流、科技创新、服务保障三大基本功能，创新发展科技研发、跨境电子商务、金融服务等国际高端服务业。以机场商业、航空培训等机场增值服务为突破，逐步向航空维修、公务机、航空金融等高附加值细分领域过渡，建成辐射华北的航空综合产业基地；发挥空港和临空区产业优

北京五和博澳药业有限公司内的北京市重点实验室

势，打造物流、会展、技术咨询与培训等枢纽高端服务产业。

亦庄新城板块，要求进一步强化新能源智能汽车、新一代信息技术、生物技术与大健康、机器人与智能制造四大主导产业，突出经济技术开发区的产业引领作用，带动周边镇，共同推动高精尖产业发展主阵地的建设。

大兴区科技创新引领区的定位也涵盖了农业等领域。针对大兴的都市型农业，分区规划提出：要强化农业资源优势特色，以提高农业现代化水平为目标，大力推动都市型现代农业发展，加快优化农业结构，促进农业功能转型升级。将重点发展休闲农业、农业公园等现代都市型农业新形态，建成一批特色鲜明、功能完善、科技含量高的农业产业园。

第二节 临空经济的历史机遇

随着北京经济社会的快速发展，北京的航空业务量也在快速增长当中。截至 2012 年，首都国际机场年旅客吞吐量达到了创纪录的 8193 万人次 / 年。相对应的首都机场空域保障能力已近极限，空中和地面运行压力极大，安全运行和航班正常性受到影响。因此，北京市有必要再建设一个新机场。

虽然首都国际机场旅客吞吐量已跻身世界第二，但其国际中转量还不足 10%，远没有达到国际航空枢纽 30% 以上中转量的要求。受空中及地面资源的限制，发展国际航空枢纽的空间也不足，可持续发展后劲不足。

北京新机场的建设，将使这一困局迎刃而解，为北京地区航空市场注入新的生机。北京地区航空运输市场“一市两场”的局面，将使北京作为国际航空枢纽的竞争力大幅增强。

北京新机场的选址过程历经多年，建设新机场的讨论有 20 多年。最早可追溯至 1993 年，北京市编制《北京市城市总体规划 1994—2004》时，就规划出通州张家湾与大兴庞各庄两处中型机场备用场址。

2003 年开始，中国经济进入高增长期，新建不久的首都国际机场 T3 航站楼近乎饱和。2008 年，由国家发改委领衔的北京新机场选址协调小组正式成立，经过多方论证，考虑平衡京津冀经济社会发展的需要，最终选择了北京大兴、天津武清和河北廊坊三地作为备选。天津武清规划预留了高村和太子务两个备选用地，廊坊选出旧州、曹家务、河西营三个地方作为机场备选用地，北京大兴也为新机场预留了半壁店和庞各庄两地。

从大的区位来看，北京西部为太行山脉，北部为燕山山脉，受地形限制；东北有首都机场，需要避免与其空域及城市禁飞区冲突，同时考虑服务京津冀协同发展、解决北京南城与北城发展不均衡矛盾等需求，明确了北京南部地区是北京新机场的最佳选址方向。

北京新机场选址协调小组以国际先进的机场建设理念为先导，前瞻性地组织开展了“绿色选址专题研究”之后，经多个场址反复比较，最终决定将北京的新机场选定在距主客源地较近，空域环境和外部配套条件较好，区位优势明显的大兴区榆垡镇南各庄场址。此地也是大兴区榆垡镇、礼贤镇与河北省廊坊市广阳区、固安县交界处。因此综合来看，新机场选址于大兴，是综合考虑大兴地势开阔平坦、未开发用地较多、工程地质条件比较好、外部配套条件较完善、距主客源地较近等因素而确定的。

机场位于北京、天津、石家庄这三个中心城市构成的三角形的几何中心位置，不但可以作为北京的新机场，也可为天津滨海机场提供便利的备降服务，还可以弥补河北北部没有大型机场的缺憾，对京津冀三地民用航空事业的发展，起到了很好的促进作用，使航空运输体系更加完善。大兴国际机场的建设，将大幅改变该区域的产业布局，促进京津冀区域经济的全面快速发展。

2014 年末，大兴国际机场开工建设。大兴区上上下下各单位各部门始终把机场建设作为“一号工程”，积极提供服务。以北京新航城公司为例，为保证机场如期开工建设，2015 年对机场红线内 13 个村 7005 户 2 万余名居民进行了整体搬迁，2018 年原居民实现了回迁。此外，北京新航城公司还完成了永兴河改道工程。为保障机场运营，2018 年大兴启动了机场噪声区治理工程，平稳有序完成 19 个村 9840 户整体搬迁。基础设施方面，大兴区为保障机场运营，按期完成变电站、再生水厂等市政支撑设施建设，并按时完成永兴河北路、大礼路、青礼路旧线、军航西侧路等道路及近 30 公里综合管廊建设。

2019 年 9 月 25 日，北京大兴国际机场正式投入运营。从 2015 年 9 月开工建设到 2019 年 8 月 30 日完成行业验收总验和使用许可终审，大兴国际机场这一世界建设规模最大的机场，创造出了令人惊叹的“中国速度”

和“中国奇迹”。

一座大型国际机场的建立，不只关系到民众的出行，更会极大促进周边相关产业布局，就业、创业机会增加，人口聚集效应加强，最终会表现为区域繁荣。为了更充分发挥大兴国际机场对于我国经济社会发展的重要作用，国家在机场周围规划了一个总规模150平方公里的临空经济区，这对大兴区的发展同样具有重要意义，带来的影响也是全方位的，主要有以下四方面。

一是促进地区经济发展。机场建设运营以及临空经济区的开发建设将带来大量的社会投资，吸引大量企业入驻，带动地区财政收入，进一步提升大兴区经济水平。按照相关经验，全国的机场投入产出比平均是1∶8，在首都机场这个数字是1∶12。按照国际机场协会的研究，机场每百万航空旅客吞吐量，可以产生经济效益总和1.3亿美元，那么当2025年大兴机场旅客吞吐量到达7200万人次时，经济效益可以达到93.6亿美元，2040年到达1亿人次时，经济效益将是130亿美元。

二是带来就业岗位增加。机场的建设运营以及临空经济区的开发建设会提供大量的就业岗位，按照相关经验，机场每百万航空旅客吞吐量，可以产生相关就业岗位2500个。2025年大兴机场旅客吞吐量到达7200万人次时，直接或间接的就业人口可达18万，2040年到达1亿人次时，将有25万人直接或间接为机场和临空经济区服务。

三是改善交通出行条件。机场周边已构建“五纵两横”交通骨架体系，包含地铁新机场线、京雄铁路、城际铁路机场联络线3条轨道，新机场线、新机场北线、京台、京开4条高速公路。临空经济区落实“小街区、密路网”理念，集中建设区规划路网密度达到9.0公里/平方公里左右，将大大改善城南地区的交通出行条件。

四是整体形象大幅提升。机场建设运营以及临空经济区的开发建设，使大兴区一跃成为“新国门”，将使整个世界目光关注到大兴，将使整个北京的视野将越来越“向南看”。大兴的知名度大幅提升、大兴的国际形象大幅提升。

第三节
“动力源”的边际效益

2017 年 2 月 23 日，中共中央总书记、国家主席习近平在考察新机场建设时指出，北京新机场“是国家发展一个新的动力源”。一座机场的作用第一次被提升到国家发展动力源的高度，这代表了习近平总书记对大兴国际机场未来发展的期许，也为机场建设指明了新的方向。

北京大兴国际机场投入运营后，不仅有效缓解了首都机场的压力，同时也为北京市以及京津冀区域开展更广泛的国际交流与经济合作提供了新的平台，其中就包括了北京大兴国际机场临空经济区、中国（河北）自由贸易试验区大兴机场片区、北京大兴国际机场综合保税区等功能区的规划建设。

2019 年 9 月，北京市和河北省正式批复了《北京大兴国际机场临空经济区总体规划（2019—2035 年）》，标志着大兴国际机场临空经济区迈入了实质性建设阶段。临空经济区北京部分全都在大兴境内，面积为 50 平方公里，分为东西两个片区。东片区为航空物流区，规划面积约 24 平方公里，重点发展综合保税、航空物流、国际商务、航空总部、航空科技等产业；西片区为服务保障区，规划面积约 26 平方公里，重点发展国际教育、国际医疗等生活配套产业。值得一提的是，临空经济区北京部分明确将构建“1+2+2”的产业发展体系，即以生命健康为引领产业、以枢纽高端服务和航空保障为基础产业、以新一代信息技术和智能装备为战略储备产业。

2020 年 4 月，临空经济区（大兴）管理委员会发布《北京大兴国际机场临空经济区（大兴）建设发展三年行动计划（2020—2022）》，对临空经济区北京部分的建设做了科学细致的部署。2020年末，北京市政府正式批复《北京大兴国际机场临空经济区（北京部分）控制性详细规划（街区层面）》，标志着临空经济区建设进入新阶段，将以一个规划、一套标准、一体建设，把临空经济区建设成为京津冀协同发展新高地。

作为高水平开放新高地，大兴国际机场临空经济区将依托政策优势，推动建设数字贸易跨境服务集聚区。大兴国际机场汇聚有全球客流、物流、资金流、信息流等高能级要素资源，临空经济区将在“1+2+2”产业发展体系（以生命健康为引领、以枢纽高端服务和航空保障为基底、以新一代信息技术和智能装备为储备）基础上，开展专项研究，积极探索数字贸易发展路径和创新试点，构建数字贸易应用场景，推动数字贸易创新发展。

根据实施方案，大兴国际机场临空经济区将争取建设数据流通特殊监管区，分阶段、分类别探索实现数据跨境流动，试点建设跨国企业数据交换枢纽；支持在自贸区内聚焦金融创新、航空物流、生命健康、跨境电商、知识产权、新一代信息技术等关键领域，试点开展数据跨境流动安全评估，探索建立相关安全管理机制。同时，探索区块链技术在检验检测、生物医药样品监管等领域的应用。

在北京大兴国际机场临空经济区的基础上，中国（河北）自由贸易试验区大兴机场片区的建设也快速推进。2019年8月，中国（河北）自由贸易试验区大兴机场片区挂牌成立，成为我国首个跨省级行政区域设立的自贸试验区。大兴机场片区总面积19.97平方公里，其中，北京片区面积9.97平方公里。为加快自贸试验区建设，北京市印发了《中国（河北）自由贸易试验区大兴机场片区（北京区域）制度创新清单（第一批）》。

2020年9月，中国（北京）自由贸易试验区也揭牌成立。同月，中国（北京）自由贸易试验区高端产业片区在北京大兴国际机场临空经济区（大兴）管理委员会正式挂牌。自此，大兴国际机场临空经济区成为全国唯一同时拥有两省市自贸区政策的优势区域。中国（北京）自由贸易试验区高端产业片区总面积39.49平方公里，包括北京大兴国际机场10.36平方公里和北京经济技术开发区27.83平方公里，将重点发展商务服务、国际金融、

2018 年在大兴区举办的全球创新大会

文化创意、生物技术和大健康等产业，建设科技成果转换承载地、战略性新兴产业集聚区和国际高端功能机构集聚区。

随着中国（北京）自由贸易试验区高端产业片区与中国（河北）自由贸易试验区大兴机场片区的同步建设，大兴国际机场临空经济区成为国家服务业扩大开放综合示范区和中国（北京）自由贸易试验区“两区”建设的重要承载地，而大兴区也成为全市开放发展、高质量发展的前沿阵地，也是全国唯一享受双自贸和服务业扩大开放的地区，产业发展空间广阔，功能显著增强，成为北京国际交往中心的重要窗口和国际科技创新中心的重要支撑。

北京大兴国际机场综合保税区是大兴国际机场催生的另一大重点功能区。2019 年，京冀两地联合报请国务院设立北京大兴国际机场综合保税区。北京、河北、首都机场集团两地三方拟搭建共同平台，推动综合保税区的建设和管理，为全国建设跨行政区域的综合保税区提供可借鉴可推广的经验。2020年11月，北京大兴国际机场综合保税区获国务院批复，标志着全国唯一的跨省市综合保税区正式设立。

大兴机场综保区规划面积4.35平方公里，分为口岸功能区和保税功能区两个部分。其中，口岸功能区位于机场红线范围内，面积约0.83平方公里；保税功能区位于机场红线范围外，面积约3.52平方公里。大兴机场综保区将重点发展现代物流、国际贸易、保税加工、保税服务等业务，定位为机场临空区的产业驱动引擎、服务业扩大开放先行先试区、我国空港型综合保税区发展引领区以及东北亚地区参与全球贸易的核心节点。在后期的建设运营中，综保区将积极探索建立全国首个“一个系统、一次理货、一次查验、一次提离”的高效通关监管模式，打造全国最高通关效率，实现保税功能区与口岸功能区无缝连接，实行“区域评估+标准地+告知承诺+综合服务”审批模式，加快推进综保区管理机构组建方案落地和联合平台公司运营。

北京大兴国际机场的建设运营也带动了大兴区一些国际性合作项目的落地。2019年，中挪绿色创新中心项目在大兴落地，拟在生物医药、冰雪运动、智慧城市、科技合作、绿色金融、人才引进与培养等多领域开展项目合作。在此项合作的基础上，大兴区还与挪威斯塔万格市正式建立友好城市，为中挪友好搭建起了一座友谊之桥。

2020年8月，国家发改委与北京市政府共同倡议，在大兴区打造北京中日国际合作产业园。产业园定位为国际科技协同创新与产业合作发展示范区，规划形成“一带两轴三核多组团”的空间结构，重点打造创新产业核心、生活服务核心与信息发布核心三大板块，发展以“生命健康”“前沿智造”和“未来出行”为先导，以发展生化工程、材料科学、现代工艺、人工智能、能源应用为拓展，以现代服务业为支撑的“三核五链一支撑”产业发展格局，推动中日双方产业和创新优势互补，发挥我国庞大市场、完整工业体系和营商环境的优势，结合日本高端产业和制造优势，打造特色的产业创新协作园区。

在此次合作中，大兴区着重抓住中日国际合作产业园建设契机，利

大兴区相关部门与挪威驻华大使馆开展科技交流

用日本全球领先的氢能产业优势和大兴区空间资源优势，立足“三区一门户”功能定位，以打造具有全球影响力科技创新引领区为目标，推动建设大兴国际氢能示范区，争取把示范区建设纳入全市“新基建、新场景、新消费、新开放、新服务”重点工程。大兴国际氢能示范区一期拟建设日加氢 3.6 吨全球日加氢量最大的示范站，同时依托现有厂房改造成集氢能社会、氢能成果、企业产品以及氢能发展史、临展区、多功能厅等设施于一体的氢能科技体验展厅，并建成集研发、测试、生产、生活等功能于一体的“氢之泉”主题科技园区。

第四节 “十四五”的创新驱动硬核

随着大兴国际机场的正式运营，“新国门”成为大兴区的新名片。不过大兴“新国门”建设是一项复杂而长期的工程，根据大兴分区规划，作为首都北京“一核一主一副，两轴多点一区”城市空间结构中的多点之一，大兴区是首都国际交往新门户、面向区域协同发展的示范区，是承接中心城区适宜功能、服务保障首都功能的主要阵地，未来应依托自身独特的优势与机遇，深化落实新版总规赋予的功能定位，切实服务首都“四个中心”建设。

当前，随着北京大兴国际机场的建设与运营，大兴区已逐步形成临空经济区、自贸试验区、综合保税区三区叠加的区位优势。通过这三个区域的发展，大兴“三区一门户”的功能定位更加凸显。其中，以临空经济区为节点，通过重点交通枢纽建设，可不断提升协同发展示范区的协同发展态势。通过临空经济区的产业承载力、自贸区的政策优势，增加临空、生物医药等重点产业协调发展能力，不断提升科技创新引领区的科技创新水平。通过加快这“三区”建设，推进先行先试，又持续擦亮了首都国际交往新门户的“大兴名片”，为大兴“新国门”建设奠定良好的基础。

2021年，我国迈入了21世纪的第三个十年。正式进入了“十四五”时期。在我国“十四五”规划纲要中，创新继续被列为核心主题。规划提出，坚持创新在我国现代化建设全局中的核心地位，把科技自立自强作为国家发展的战略支撑，面向世界科技前沿、面向经济主战场、面向国家重大需求、面向人民生命健康，深入实施科教兴国战略、人才强国战略、创新驱动发展战略，完善国家创新体系，加快建设科技强国。

在2020年11月底发布的《中共北京市委关于制定北京市国民经济和社会发展第十四个五年规划和二〇三五年远景目标的建议》也提出要更加突出创新发展。在减量发展背景下，坚持走依靠创新驱动的内涵型增长路子，发挥北京科技和人才优势，大力推进以科技创新为核心的全面创新，积极培育新产业新业态新模式新需求，巩固高精尖经济结构，提高经济质量效益和核心竞争力。

在此背景下，2021年1月6日，大兴区五届人大七次会议政府工作报告提出了大兴“十四五”时期的主要目标及任务，以及2035年远景目标，为大兴区未来的发展勾画出一幅壮丽的蓝图。

根据规划，到2035年，北京市将率先基本实现社会主义现代化，大兴区要走在前列、争创一流，努力为全市发展多做贡献，建设好现代化平原新城、首都发展新的增长极、繁荣开放美丽新国门。

而在已经开始的“十四五”时期，大兴区主要发展目标是：开放发展取得新突破，产业发展迈上大台阶，综合承载力显著提升，文明城区建设取得重大进展，生态文明实现新跨越，民生福祉达到新水平，基层治理开创新局面。

大兴区经济社会发展的主要任务有以下八点。

第一，扩大开放，高水平建设临空经济区。服务支撑中央“双循环”新发展格局，实施更高水平对外开放，全力以赴建设临空经济区，构筑首都参与国际交流合作的新平台，助推形成国际竞争新优势，打造首都国际交往新门户。

第二，产业强区，加快构建现代化经济体系。立足科技创新引领区的功能定位，坚持产业强区，围绕产业链部署创新链，围绕创新链布局产业链，稳定供应链，打通科技成果转移转化通道，构建高精尖产业体系，促进创新链、产业链、供应链三链联动，打造首都南部发展新高地。

第三，区域协同，深度融入京津冀发展大格局。紧紧围绕京津冀协同发展，发挥大兴区“一核两翼”桥梁纽带和战略腹地作用，主动服务城市副中心、雄安新区建设，建立健全协同发展机制，建设面向京津冀的协同发展示范区。

第四，城乡一体，构建协调融合的现代城乡体系。坚持新型城镇化和乡村振兴双轮驱动，推进以人为核心的新型城镇化，建立健全城乡融合发展政策机制，深化推进“疏整促”专项行动，全面提升城乡宜居品质，构建功能清晰、协调融合、共同繁荣的城乡功能体系，打造城乡发展深化改革先行区。

第五，夯基赋能，全面提升基础设施承载力。坚持绿色、安全、高效、智能的发展方向，补齐交通和市政设施现状短板，适度超前布局面向未来的新型基础设施，构建高标准、广覆盖、智慧化的现代基础设施体系。

第六，人民至上，着力顺应民生新期盼。始终坚持以人民为中心，聚焦“七有”要求和“五性”需求，尽力而为，量力而行，补短板、优布局、提品质，构建公平普惠、优质均衡的民生服务体系，持续增进民生福祉。

第七，蓝绿交织，高标准绘筑大美平原新城。践行绿水青山就是金山银山的理念，创建城景交融、蓝绿交织的森林城市，持续聚力攻坚蓝天、碧水、净土环境综合整治，构建“林中有飞鸟、水中有游鱼、四季有美景”的生态景观，打造大绿大美“新国门”。

第八，共建共享，加快治理体系和治理能力现代化。坚持精治共治法治，建立党委领导、政府负责、民主协商、社会协同、公众参与、法治保障的社会治理体系，推进平安大兴、和谐大兴、法治大兴建设，全力确保人民安居乐业、社会安定有序。

2021 年是“十四五”开局之年。根据 2021 年初的政府工作报告，大兴区也将聚焦“两区”政策优势，全力打造北京开放发展新样板。坚持大胆闯、大胆试，深化政策、企业、空间清单管理，逐步形成服务业扩大开放和自由贸易有机互补的对外开放体系。

推动“两区”政策先行先试。发挥“双自贸”独有政策优势，实施北京自贸区高端产业片区大兴组团方案，加快河北自贸区大兴机场片区创新措施落地，实现综保区封关运行，探索政务、投资、贸易等领域的制度创新，力争建成高度开放、政策最优的空港型自贸区。全境推动服务业扩大开放，围绕先进制造、现代服务等领域，对标国际先进投资规则，加快人员、资本、技术等全要素便利化拓展，有效提升科技服务、专业服务的开放发展水平。

加快“两区”项目引进落地。以临空区重点项目为牵引，推进中国电能、智能航港等一批项目落地，建成临空经济区发展服务中心，探索设立“无关化国际商务区”，优化通关服务流程，便利商务活动开展。抢占数字经济发展制高点，积极争取北京国际大数据交易所项目落地，启动国际会展中心、国际消费枢纽项目规划建设，实现王府井免税店选址落地，大力发展离岸金融业务，加快服务业扩大开放步伐。

强化“两区”建设承载能力。充分放大临空区主阵地作用，基础设施和公共服务配套建设要大干快上，启动国际航空社区、生命健康产业园等载体建设，优化布局国际教育、医疗等高端服务，打造国际化商务空间和高品质生态环境，为外资企业、外籍人才提供优质服务。加强电子商务中心区等四大特色平台建设，大力培育生产性服务业，搭建新药研制、中试转化、3D 打印等共享研发平台，打造高素质专业化管理队伍，构建开放创新、精简高效、权责明晰的“两区”建设工作机制。

2021 年，大兴区还将聚焦赋能实体经济，加速培育产业转型升级新动能。

全面对接国际国内两个市场。完善资源要素配置，优化布局新业态新模式，以更大力度赋能经济高质量发展。

全方位升级产业园区。启动生物医药基地南扩区征地拆迁，推动 62 公顷起步区开发建设，加快实施首都医科大学项目建设。做大、做强北京中日创新合作示范区，壮大平台公司和基金规模，打造“类海外”基础环境，完成“氢之泉”主题科技园建设，加速推广氢能试点应用。优化释放新媒体基地空间载体，推动传统节目录制向数字经济、文化创意、电竞动漫等产业转型，形成主导功能清晰、创新企业集聚的发展态势。促进镇级园区转型升级，加强东南六镇与经开区协同联动，借势借力实现又好又快发展。

全链条促进产业集聚。把招商引资作为高质量发展的“一号引擎”，强化中关村大兴园管委会职能，建立“专职＋专业”联合招商团队，压实招商引资项目负责制，实施项目入区全生命周期服务管理。推动50个重大项目签约落地，储备高质量项目不少于200个，促进北京沃森等6个项目开工建设，实现中钞制版等17个项目竣工投产，全力保障科兴新冠疫苗扩大产能，助推4家企业上市。

全要素优化发展环境。打造产业创新高地，加速推动科技成果转化落地，全力攻坚“卡脖子”技术。打造人才发展高地，加大国际人才和紧缺人才引进服务力度，在住房、医疗、教育等方面拿出更优惠举措。打造产业政策高地，进一步完善“1+N”产业政策体系，提升知识产权保护和服务能力，优化区级产业基金、投融资平台等金融供给，扩大“服务包”覆盖范围，推行企业服务全程代理，努力开创“人有我优”的大兴营商模式。

后　记

历经三年多时间，《新国门·文化大兴之创新文化》终于成书。成书的过程也是我们走近大兴、了解大兴的一段美好历程。

在成书的过程中，我们得到了大兴区多方的帮助与指导，写作过程中也曾遇到过低谷和瓶颈，但最终还是得以顺利推进。全书框架经过多次讨论、调整，为不耽误出版时间，我们一边走访相关单位，搜集素材，一边写作，初稿完成后又进行多次整体修改，最终成书。

在初步拟定全书大纲时，最大的困难是主题宏大，叙事繁杂，涉及面宽泛。如何抓住核心，从整体上反映大兴创新历程与创新文化的构建，始终是个较难把握的问题。最终，经过沟通讨论，决定从创新文化的内涵剖析，围绕大兴创新的历程与成果，特别是党的十八大以来大兴区重大的创新举措等方面，梳理出大兴创新文化的发展脉络。

在采集素材时，需要查找一些时间久远的资料，加之新冠肺炎疫情等因素的影响，我们遇到了较大困难。最后我们采取了一些灵活方式进行处理，一部分素材通过到现场走访获得，另一部分通过电话及邮件获取，还有一部分通过政府部门联络等形式获得，之后顺利完成了任务。通过此书，我们为大家呈现了一幅幅大兴创新发展的画卷，并展现了一些生动的有代表性的创新个体。其中有艰难进行城乡接合部改造，并率先推动农村土地制度改革试点工作的西红门镇、旧宫镇等地方政府；也有走出象牙塔，将创新成果服务地方的北京印刷学院等辖区高校；还有曾筚路蓝缕从太阳能热水器起步，最终成长为新能源领域行业巨人的天普集团；起步于照相器材，如今星光璀璨的星光影视园……它们前行的每一步，都创造着自己的历史，见证着大兴创新发展的不凡历程。

还有一群热情的创业者也值得我们铭记。他们当中，有老骥伏枥、从头创业的陈佳林，通过创建奥宇孵化器，为大兴区的创新创业开拓出一片新的天地，成为大兴创新创业事业的重要开创者；还有三元基因的程永庆，研究生毕业后和导师一起在大兴区扎根创业，成为大兴区龙头产业——生物医药产业的奠基者之一。从产业发展，到城市管理，再到乡村振兴，在大兴区这片热土上，无数投身其中的人们共同谱写了一曲以创新为主旋律的华彩乐章。

在这里，特别感谢参与本书统筹、修订工作的刘彩宏老师以及大兴区文化遗产保护协会会长卫东海博士，感谢阮海云教授和任鑫、刘洋两位记者在成稿时参与其中部分章节的补充撰写。同时，我们也要感谢接受采访并提供素材的大兴区各相关单位及其工作人员。正是他们耐心协调采访时间，准备翔实资料和数据，才帮助我们更加深入地了解了整体情况，把握住大兴创新的亮点和特色。

感谢参与本书编写的团队成员，正是基于他们严谨的态度和敬业精神，我们才能将这本书顺利地展现在读者面前。感谢给予本书指导的专家、领导，他们的支持，是本书质量坚实的保障。

面对着“十四五”新征程，面对大兴国际机场建成运营所带来的战略机遇，我们有理由相信，大兴区的未来必定一派生机，大兴的前景必定一片光明。

风生水起在大兴，让我们祝福大兴，创新不息，再铸辉煌！